内蒙古自治区高等学校"青年科技英才支持计划"
(NJYT-20-B13)阶段性研究成果
教育部人文社会科学研究项目"明清时期蒙汉贸易与社会控制研究"
(15XJC770005)阶段性研究成果

光明社科文库
GUANGMING DAILY PRESS:
A SOCIAL SCIENCE SERIES

·历史与文化书系·

14-16世纪世界贸易格局中的明蒙贸易与社会控制研究

张宪功 | 著

光明日报出版社

图书在版编目（CIP）数据

14-16 世纪世界贸易格局中的明蒙贸易与社会控制研究 / 张宪功著. --北京：光明日报出版社，2023.6
ISBN 978-7-5194-7294-8

Ⅰ.①1… Ⅱ.①张… Ⅲ.①国际贸易—贸易史—研究—中国、蒙古—明代 Ⅳ.①F752.731.1

中国国家版本馆 CIP 数据核字（2023）第 105231 号

14-16 世纪世界贸易格局中的明蒙贸易与社会控制研究
14-16 SHIJI SHIJIE MAOYI GEJU ZHONG DE MING MENG MAOYI YU SHEHUI KONGZHI YANJIU

著　　者：张宪功	
责任编辑：梁永春	责任校对：杨　茹　李　兵
封面设计：中联华文	责任印制：曹　净

出版发行：光明日报出版社
地　　址：北京市西城区永安路 106 号，100050
电　　话：010-63169890（咨询），010-63131930（邮购）
传　　真：010-63131930
网　　址：http://book.gmw.cn
E - mail：gmrbcbs@gmw.cn
法律顾问：北京市兰台律师事务所龚柳方律师

印　　刷：三河市华东印刷有限公司
装　　订：三河市华东印刷有限公司

本书如有破损、缺页、装订错误，请与本社联系调换，电话：010-63131930

开　　本：170mm×240mm
字　　数：230 千字　　　　　　　印　　张：14.5
版　　次：2023 年 6 月第 1 版　　　印　　次：2023 年 6 月第 1 次印刷
书　　号：ISBN 978-7-5194-7294-8
定　　价：89.00 元

版权所有　　翻印必究

前　言

　　本文以 14-16 世纪世界贸易格局中中原地区与北方草原地区之间贸易关系的发展为线索，集中讨论了明朝与蒙古诸部之间既对立又统一的关系，全面梳理了该时期明蒙双边贸易的发展情况，及其与明朝北部边疆治理实现之间的关系。全面梳理了 14-16 世纪明蒙贸易发展的形式、内容、国家政策等，指出自永乐年间开始，明廷改变洪武时期对蒙经济封锁的政策，逐渐与蒙古诸部之间建立了朝贡关系，而朝贡关系得以维系的根本原因在于物产单一的草原地区对于中原地区的经济依赖。因此，有明一代，朝贡关系的核心内容便是朝贡贸易。自永乐年间开始，明蒙双方便围绕朝贡贸易问题，展开了在政治、经济、军事领域的一系列斗争。在明朝国力强盛时期，明朝利用朝贡贸易将影响力直接施加于蒙古诸部，加强对蒙古诸部的控驭，在明朝强大军事实力的保障下，对蒙古诸部实现了"扶弱抑强"，这在一定程度上保证了明朝北部边疆地区的社会控制的实现。然而，自洪熙、宣德年间开始，明朝逐渐放弃了这种文武并重积极经略蒙古的策略，转而希望以纯粹经济手段实现明蒙关系的正常化，进而实现北部边疆的安定，这直接导致了正统年间朝贡贸易的失序，不仅严重损耗了明朝的中央财政和国力，而且明廷对于北部边疆的治理逐步失去控制。

　　"土木之变"发生后，明蒙关系发生倒转，朝贡贸易越来越走向了强迫贸易的方式。明朝不再积极发展与蒙古诸部之间的朝贡关系，转而消极应对。随着也先被杀，蒙古草原地区再次陷入纷争，各部对于明朝的朝贡也完全转化为物资之间的交换与索取行为。在明朝不能满足蒙古诸部之间的物资索取的时候，蒙古各部逐渐开始对明朝进行抢掠。达延汗虽然不断寻求与明朝在政治上的平等，但是最终在"赏赐薄恶"的借口下，断然中断了与明朝之间的官方贸易联系，转而对明朝进行全面的劫掠。之后的俺答汗希望重建与明朝之间的经济联系，并多次上表求贡，但被明朝屡屡拒绝，因此，俺答汗不惜以武力强迫明朝开放互市，发展双边贸易关系。但是这一举措并未换来预期的效果，反而让明朝全面封锁了双方之间的贸易通道。明蒙之间陷入连年的战乱，明朝对北部边疆的治理完全失控。

直到隆庆年间，以把汉那吉事件为契机，明蒙之间达成协议，明朝在北疆长城沿线开放互市，俺答汗也严格约束部众，明朝以互市的开放换取了北疆治理的实现。自此之后，明朝与蒙古右翼诸部之间进入了和平共处时期。

由此可见，蒙古草原地区与中原地区关系的维系，其根源在于双方之间经济的交流。蒙古诸部对于中原王朝而言，其更多的是为了获取经济利益，以补充其经济的不足，这决定了他对于中原地区有着强烈的经济依赖性，通过民间的商贸活动的开展，密切明蒙之间的联系，对于加强民族团结、稳定北疆地区的治理都有着重要的意义。因此，在处理民族关系的时候，应该首先从经济关系的发展及其历史出发，因为，经济关系是最基本的关系，往往起着决定性的作用，决定着其他一切社会关系。可以说，中华民族多元一体格局是各民族之间不断加强经济联系的背景下逐渐形成的。边疆地区的稳定也是在中原与边疆经济一体化的过程中出现的。因此，加强各民族之间的经济交流，努力实现各民族之间的经济互补，对于消除各民族之间的隔阂、加强民族之间的文化交流、稳定社会控制、维护国家的长治久安都有着重要意义。

目 录
CONTENTS

绪　论 ··· 1
  1　选题的背景及意义 ··· 1
  2　国内外研究述评 ·· 2
  3　研究资料 ·· 9
  4　相关概念的界定 ·· 10
  5　文章结构概述 ·· 14

第一章　明蒙朝贡贸易的建立与边疆控制的初步实现 ··········· 18
  第一节　朱元璋御边思想的转变与北疆布防 ·················· 20
    一、朱元璋北疆御边思想的演变 ····························· 20
    二、洪武年间北疆防御体系的建立 ·························· 21
    三、洪武年间北疆的社会控制中的经济手段探微 ······· 24
    小　结 ·· 26
  第二节　永乐时期明蒙朝贡贸易视野下的边疆控制 ········· 27
    一、永乐时期的招抚政策和朝贡体系的建立 ············· 29
    二、永乐年间朝贡制度的构建 ································ 40
    三、永乐年间明朝北疆社会控制的初步实现 ············· 43
    四、边市贸易的开展与边疆社会控制的互动 ············· 50
    小　结 ·· 53
  第三节　洪熙、宣德时期明蒙朝贡的发展及边疆控制的稳定 ··· 55
    一、洪熙年间明朝对蒙策略 ··································· 55
    二、宣德年间明朝对蒙策略 ··································· 57
    三、洪熙、宣德时期朝贡制度化 ····························· 60

四、洪熙、宣德年间经济羁縻与边疆控制的成效 ………………… 61
　　小　结 …………………………………………………………… 64

第二章　明蒙朝贡贸易的失控及"土木之变"的发生 ……………… 66
第一节　朝贡贸易的失控 ………………………………………… 67
　　一、朝贡的无序及虚报冒领 ……………………………………… 67
　　二、明朝赏赐过滥 ………………………………………………… 71
　　三、贸易形式多样，贸易范围扩大 ……………………………… 73
　　小　结 …………………………………………………………… 76
第二节　明朝控御举措 …………………………………………… 77
　　一、驱逐居京蒙古使臣 …………………………………………… 77
　　二、劝谕蒙古首领缩减朝贡规模和次数 ………………………… 78
　　三、严格限制朝贡频次和人数 …………………………………… 79
　　四、拒绝所请，降低赏赐数量和质量 …………………………… 80
　　五、对蒙地施行"烧荒"政策 …………………………………… 80
　　小　结 …………………………………………………………… 81
第三节　明朝北疆社会控制的失序 ……………………………… 81
　　一、瓦剌使臣不法行为有增无减 ………………………………… 82
　　二、明朝财政负担沉重 …………………………………………… 82
　　三、羁縻卫所尽失陷于瓦剌 ……………………………………… 84
　　四、边政败坏，私市泛滥 ………………………………………… 86
　　小　结 …………………………………………………………… 88

第三章　明代中期明蒙朝贡关系的逆转及明朝北疆社会
　　　　　治理的完全失控 ………………………………………… 95
第一节　景泰至正德年间明蒙贸易的发展与明朝的边疆控制 …… 96
　　一、明蒙间朝贡活动的继续开展及中断 ………………………… 96
　　二、明蒙之间多种渠道贸易的恢复 ……………………………… 105
　　三、明朝北疆治理的全面失控 …………………………………… 107
　　小　结 …………………………………………………………… 112
第二节　明朝的应对措施 ………………………………………… 112
　　一、终止遣使偕行之制 …………………………………………… 112

二、劝谕瓦剌不法行为 ……………………………………… 115
　　三、严格朝贡秩序 …………………………………………… 117
　　四、开市有禁继续执行 ……………………………………… 118
　　五、明朝边防策略的整体调整 ……………………………… 123
　　小　结 ………………………………………………………… 123
　第三节　嘉靖年间的"绝贡"政策与明朝北疆的失控 ………… 126
　　一、俺答求贡与明朝应对 …………………………………… 128
　　二、嘉靖三十年大同马市的开设与明朝"绝贡政策"的实施 … 133
　　三、明朝边疆社会的彻底失控 ……………………………… 138
　　小　结 ………………………………………………………… 148

第四章　"隆庆和议"及明朝边疆社会控制的实现 ………… 154
　第一节　"俺答封贡"的实现 …………………………………… 155
　　一、明蒙双方各自统一开市意见 …………………………… 155
　　二、明朝对开市的制度设计 ………………………………… 160
　　三、互市的良好运行 ………………………………………… 171
　　四、互市条款的拟定和补充 ………………………………… 182
　　小　结 ………………………………………………………… 191
　第二节　明朝北疆治理的实现 ………………………………… 193
　　一、明蒙互市的盛况 ………………………………………… 195
　　二、边疆市场的增长 ………………………………………… 199
　　三、农牧业生产的恢复 ……………………………………… 200
　　四、明蒙融合的加深 ………………………………………… 202
　　五、人民负担减轻，社会压力降低 ………………………… 203
　　小　结 ………………………………………………………… 205

结　语 ……………………………………………………………… 212

参考文献 ………………………………………………………… 218

后　记 …………………………………………………………… 222

绪 论

1 选题的背景及意义

本课题以 14-16 世纪明蒙贸易与明朝北疆社会控制之间的关系为主要研究内容，探讨明蒙之间如何围绕"市易"问题展开角逐较量，最终促成明蒙双边的持久和平，从而实现推动明朝实现对北疆的有效控制。北方农牧交错带是明代明蒙冲突的核心地带，是清代的"内边疆"防范蒙古的核心区域。如果我们细细耙梳史料，可以发现一个重要的问题，那就是游牧民族和农耕民族之间在经济方面具有天然的互相依赖性。这就意味着双方"合则两利、战则两伤"。双方只有在和平、互信的局面之下，广泛地开展贸易，才是一种双赢的局面。但是，历史证明，这种双赢局面的出现并不容易。

14-16 世纪的中国大地上，中原地区的明王朝和退居草原的蒙古诸部展开了近三百年的角力，最终的结果，便是明廷在该区域内形成的九大军事布防区域，史称"九边"。"九边"经历了从"点"状布防到"线"状布防的长时段的演变。最终完成了由"无形"边界到"有形"边界的军事防御体系，这便是明廷花费巨大人力物力而修筑的长城。其实，无论是"有形"还是"无形"，明蒙之间一直存在着一条"事实"上的边界。该边界的出现不言而喻，是政治、军事斗争的产物。然而，就像伟大的革命导师列宁所说的："政治是经济的最集中表现。"因此，我们也要看到，随着时间的推移，尤其是在"捕鱼儿海之战"以后，明蒙双方的政治军事斗争，至少从蒙古一方来看，所反映出的经济诉求要远远高于其政治诉求，甚至可以说，除了在某些特殊时期（如也先、达延汗统治蒙古诸部的部分时期），以物资交换为目的的经济诉求是蒙古诸部最核心的利益诉求。因此，我们也就不难理解史籍中关于蒙古诸部自正统年间开始，不时"南掠""南扰""求贡"的记载了。围绕边界，明蒙双方在贸易问题上展开了一系列"通贡"与"绝贡"、"互市"与"闭市"的斗争。直到隆庆四年（1570），以俺答汗孙把汉那吉率众南附为契机，"俺答封贡"，蒙古右翼与明廷实现了和平互市，明蒙关系步入了新的一页。互市所展现出来的活力，逐渐被明廷官员和蒙古右翼诸部所认识，自此之后，双边竭力维持正常贸易秩序，约束部众，实现了双方的和睦相处。由此可见，民族地区商贸活动的开展，在维护边疆稳定、民族团结乃至维护国家领土主权方面都有着重要的作用。

历史的发展证明，边疆地区的稳定、民族的团结对于国家的发展具有重要意义。本文分析了 14-16 世纪，以长城为中心的北方农牧交错带内明蒙民族贸易等商业活动的发展与社会控制，对于重新认识有明一代与蒙古贸易的发展对于边疆的开发和稳固具有重要意义。同时，对今日边疆开发与巩固亦有重要的参考价值。

2 国内外研究述评

历史上，北方游牧民族与中原农耕民族之间既有频繁的战争，也有密切的民族民间交往。在经济方面，"通过贸易、互通有无、各取所需是边疆农业居民与游牧民族间交流的主要形式"①。有明一代，在漫长的北部边防线上，曾设置过大量的物资交易市场。这些市场被称之为马市、互市、民市、月市、小市等，随着市场的逐渐开辟，满足了明蒙双方自上到下各阶层的需求，明蒙关系逐渐步入和平期。由此看来，明蒙贸易不仅仅是单纯的经济问题，以满足双方人民的物质生活需要；它还是一个政治问题，贸易活动开展的好与坏，决定了明蒙双方的战与和，更直接关系着明廷北部边疆治理的成效。这种特殊的关系引起了学界的普遍关注，产出了一大批有分量的研究成果，兹略述如下。

2.1 国外研究现状述评

关于明清时期长城沿线的商业发展情况，美国的亨利·赛瑞斯《明代的汉蒙贸易》②一文从宏观上介绍了明代明蒙之间的贸易情况。认为明蒙贸易主要通过朝贡贸易（包括贡使沿途贸易、会同馆贸易）和市场贸易两种形式进行，并分别论述了各种贸易形式的内容和特点。其所著《明蒙关系Ⅲ——

---

① 张小永. 明代河套地区汉蒙关系研究 [D]. 西安：陕西师范大学，2015：183.
② 亨利·赛瑞斯，达力扎布. 明代的汉蒙贸易 [J]. 蒙古学信息，1994（01）：6-16.

贸易关系：马市（1400-1600）》① 一书则是国外较早专题研究明蒙马市贸易的专著，和田清《明代蒙古史论集》②的部分篇章涉及了明蒙之间的商业发展情况。拉铁摩尔的《中国的亚洲内陆边疆》③、巴菲尔德的《危险的边疆：游牧帝国与中国》④对明清时期的明蒙贸易均有所涉及。尤其值得注意的是，拉铁摩尔利用地理特点对蒙古社会进行研究，并且从商业关系的角度揭示了游牧业对农业的依赖。⑤在实地调查的基础上写成的《蒙古及蒙古人》⑥则专辟章节介绍了库伦、张家口、归化城等重要城市的商业发展，是我们研究清代明蒙贸易的重要参考文献。

除此之外，日本学者荻原淳平，美国学者莫里斯·罗萨比（Morrs Rossabi）等人，也曾经对明代的明蒙贸易做过系统研究。

2.2 国内研究现状述评

（一）关于明代长城沿线贸易市场的研究

侯仁之教授1938年发表的《明代宣大山西三镇马市考》⑦，开我国马市研究先河。余同元《明后期长城沿线的民族贸易市场》对明代后期明蒙人民在长城沿线的贸易市场进行了考察，最后指出长城沿线民族贸易的兴起，结束了长城内外的战争，带来了长城地带经济的飞跃发展，长城的隔绝功能转化为过渡功能，推动了双边经济文化的二元一体化。特别指出了"经济力量特别是市场功能在民族关系发展中的决定作用"⑧。此外，《明代马市市场考》对明代长城地带"马市"市场的设置、分布与市易情况做了考证性研究，认为马市市场的兴盛使明代农、牧民族之间的贸易进入新的发展阶段，使长城

---

① ［美］亨利·赛瑞斯. 明蒙关系 III——贸易关系：马市（1400-1600）[M]. 王苗苗, 译. 北京：中央民族大学出版社, 2011.
② ［日］和田清. 明代蒙古史论集 [M]. 潘世宪, 译. 上海：商务印书馆, 1984.
③ ［美］拉铁摩尔. 中国的亚洲内陆边疆 [M]. 唐晓峰, 译. 南京：江苏人民出版社, 2005.
④ ［美］巴菲尔德. 危险的边疆：游牧帝国与中国 [M]. 袁剑, 译. 南京：江苏人民出版社, 2011.
⑤ ［美］Owen Lattimore. Studies in Frontier History: Collected Papers, 1928–1958 [M]. Oxford University Press, 1962.
⑥ ［俄］波兹德聂耶夫. 蒙古及蒙古人 [M]. 刘汉明, 张梦玲, 卢龙, 译. 呼和浩特：内蒙古人民出版社, 1989.
⑦ 侯仁之. 明代宣大山西三镇马市考 [J]. 燕京学报, 1938 (23).
⑧ 余同元. 明后期长城沿线的民族贸易市场 [J]. 历史研究, 1995 (05): 55-70.

文化带发展成为"交换型"文化带，推动了长城文化带发挥地带过渡功能。[1]《论中国历史上农牧民族的二元一体化》指出在明蒙双方贸易往来加强的基础上，长城地带成为农、牧社会的经济交流和文化融合地带，促进了农牧民族的二元一体化。认为长城沿线的贸易在促进明蒙双方经济文化交流方面发挥了重要作用。[2]《明代长城文化带的形成与演变》则着重强调了经济和贸易在长城文化带的演变中所起的作用。指出"在明蒙关系中，经济关系的发展制约着政治关系的变化，政治关系的变化则决定了长城文化带演变的历程及特点"[3]。而曹永年则对余同元有关明代马市的考证进行了订正和补充。[4]这更加完善和丰富了关于明代马市的研究。达力扎布所著的《明代漠南蒙古历史研究》第二章论述了漠南蒙古与明朝的经济联系。[5]张萍详细论述了明代陕西北部长城沿线军镇的商业化过程。[6]认为"明代长城沿线市场的空前繁荣，完全受军事驻屯的影响，形成长期的军事供给与军事消费市场，市场出现超前发展的状况，这种军事消费所带来的影响是一时的，经常会随着军事防卫体系的变化而变化，市场的历时性不高"[7]。不过，这一结论似乎未考虑到"隆庆和议"后明蒙贸易的繁荣发展对沿边市场的影响这一重要因素。此外还有诸如秦佩晰的《明代明蒙两族贸易关系考略》[8]、哈正利的《明代明蒙民族贸易浅析》[9]、姚继荣《明代宣大马市与民族关系》[10]、许立坤的《明代的贡

---

[1] 余同元．明代马市市场考［J］．民族研究，1998（01）：62-70.

[2] 余同元．论中国历史上农牧民族的二元一体化［J］．烟台大学学报（哲学社会科学版），1999（03）：71-77.

[3] 余同元．明代长城文化带的形成与演变［J］．烟台大学学报（哲学社会科学版），1990（03）：42-50.

[4] 曹永年．《明后期长城沿线的民族贸易市场》考误［J］．历史研究，1996（03）：161-171.

[5] 达力扎布．明代漠南蒙古历史研究［M］．呼和浩特：内蒙古文化出版社，1997.

[6] 张萍．明代陕北明蒙边界区军事城镇的商业化［J］．民族研究，2003（06）：76-85.

[7] 张萍．历史商业地理学的理论与方法及其研究意义［J］．陕西师范大学学报（哲学社会科学版），2012，41（04）：28-34.

[8] 秦佩晰．明代明蒙两族贸易关系考略［M］//《社会科学战线》编辑部．中国古史论集．长春：吉林人民出版社，1981.

[9] 哈正利．明代明蒙民族贸易浅析［J］．中南民族学院学报（哲学社会科学版），1996（5）：129-132.

[10] 姚继荣．明代宣大马市与民族关系［J］．河北学刊，1997（6）：102-107.

赏与互市——明王朝民族政策研究之三》①、白翠琴的《明代大同马市及明蒙关系刍议》②、杜常顺的《明清时期黄河上游地区的民族贸易市场》③ 等论著，也有助于我们从整体脉络上把握明代明蒙互市贸易。

赵天福《边疆内地化背景下的明蒙民族贸易变迁（1368-1949）——以宁夏地区的明蒙贸易为例》④ 一文探讨明代以来明蒙贸易不同时期的时代特征，及边疆内地化对明蒙贸易的影响。阿萨拉图列举了明代明蒙之间不同的贸易形式对满足双方不同阶层的需求所起的作用，阐述了明蒙贸易的发展对双方社会经济的重要意义。⑤ 高树林分析了隆庆合议前后明蒙双方各自所面临的形势，并略述了"隆庆和议"后长城沿线贸易市场的发展状况。指出了和平开展的明蒙贸易促进了明蒙和平局面的形成。⑥ 此文对隆庆和议之前蒙古内部和明廷各自的社会经济条件分析甚详，但是在分析明蒙双方贸易方面仅仅进行了资料的罗列，缺少必要的分析。金星则专门研究了隆庆、万历年间明朝与蒙古右翼边境贸易。⑦ 此文列举了隆庆和议之后，明与蒙古右翼之间的互市贸易情况，涉及双方的贸易额及贸易价格、贸易规则等方面。但是文章仅仅停留在了对双边贸易的陈列与描述方面，缺少必要的理论分析。《蒙古族简史》编写组编写的《蒙古族简史》⑧ 一书专辟一节讲述明蒙贸易以及蒙古地区商业的发展，由于所载甚略，只能为我们提供一个整体认识。王苗苗分析了明蒙双方互市贸易的规律，进而分析了明蒙双边政策不断演变的原因。⑨ 徐永峰等研究了明代中三边的马市，认为"马市的设立在政治方面增强了蒙古

---

① 许立坤．明代的贡赏与互市——明王朝民族政策研究之三［J］．广西社会主义学院学报，1999（1）：35-38.
② 白翠琴．明代大同马市与明蒙关系刍议［C］//．中国蒙古史学会论文选集（1981），1981：184-197.
③ 杜常顺．明清时期黄河上游地区的民族贸易市场［J］．民族研究，1998（03）：66-72.
④ 赵天福．边疆内地化背景下的明蒙民族贸易变迁（1368—1949）——以宁夏地区的明蒙贸易为例［J］．宁夏社会科学，2008（04）：118-122.
⑤ 阿萨拉图．明代蒙古地区和中原间的贸易关系［J］．中国民族，1964（Z1）．
⑥ 高树林．明朝隆庆年间与蒙古右翼的封贡互市［J］．河北大学学报（哲学社会科学版），1982（1）：141-146.
⑦ 金星．隆庆、万历年间明朝与蒙古右翼边境贸易［J］．内蒙古社会科学（汉文版），2011，32（05）：63-66.
⑧ 《蒙古族简史》编写组．蒙古族简史［M］．呼和浩特：内蒙古人民出版社，1985.
⑨ 王苗苗．明蒙互市贸易述论［D］．北京：中央民族大学，2011.

族对中原王朝的向心力，在经济方面带动了长城沿边民市的发展"①。札奇斯钦通过系统考察生活在蒙古草原地区的游牧民族与中原农耕民族之间的和平、战争以及贸易的历史，认为影响两者关系的决定因素是草原对中原经济密不可分的依赖性。②

此外还有戴洪义的《永乐时期的明蒙之间的贸易关系》、曹永年的《明代蒙古中晚期的经济》、金星的《明朝与蒙古的贸易研究》③、李静的《瓦剌与明贡赐关系研究》④、哈正利的《明代明蒙民族贸易浅析》⑤、许立坤的《明代的贡赏与互市——明王朝民族政策研究之三》⑥、吕美泉的《明朝马市研究》⑦、师悦菊的《明代大同镇长城的马市遗迹》⑧ 等，对有明一代明蒙互市贸易做一个宏观梳理，把握住明蒙马市贸易的大体脉络。总之，有关明蒙贸易的研究成果非常丰富，兹不一一赘述。

（二）从社会史方面研究明蒙贸易的文章

全太锦《明蒙隆庆和议前后边疆社会的变迁——以大同和丰州滩之间碰撞交流为中心》从社会史的角度考察了"隆庆和议"前后，丰州滩和大同之间的社会变迁，指出："明长城的修筑不但促进北疆经济开发，而且成为联结统一多民族国家的纽带。长城线上的和平互市紧密联结塞北与江南经济腹心地带。"为清初统一多民族国家的建立打下了基础。⑨ 赵世瑜从全球经济社会变革的角度讨论了蒙古方面对贸易的渴求。指出隆庆和议之后，明蒙贸易在长城沿线繁荣发展是此前长城内外"走私贸易"的连续不断所导致的。蒙古方面对贸易的渴求，不仅是自身游牧经济的缺陷和环境、气候的结果，也是

---

① 许永峰，高荣荣．明代长城中三边的马市——以隆庆五年所设五处为例［J］．山西大同大学学报（社会科学版），2018，32（05）：22-25．
② 札奇斯钦．北亚游牧民族与中原农业民族间的和平战争与贸易之关系［M］．台北：正中书局，1972．
③ 金星．明朝与蒙古的贸易研究［D］．呼和浩特：内蒙古大学，2012．
④ 李静．瓦剌与明贡赐关系研究［D］．兰州：西北民族大学，2013．
⑤ 哈正利．明代明蒙民族贸易浅析［J］．中南民族学院学报（哲学社会科学版），1996（05）：129-132．
⑥ 许立坤．明代的贡赏与互市——明王朝民族政策研究之三［J］．广西社会主义学院学报，1999（01）：35-38．
⑦ 吕美泉．明朝马市研究［J］．求是学刊，1999（05）：107-111．
⑧ 师悦菊．明代大同镇长城的马市遗迹［J］．文物世界，2003（01）：33-37．
⑨ 全太锦．明蒙隆庆和议前后边疆社会的变迁——以大同和丰州滩之间碰撞交流为中心［J］．中国长城博物馆，2014（1）．

整个欧亚大陆中部城镇、商业发展的组成部分；而明朝方面民间贸易的积极态度，也与明中叶贸易规模的扩大、市场网络的形成有直接的原因。① 杨绍猷《明代蒙古地区经济文化的变化》一文考察了隆庆合议之后，明廷开放互市，明蒙双边贸易开始蓬勃发展，蒙古地区社会的转变。指出了明廷开放互市贸易，增强了明蒙两地之间的经济文化交流，推动了蒙古地区经济社会结构的变化，突出了明蒙贸易的重要性。② 胡凡《论明世宗对蒙"绝贡"政策与嘉靖年间的农牧文化冲突》一文从农业文化与游牧文化的紧密联系及相互依存、互补、融合的角度来分析论述明廷对蒙古族的政策。指出了游牧经济的单一性是其与生俱来的缺陷，因此，从中原获取其所需的生产和生活必需品成为必要，这也是明蒙贸易发展的必要性。正是游牧经济对农业经济的这种依赖性，和平互市和武装掠夺不可避免地成为游牧民族获取物资的重要手段。明廷将贸易手段作为其治边的重要举措之一，利用自身的经济优势，关闭明蒙贸易渠道，或者是蒙古诸部的贸易需求与明廷所开辟的贸易口径不一致，蒙古只能通过战争掠夺来补充其游牧经济的不足，这便是双方战争不断的经济根源，也是最根本的原因。③

（三）考察重要商业城市和关口的文章

王杰瑜考察了明代晋北地区军事聚落的形成、发展以及变迁，认为："明清时期是山西北部历史上聚落形成和发展的繁荣时期，这与明代军事聚落的形成与发展有着非常密切的关系。"④ 黄丽生系统考察了内蒙古归绥地区的社会经济变迁情况，重点论述了明蒙贸易的开展对于明蒙双方的影响。⑤ 张萍的博士论文《明清陕西商业地理研究》⑥及在此基础上进行补充完善并出版的

---

① 赵世瑜．时代交替视野下的明代"北虏"问题［J］．清华大学学报（哲学社会科学版），2012（01）：63-74．
② 杨绍猷．明代蒙古地区经济文化的变化［J］．内蒙古社会科学（文史哲版），1993（01）：55-60．
③ 胡凡．论明世宗对蒙"绝贡"政策与嘉靖年间的农牧文化冲突［J］．中国边疆史地研究，2005（04）：43-55；胡凡．论明穆宗时期实现"俺答封贡"的历史条件［J］．中国边疆史地研究，2001（01）：38-46；胡凡，葛志毅．中国古代文化史［M］．哈尔滨：黑龙江人民出版社，1994．
④ 王杰瑜．明代山西北部聚落变迁［J］．中国历史地理论丛，2006（01）：113-124．
⑤ 黄丽生．由军事征掠到城市贸易：内蒙古归绥地区的社会经济变迁（14世纪中至20世纪初）［M］．台北：台湾师范大学历史研究所，1995．
⑥ 张萍．明清陕西商业地理研究［D］．西安：陕西师范大学，2004．

《地域环境与市场空间——明清陕西区域市场的历史地理学研究》① 对明清时期尤其是清代陕北长城沿线的贸易情况进行了论述。祁美琴、李立璞的《明后期清前期长城沿线民族贸易市场的生长及其变化》一文以明末期到清前期长城沿线民族贸易点为研究对象，考察了不同历史背景下长城及其贸易地位对长城南北社会的影响。②

（四）有关经济关系对明蒙关系影响的研究

白翠琴《从经济交流看瓦剌与中原地区的关系》一文从物资交流的角度分析了明廷与瓦剌之间关系的演变。③《明代大同马市与明蒙关系刍议》以大同马市的变化为中心讨论了明蒙关系的发展。④ 内蒙古大学薄音湖教授指导的博士生于默颖以《明蒙关系研究——以明蒙关系及明朝对蒙古的防御为中心》⑤ 为题，梳理了明代不同时期的对蒙政策，以及相应的蒙古对明政策。对双边政策的演变进行了一定程度的探索。并且对明代九边的演变及军镇体系的形成进行了考辨。赵现海对明代九边的形成过程以及运作机制进行了研究。指出：“九边是明朝自洪武至嘉靖年间，为防御蒙古、防卫京师，并随着边防内地化进程的发展而最终完成的，以总兵镇守制度为标志，由巡抚制度、总督制度进一步完善的九处军事重镇。”⑥ 中央民族大学达力扎布教授指导的两位博士生赵文和唐丰娇分别以《明后期对蒙古策略研究》⑦ 和《洪武至宣德时期对蒙古的经略》⑧ 为题，梳理了明廷对蒙古的政策。赵文以万历年间至明末为时间段，研究了明蒙关系中政策性因素对双方产生的重要影响，并论述了明末后金（清）兴起，对明廷对蒙政策的重要影响。唐文则论述了明前期对蒙政策的演变，由军事打击和怀柔招抚的软硬兼施的策略逐渐转向以

---

① 张萍. 地域环境与市场空间——明清陕西区域市场的历史地理学研究 [M]. 北京：商务印书馆，2006.
② 祁美琴，李立璞. 明后期清前期长城沿线民族贸易市场的生长及其变化 [J]. 西域研究，2008（03）：33-42.
③ 白翠琴. 从经济交流中看瓦剌与中原地区的关系 [C] //中国蒙古史学会成立大会纪念集刊. 1979：422-435.
④ 白翠琴. 明代大同马市与明蒙关系刍议 [N] //中国蒙古史学会编. 中国蒙古史学会论文选集（1981）. 呼和浩特：内蒙古人民出版社，1981：175-188.
⑤ 于默颖. 明蒙关系研究——以明蒙关系及明朝对蒙古的防御为中心 [D]. 呼和浩特：内蒙古大学，2004.
⑥ 赵现海. 明代九边军镇体制研究 [D]. 长春：东北师范大学，2005.
⑦ 赵文. 明后期对蒙古策略探究 [D]. 北京：中央民族大学，2009.
⑧ 唐丰娇. 洪武至宣德时期明朝对蒙古的经略 [D]. 北京：中央民族大学，2010.

防御为主，以求边疆稳定的策略。并指出，明廷对蒙政策的转变是基于双边各自不断变化的内部情况所进行的战略性调整。与明蒙双边各自所处的时代环境有着密切的关系。此外，袁森坡《明朝后期与辽东蒙古的关系》一文梳理了明朝和后金（清）对辽东蒙古的政策，分析了辽东蒙古最终倒向后金（清）的原因。①

此外，我们也应该注意到，边界作为一种无形或有形的界限，以及伴随边界所形成的广大的边疆地区，在经济交往中所处的特殊位置，往往也决定着这里的社会治理、市场发育等具有强烈的特殊性。张萍曾指出"边缘区的市场研究也是目前学术界关注较少的话题"，这些地区"可以是农牧交错地带，可以是两种地貌的过渡带"，也可以是政区的边界地带。所以"边疆区的市场发展往往受外在因素影响更多，市场的兴衰起伏剧烈，市场结构也较为复杂，受国家政策与制度性因素影响较大"②。张萍老师虽然谈的是边疆区域的市场发育问题，其实边疆地区的社会治理同样也是如此，受外在因素影响之多、影响因素之复杂、对国家社会影响之大，都是超过其他地区的。因此，本文以14-16世纪明蒙之间贸易的开展与明朝北疆治理之间的关系为研讨对象，探索明蒙双边围绕着贸易展开的角逐，以及对不同时期明廷北部边疆治理的影响。

3 研究资料

关于本研究所利用的史料，有道是"国之正史，必以列圣实录为主"③。因此，《明实录》作为信史资料，是支撑本研究进行的基础史料。

官修正史、私人著述等史料可以起到弥补实录资料不足的作用，因此，在史学研究中往往具有不可替代的作用，其中《明史》《明会典》《明史纪事本末》《殊域周咨录》《献征录》《国榷》古籍文献均为本文研究的重要参考资料来源。尤其是《明经世文编》，该书"汇集了明朝官吏的大量奏疏，其中

---

① 袁森坡. 明朝后期与辽东蒙古的关系［J］. 明史研究论丛，1991（02）：197-228.
② 张萍. 历史商业地理学的理论与方法及其研究意义［J］. 陕西师范大学学报（哲学社会科学版），2012，41（04）：28-34.
③ （明）陈于陛. 恭请圣明敕儒臣开书局纂辑本朝正史以垂万世疏（纂辑本朝正史）［M］//（明）陈子龙. 明经世文编：第426卷，陈玉垒奏疏. 北京：中华书局，1962：4658.

关于明蒙关系的内容相当多，史料价值很高，因此是重要的补充材料"①。

此外，还有大量的明人笔记和私修史书，其中不乏当时人或当事人对中原和蒙古地区关系的记载，亦为重要资料来源。如《高拱全集》《张居正奏疏集》《天下郡国利病书》《五杂俎》等。

今人编校的一些史料汇编也是本研究的重要参考。比如，今人薄音湖等人编辑点校的《明代蒙古汉籍史料汇编》，该套图书目前共出版八册，详细点校了有关明代蒙古的相关史料，具有重要的参考价值，此外还有《元明笔记史料丛刊》等。

地方志对于当地的风土人情的记载颇为翔实，是研究地方风俗社会的第一手资料，具有较高的可信度，可以作为实录、正史以外的补充史料。总之，本文在充分挖掘史料，力求做到尊重历史的客观，详细梳理14-16世纪中原地区与北方草原地区之间的贸易发展情况，将其置于全球贸易市场形成阶段的背景之下，重点考察这一时期的明蒙贸易的发展，以及对草原政权与中原政权的影响。

4 相关概念的界定

（一）明蒙贸易。本文所言明蒙贸易概指明朝时期中原地区与北部边疆地区游牧民族之间的商品交换活动。由于该交易类型的主体为中原地区的汉人与蒙古草原地区的蒙古人，所以将此种交易称之为明蒙贸易。明代时期的明蒙贸易主要包含以下几种类型。

（1）朝贡贸易。朝贡贸易是由明朝周边诸藩国、部族的统治者接受明廷册封，以向明廷朝贡马匹、皮张等土特产换取明廷"赏赐"物品。② 在此过程中，明廷则采取"厚往薄来"的政策，给予朝贡使团丰厚的物资回馈，目的是通过此种方式，完成对周边藩国、部族的羁縻统治，以达到靖边之目的。余同元将此种贸易类型称之为"朝贡优赏贸易"。③ 自明永乐年间开始，明蒙双方便开始进行"朝贡贸易"。这种贸易形式，并非经济意义上商品交换。在政治上，朝贡者则往往需要称臣，在规定时期，通过规定路线入贡，而明廷

---

① 于墨颖．明蒙关系研究——以明蒙双边政策及明朝对蒙古的防御为中心［D］．呼和浩特：内蒙古大学，2004：3．
② 余同元．明代长城文化带的形成与演变［J］．烟台大学学报（哲学社会科学版），1990（03）：42-50．
③ 余同元．明后期长城沿线的民族贸易市场［J］．历史研究，1995（05）：55-70．

则要根据与朝贡方的关系、使臣等级、所贡物品等进行回赐，但回赐物品往往要大大超过贡品。因此，从商品交换的角度来看，朝贡贸易是一种被扭曲了的贸易关系。①

具体而言，朝贡贸易主要表现在两个层面上，即"正贡"物品的等价回赐和"附贡"物品的纯商品行为。对此，明代初无定制，到了正统年间，才正式规定："四夷朝贡到京，有物则偿，有贡则赏。"② 此处所谓的"物"应该是"附贡"，而"贡"才是"正贡"。李云泉在分析明代"正贡"与"附贡"的区别后认为：明代的"正贡"例不给价；且"真正意义上的贡物，即向明廷呈献的所谓'正贡'，只占很小的比例，其余皆为各国国王、贡使甚至商人的附进物品，因随贡物一同运至，称为'附至番货'、'附进货物'或'附至货物'，其数量往往超过'正贡'的十倍乃至几十倍。因而，后者才是明代朝贡贸易的主要商品，正是大量'附至番货'进入中国，导致明代朝贡贸易的空前繁荣"。③ 由此可见，随着明廷与周边诸族群之间朝贡关系的确立，最终形成了以明朝为中心的基于朝贡贸易关系的贸易网络。④

（2）掠夺贸易。在历史时期，中原王朝对游牧民族采取或战，或守，或战守结合控驭策略，尤其在双边关系紧张时期，中原王朝往往会断绝双边的一切贸易往来。游牧民族为了自身的生存，不得不采取战争掠夺的手段，夺取中原地区的粮食、牲畜、铁锅、衣物等生产生活必需品，或以武力为后盾强迫中原王朝将生产生活物资输入草原，以满足草原民族尤其是贵族的生活，从而形成以无对有的"战争掠夺贸易"。⑤ 不过，严格来说，直接的战争掠夺不应该称为贸易，因为这种方式不存在物资的互换。为了表述之方便，本文仍遵循学界的观点，采用此种称呼。在明世宗嘉靖皇帝对蒙实行"绝贡"政策之后，蒙古诸部对中原地区的掠夺愈加频繁，就是这种贸易类型的具体

---

① 张乃和. 近代早期中英海外贸易市场体系发育之比较 [J]. 北方论丛, 2003（06）: 56-60.

② 明宪宗实录: 第63卷, 成化五年二月甲午条 [M]. 台北："中央研究院"历史语言研究所校勘本, 1961: 1281.

③ 李云泉. 朝贡制度史论——中国古代对外关系体制研究 [M]. 北京: 新华出版社, 2004: 95-96.

④ [日] 滨下武志. 近代中国的国际契机——朝贡贸易体系与近代亚洲经济圈 [M]. 朱荫贵, 欧阳菲, 译. 虞和平, 校. 北京: 中国社会科学出版社, 1999: 38.

⑤ 余同元. 论中国历史上农牧民族的二元一体化 [J]. 烟台大学学报（哲学社会科学版）, 1999（03）: 71-77.

表现。

（3）官市。即政府直接主导下的贸易。它不是以市场经济规律来进行自我调节的，其贸易地点、时间、对象、价格、市场秩序与管理等，皆由政府明确规定，然后委派官员统一进行对外交易，限制条件极为苛刻。官市一般开设在边界地区。官市的开设带有强烈的政治目的，即以贸易手段，通过物资调控来控驭周边民族、安定边疆的目的。明代的官市包括"贡市""互市""关市""交市""马市""木市"等形式。① 名称虽易，但其本质都是一样的。

明代的互市是一种典型的官市，由于交易的重要物资为马匹，故又称马市。它是明廷与生活在草原地区的诸游牧、渔猎民族在指定地点所进行的一般贸易。但是这并不意味着双方仅从事马匹交易。它也与朝贡密切相关，侯仁之对马市的这一特点有十分精当的表述："（马市）实不止一商业名词，且寓有政治意义，即外夷以马来贡，我乃颁之以赏，无贡无市，有贡有赏。"② 很显然，互市"是在明朝官方的控制下进行的，明朝委任官吏专门负责组织、监督、管理市场事务，调剂市场货物和市场流动资金，筹备马价银、颁发抚赏金等。开市期间，蒙古封建主赶来大批马匹上市（其中包括中上等牧民的马匹）。而具体进行交易的大多是与官府有联系的汉族商民，他们利用官方或自己的资金和商品进行交易，以交换得来的马匹供应明廷边防所需外，大部分经商人转卖给内地汉民。这种互市通常每年开市一两次，每次进行三天到十五天的交易。市罢，蒙古人等须立即远离互市场所。中原地区以棉布、丝织品、锅釜、谷物等换取蒙古的牲畜和皮毛"③。

（4）民市。"官市毕，听民私市。"④ 王士琦在《三云筹俎考》中所记载的"私市"应该是民市，这是明廷为缓和官市贸易的不足，满足明蒙民间交易的需求，所允许开设的民间物资交易市场。一般在官方的马市交易日期结束之后，于同一地点开辟明蒙民间交易的民市。由于市场需求旺盛，民市的交易额往往超过官市几倍。"后来在蒙古族人民的迫切要求下，还在土默特和鄂尔多斯沿边地带，根据需要开设月市和小市。蒙古牧民以牛、羊、皮张、

---

① 杨晓刚. 明代九边关禁研究 [D]. 西安：陕西师范大学，2012：49.
② 侯仁之. 明代宣大山西三镇马市考 [J]. 燕京学报，1938（23）.
③ 杜荣坤，白翠琴. 西蒙古史研究 [M]. 桂林：广西师范大学出版社，2008：88.
④ （明）王士琦. 三云筹俎考：第2卷，封贡考 [M] //薄音湖、王雄. 明代蒙古汉籍史料汇编（第二辑）. 呼和浩特：内蒙古大学出版社，2006：408.

马尾、毡裘、盐碱、柴草、木材等,换取粮米、布匹、锅釜、耕具、绒线及其他日用杂货。"① 从官方的朝贡贸易发展到马市、民市、月市、小市,即从明蒙统治集团间的贸易关系逐步向明蒙人民间的民间贸易关系发展,这样,既方便了明蒙间经济交流,又可避免以往贡使经过驿站、聚集京师,加重中原地区人民负担的弊病。明清易代,长城内外统一到一个政权下,明蒙之间的人为隔阂逐渐消失,边疆内地化程度逐渐加深,明廷在长城沿线所设置的官市、民市等贸易市场,在入清之后,逐渐和当地的市场相融合,并最终融合到当地的市场体系之中了。②

(5)私市。所谓私市是指"不受封禁政策拘束的自由贸易形式"③。据史料记载,明蒙私市大概出现在明代中叶,也先统一蒙古时期。自该时期始,无论是在长城沿线地区,还是在朝贡沿途,明蒙人民广泛开展以交换布帛、粮食、牲畜和畜产品为主的走私贸易。尤其在嘉靖三十年(1551)之后,明廷全面奉行"绝贡"政策,关闭了明蒙双方官方的贸易往来。明廷的这一举措反而使明蒙之间的私市贸易更加活跃,明廷边军戍卒也大量参与到了走私贸易之中。直到隆庆四年(1570),王崇古就任宣大总督后,墩哨军的走私贸易则完全合法化④。

二、社会控制。本文所言社会控制更多讨论的是14—16世纪明朝中央政府对明蒙交界地区的社会控制。因此,这一概念更接近于"边疆控制"的概念。因为,边疆的控制,不仅仅是保障边疆的安全,还应该包括与临界政权或者部族之间的和平共处或者政治军事打击,也包括内部边界地区军民的治理。既涉及政治,又涉及军事,还包括经济以及人员往来等诸多方面。因此边疆不仅仅是"一个军事概念,它是国家的国防前沿,即边防地区。当然,边疆还有经济含义和文化方面的含义"⑤。可以说,边疆是一个综合性的社会。例如,唐宋以来,以茶羁縻西番已成为中原王朝控制西番各部的重要手段,明朝更是将运用贸易手段控驭边疆的方法发挥到了极致。史载:"番人嗜乳酪,不得茶以病。故唐、宋以来,行以茶易马法,用制羌、戎,而明制尤

---

① 杜荣坤,白翠琴. 西蒙古史研究[M]. 桂林:广西师范大学出版社,2008:140.
② 赵天福. 边疆内地化背景下的明蒙民族贸易变迁(1368—1949)——以宁夏地区的明蒙贸易为例[J]. 宁夏社会科学,2008(04):118-122.
③ 阿萨拉图. 明代蒙古地区和中原间的贸易关系[J]. 中国民族,1964(Z1).
④ 邵继勇. 明清时代边地贸易与对外贸易中的晋商[J]. 南开学报,1999(03):59-66.
⑤ 马大正. 中国边疆经略史[M]. 郑州:中州古籍出版社,2000:1-4.

13

密。"① 明廷利用自身的经济优势，运用贸易手段，对周边诸族群实施控制，是明廷实现边疆治理和社会控制的重要手段，较其他朝代更为有力，成为明廷边疆治理的一大特点。

5　文章结构概述

于墨颖在研究明蒙关系时，非常明确地指出："明王朝对蒙古的政策是其民族政策和边疆政策中极其重要的部分，也是对蒙政治关系中的首要内容。"② 然而在探讨明蒙关系的论著之中，越来越多的学者关注到，明蒙关系不能仅仅从政治的角度进行考虑，而应该更多地关注其背后的经济因素。白翠琴就曾经明确指出："通观十五世纪中期至十六世纪后期，蒙明战争产生的原因或是由于明廷的民族歧视和经济封锁政策，或是由蒙古封建主的贪婪性所引起。"③ 明蒙之间"战争的起源都涉及通贡和互市等经济问题"④，这其实便点明了明蒙关系的核心问题。

余同元在研究中国长城文化带的发展时，就将其形成过程大致分为了三个阶段："第一，洪武开国至土木之变（1368-1449年），以发展战争经济为基本内容的生产型文化带形成和发展阶段；第二，土木之变到隆庆和议（1449-1571年），以经济战争消耗为主的消费型文化带兴起和发展阶段；第三，隆庆和议到崇祯失国（1571-1644年），以民族贸易为主要内容的交换型文化带形成和发展阶段交换型长城文化带的兴起。"⑤ 这种划分方法，无疑揭示了草原地区同内地政治经济发展的内在联系，⑥ 体现了长城地带经济的阶段性，而这一阶段性的显现，则在一定程度上显示了明蒙关系的发展变化，以及明廷治理北疆实现社会控制的手段的变化。

于墨颖也是以"明蒙关系发展中的两次重大事件——土木之变、俺答封

---

① （清）张廷玉. 明史：第80卷，食货志 [M]. 北京：中华书局，2011：1947.
② 于墨颖. 明蒙关系研究——以明蒙双边政策及明朝对蒙古的防御为中心 [D]. 呼和浩特：内蒙古大学，2004：5.
③ 杜荣坤，白翠琴. 西蒙古史研究 [M]. 桂林：广西师范大学出版社，2008：141.
④ 杜荣坤，白翠琴. 西蒙古史研究 [M]. 桂林：广西师范大学出版社，2008：141.
⑤ 余同元. 论中国历史上农牧民族的二元一体化 [J]. 烟台大学学报（哲学社会科学版），1999（03）：71-77.
⑥ 余同元. 明代长城文化带的形成与演变 [J]. 烟台大学学报（哲学社会科学版），1990（03）：42-50.

贡为限，将明蒙关系划分为三个阶段，即明前期、明中期和明后期"①展开论述。她认为："自洪武肇兴到'土木之变'为前期，这一阶段，明朝在对蒙关系中处于主动地位，其政策也具有开创性和积极性；景泰至'俺答封贡'为中期，这一阶段明朝日趋消极被动地应付蒙古，其政策自'土木之变'后日渐保守，并缺乏稳定性和连续性，即所谓'御房无定策'；'俺答封贡'之后至明末为后期，这一阶段，经过隆庆议和，明朝与蒙古在较大范围内实现了较长时期的和平往来，贡市政策成为关键。"②

以上两位学者无论是对长城文化带形成过程的划分还是对明蒙关系的划分，其实都关注到了一个核心的问题，即明蒙之间的经济交往问题。明蒙贸易的发展，直接制约着明蒙关系的发展，历史上出现的"土木之变""隆庆和议"表面看来是政治现象，然而，政治是经济的集中反映，两次政治事件背后是有着深厚的经济根源的。因此，笔者完全赞同上述两位学者对明蒙关系发展阶段的这种划分。

综观明蒙关系的发展史，虽然表现出来的多是政治军事方面的斗争，但是这些斗争的背后，隐藏着深深的经济因素。于墨颖对明蒙关系发展阶段的划分，其实抓住了影响明蒙关系发展的关键因素——经济。正如恩格斯曾指出："一切重要历史事件的终极原因和伟大动力是社会的经济发展，生产方式和交换方式的改变，由此产生的社会之划分为不同的阶级，以及这些阶级彼此之间的斗争。"③

通过耙梳史料，我们可以发现，自明成祖永乐年间开始，明廷一改洪武年间对蒙古诸部的武力征讨，以求统一全国的策略，而代之以封贡互市的"羁縻"政策。国家治理，"自古重于边防，边境安则中国无事，四夷可以坐制"④，明朝的最高统治者对此都有着深刻的认识，大概自洪武中期开始，明朝对蒙政策便逐步发生改变，由洪武时期的武力征讨与优待招抚为主，逐步

---

① 于墨颖. 明蒙关系研究——以明蒙双边政策及明朝对蒙古的防御为中心［D］. 呼和浩特：内蒙古大学，2004：5.
② 于墨颖. 明蒙关系研究——以明蒙双边政策及明朝对蒙古的防御为中心［D］. 呼和浩特：内蒙古大学，2004：5.
③ ［德］恩格斯. 社会主义从空想到科学的发展［M］//马克思恩格斯选集（第三卷），中共中央马克思、恩格斯、列宁、斯大林著作编译局，编译. 北京：人民出版社，1995：704-705.
④ 明太祖实录：第103卷，洪武九年正月癸未条［M］. 台北："中央研究院"历史语言研究所校勘本，1961：1739.

调整到永乐时期的武力征讨与封贡互市进行羁縻的政策相结合，进而又调整到以封贡互市羁縻为主。在这一过程中，明朝君臣深知蒙古"散则易制，得并为一，则势专难图"①，因此，利用朝贡贸易，对蒙古各方实行分而治之之策。所以，双方的交往过程中，明廷对于蒙古三大部——鞑靼、瓦剌、兀良哈三卫的政策既有联系又有区别，往往以贸易为治边之策，抑此扶彼，以期达到的靖边、安边之目的。但是，总体来看，随着明廷的衰落，明廷的这一举措所取得的成效则大打折扣，甚至演变成了明蒙双方激烈军事冲突的来源。直到隆庆年间，以俺答汗之孙把汉那吉附明为契机，俺答汗为首的蒙古右翼诸部接受明朝的册封，双方缔结互市协议，明朝开放边界市场，明蒙双方和平交易，史称"俺答封贡"，又称"隆庆和议"，明廷与蒙古右翼诸部之间基本进入了和平相处的阶段。

鉴于以上分析，本文的论述通过以下三个方面展开。

一、明代前期的朝贡贸易与边疆治理的成效。主要探讨自明成祖开始到正统十四年"土木之变"这一段时间之内明蒙贸易的发展与明廷边疆之间治理之间的互动关系。该时期基本上可以分为两个阶段，第一阶段即永乐到宣德年间，明蒙贸易良性发展与边疆治理的有效运行期；第二阶段即正统年间的朝贡贸易的失控及边疆治理的松动时期。根据这一时期明蒙贸易与边疆治理之间的互动关系，我们可以将此时期概括为明朝朝贡贸易体系下边疆治理的构建、发展和崩溃时期。

二、明代中期朝贡贸易的曲折发展与明廷边疆治理的全面崩溃。"土木之变"发生后，虽然在于谦等主战派大臣的力挽狂澜之下，保证了大明王朝的稳定，但是，"土木之变"对明王朝君臣上下所带来的影响是极其深远的。自此之后，明廷在北疆地区全面转入防御，以"守"为主的边疆治理体系逐步形成，而对于经济羁縻的朝贡贸易，明廷则采取了消极应对的态度。这种消极的态度，在嘉靖皇帝继位之后，直接转化为了"绝贡"政策，明廷断绝了与蒙古诸部的任何官方经济联系，并严厉稽查"私市"；对于明蒙之间的走私贸易，以"通房"论处，并给予严厉的处罚。严格的经济封锁，导致蒙地居民生活困难，生活无所资。明廷严厉的经济封锁，直接催生了以俺答为首的蒙古右翼诸部对于明廷内地的大规模劫掠，形成了该时期特有的劫掠贸易，

---

① （明）瞿九思. 万历武功录：第7卷，中三边一·俺答列传上 [M] //薄音湖. 明代蒙古汉籍史料汇编（第四辑）. 呼和浩特：内蒙古大学出版社，2007：28.

以掠夺中原农耕社会的缯絮、粮食等物品。史载，嘉靖年间"虏骄日久，迩来尤甚，或当宣大。或入内地，小入则小利，大入则大利"①。给宣大、山西、延绥、宁夏等明廷北部边疆地区的人民带来了深重的灾难。北部边防体系的崩溃，直接催生了明廷长城的修建。可以说，明长城的修建是明蒙关系极度紧张、明蒙对抗极其激烈情形下的产物。

三、明代后期明蒙贸易的蓬勃发展与明廷边疆治理的实现。主要叙述俺答封贡后，明蒙双边贸易的开展以及所采取的措施，明廷边疆治理的实现。经过了长达近半个世纪的对抗之后，隆庆四年（1570），以俺答孙把汉那吉南附明廷为契机，明蒙双方积极开展谈判，最终，实现了明廷与蒙古右翼诸部之间的互市贸易，双方进入和平共处、互通有无的阶段。在该时期，明廷与蒙古右翼诸部共同制定了关于互市的规则，以期在各自约束部众民人的基础上，实现双边的和平相处。明廷希冀已久的边疆治理的安定，至此时终于达成。这一措施的实施，不仅对于明廷产生了积极的影响，并且对继明而起的清王朝也产生了极其重要的影响。清代的魏源对此评价道："不独明塞息五十年之烽燧，且为本朝开二百年之太平，仁人利溥，民到于今受其赐。"②

---

① （明）张居正.论时政疏［M］//张居正.张居正奏疏集.潘林，编注.上海：华东师范大学出版社，2014：7.
② （清）魏源.圣武记"附录"：第12卷，武事余记·掌故考证［M］.台北：文海出版社，1966：948.

第一章

明蒙朝贡贸易的建立与边疆控制的初步实现

公元1368年,元至正二十八年,朱元璋在应天府称帝,国号大明,改元洪武,是为洪武元年。是年,朱元璋发布北伐檄文,打出"驱除胡虏,恢复中华,立纲陈纪,救济斯民"①的旗号,根据已经拟定的北伐方略,即"先取山东,撤彼屏蔽,移兵两河,破其藩篱,拔潼关而守之,扼其户槛。天下形胜入我掌握,然后进兵,元都势孤援绝,不战自克。鼓行而西,云中、九原、关、陇可席卷也"②,开始了其北伐元廷、统一天下的军事行动。是年七月,徐达等将领率领大军直逼元朝都城——大都(今北京)。在此情况下,元顺帝妥欢帖木儿拒绝了大臣们的劝谏,带领妻妾、子女、大臣等于七月二十八日夜间逃出大都,直奔上都(今内蒙古自治区锡林浩特盟正蓝旗境内)。八月二日,明军攻占大都,标志着元王朝在中原地区统治的结束。之后,明军继续攻城略地,先后占领山西、平定陕甘,基本奠定了在中原地区的统治。洪武二年(1369)六月十七日,明军攻克上都,元顺帝北逃。至此,朱元璋统一大漠以南的北方地区的战略目标基本实现。

元朝统治者被迫北退之后,继续在蒙古草原地区进行统治。该时期的蒙古政权一般称北元或明代蒙古。③该时期的元廷,仍然保持着完整的国家机构,拥有相当的军事力量,"引弓之士,不下百万众"④,"资金铠仗,尚赖而

---

① 明太祖实录:第26卷,吴元年十月丙寅条[M].台北:"中央研究院"历史语言研究所校勘本,1961:402.

② (清)张廷玉.明史:第1卷,太祖本纪[M].北京:中华书局,2011:16.

③ 参见胡钟达.明与北元——蒙古关系之探讨[J].内蒙古社会科学,1984(05):44-55;曹永年.明代蒙古史编纂学札记[J].内蒙古大学学报(哲学社会科学版),1988(03):67-72;蔡美彪.明代蒙古与大元国号[J].南开学报,1992(1):43-51;薄音湖.北元与明代蒙古[J].内蒙古大学学报(哲学社会科学版),1994(01):9-12.

④ (清)谷应泰.明史纪事本末:第10卷,故元遗兵[M].北京:中华书局,1977:149.

18

  用也，驼马牛羊，尚全面有也"①。并且，当时元顺帝虽北遁，但其"名号尚存"，明廷"不得已，常遣使欲与通和"②。由此可见，以元顺帝为首的蒙古统治集团，仍拥有强大的政治军事实力。正如史料所载，元顺帝"北出渔阳，旋舆大漠，整复故都，不失旧物，元亡而实未始亡耳"③。元朝君臣在军事上不断反攻，彰显了元朝统治者对中原地区"犹有觊觎之志"④。史载："元人北归，屡谋兴复。"⑤ 这就不能不给刚刚建立的明王朝统治者以警示。故而，朱元璋认为，该时期的蒙古政权"其志欲侥幸尺寸之利，不灭不已"⑥。因此，肃清漠北，成为朱元璋的首要目标。在攻占元上都之后，明廷积极筹备对残元势力的征伐。

  洪武三年（1370），朱元璋派遣李文忠征讨北遁的元朝君臣。通过此次讨伐，明军不但攻克了开平⑦和应昌⑧，而且"拓展了明朝在北部沿边的疆域，迫使元主继续向漠北遁走，逐步远离中原的政治生活"⑨，基本消除了蒙古对中原地区的威胁。

  洪武五年（1372），朱元璋又"命大将军徐达、左副将军李文忠、征西将军冯胜率师三道征之"⑩。但是大败而归，北征失利。然而，为了彻底肃清蒙古残余势力对新生大明政权的威胁，朱元璋不曾丝毫懈怠。洪武二十年（1387），派冯胜、蓝玉等为大将军，统军二十万，出关征伐位于辽东的纳哈出部。大军压境，纳哈出不战而降，辽东处于明廷控制下。次年，朱元璋派蓝玉挂帅督师，出征漠北。此次出征，朱元璋是抱着与北元蒙古进行决战的决心的。出征之前，朱元璋对蓝玉等人说："比者出师往往，北虏纳哈出悉众来归，金山之北，可以无虞。此皆卿等克用朕命，建此茂勋。然胡虏余孽未

---

① （清）谷应泰. 明史纪事本末：第10卷，故元遗兵 [M]. 北京：中华书局，1977：149.
② （明）郑晓. 今言：第2卷 [M]. 李致忠，校点. 北京：中华书局，1984：58.
③ （清）谷应泰. 明史纪事本末：第10卷，故元遗兵 [M]. 北京：中华书局，1977：149.
④ 陈衍. 元诗纪事：第1卷，答明主 [M]. 李梦生，校点. 上海：上海古籍出版社，1987：2.
⑤ （清）张廷玉. 明史：第91卷，兵志 [M]. 北京：中华书局，2011：2235.
⑥ 明太祖实录：第48卷，洪武三年正月癸巳条 [M]. 947.
⑦ 明太祖实录：第52卷，洪武三年五月丁酉条 [M]. 1018.
⑧ 明太祖实录：第52卷，洪武三年五月辛丑条 [M]. 1021.
⑨ 唐丰姣. 洪武至宣德时期明朝对蒙古的经略 [D]. 北京：中央民族大学，2010：22.
⑩ （清）张廷玉. 明史：第327卷，鞑靼传 [D]. 北京：中华书局，2011：8464.

尽殄灭，终为边患，宜因天时，率师进讨。曩谕克取之机，尚服斯言，益励士卒，奋扬威武，期必成功，肃清沙漠在此一举。卿等其勉之。"① 洪武二十一年（1388）四月，双方战于捕鱼儿海，明军大获全胜。元主脱古思帖木儿战败，之后，被也速迭儿袭杀，蒙古七万余人被俘，北元有生力量受到致命性打击。自此之后，统一的北元政权逐步陷入分裂混战的局面。

捕鱼儿海之战以后，明太祖朱元璋相继于洪武二十三年（1390）、二十五年（1392）命北平都指挥使周兴率师"远巡塞北，搜捕残胡，以绝弥边患"②，对漠北进行清剿，以巩固战果。在明廷连续的军事打击之下，北元逐渐势衰，不复有南进之举。尤其自洪武二十五年（1392）之后，明廷的北部边疆基本安定，不复有用兵漠北之举。史载："（洪武）二十五年，王师追讨，北虏远遁不敢近边住牧者十年。"③

第一节　朱元璋御边思想的转变与北疆布防

一、朱元璋北疆御边思想的演变

朱元璋对于边防的重要性，有着深刻的认识。明王朝建立之初，太祖皇帝朱元璋就敏锐地意识到，"自古重边防，边安则中国无事，四夷可以坐制"④。而对待北部边疆，则更加重视。朱元璋认为："海外诸蛮夷小国，阻山越海，僻在一隅，彼不为中国患者，朕不伐之。惟西北胡戎，世为中国患，不可不谨备。"⑤ 对于朱元璋的此种思想，《鸿猷录》中也有类似的记载，"北虏吾之世仇，不可不严为备御"。⑥ 朱元璋这种以"守"为主的思想，尤其在洪武五年（1372）明军北伐受挫之后，明廷加速在北疆地区的军事布防，显

---

① 明太祖实录：第185卷，洪武二十年九月丁未条［M］．2784．
② 明太祖实录：第217卷，洪武二十五年三月甲申条［M］．3189．
③ （明）魏焕．九边考：第1卷，番夷总考［M］//薄音湖，王雄．明代蒙古汉籍史料汇编（第一辑）．呼和浩特：内蒙古大学出版社，2006：243．
④ 明太祖实录：第103卷，洪武九年正月癸未条［M］．1739．
⑤ 明太祖宝训：第6卷，驭夷狄［M］．台北："中央研究院"历史语言研究所校印本，1961：485-486．
⑥ （明）高岱撰．鸿猷录：第8卷，北征沙漠［M］//薄音湖，王雄．明代蒙古汉籍史料汇编（第二辑）．呼和浩特：内蒙古大学出版社，2006：307．

露得更加明显。而且，在洪武六年（1373），朱元璋便开始强调守边的重要性，并将"守"定为御边之上策。所谓"御边之首，固当示以威武，尤必守以持重，来则御之，去则勿追，斯为上策"①。同时，朱元璋告诫后世子孙："胡戎与西北边境互相密迩，累世战争，必选将练兵，时谨备之。"② 自此，明廷奠定了以"守"为核心的驭边理念。明人赞之曰"太祖制驭四夷，固不欲轻战伤命，亦未尝忘战疏防。"③

在强调"守"的同时，朱元璋也注意到"惠"在治夷备边中的重要作用，他说："治蛮夷之道，必威德兼施，使其畏感，不如此不可也。"④ 因此，明廷在积极备御的同时，也将"招抚"作为控驭周边诸族的重要手段，提上了明廷边疆治理的日程，并逐渐付诸实施。洪武六年（1373），朱元璋针对蒙古诸部，提出"当以诚待之，宜亦以计提防"⑤。洪武七年（1374），朱元璋又强调："蛮夷非威不畏，非惠不怀。然一于威则不能感其心，一于惠则不能慑其暴。惟威惠并行，此驭蛮夷之道也。"⑥ 此处，朱元璋又进一步强调了"守""抚"兼施、控制四夷的思想。明廷和平友好的边防政策自此奠定。

二、洪武年间北疆防御体系的建立

随着朱元璋驭边思想的转变，明廷在取得捕鱼儿海大捷之后，"明朝在很大程度上不再将草原作为关注的重点，转而采取一种积极防御政策"⑦。其实，从洪武四年（1371）开始，为了巩固已经取得的军事成果，有效防止蒙古各部南下，明朝政府便开始采取积极的防御政策，在北疆地区初步建立起一套完备的防御体制，"东至辽海，西尽酒泉，延袤万里，中间渔阳、上谷、云中、朔、代，以至上郡、北地、灵武、皋兰、河西，山川联络，列镇屯兵，

---

① 明太祖实录：第78卷，洪武六年正月壬子条［M］.1424-1425.
② （明）朱元璋.皇明祖训·相训首章［M］//吴相湘.明朝开国文献.台北：台湾学生书局，1961：1589.
③ 明神宗实录：第156卷，万历十二年十二月辛酉条［M］.2886.
④ 明太祖实录：第149卷，洪武十五年十月丙申条［M］.2352.
⑤ 明太祖实录：第86卷，洪武六年十一月乙未条［M］.1536.
⑥ 明太祖实录：第91卷，洪武七年七月壬辰条［M］.1599-1600.
⑦ ［美］巴菲尔德.危险的边疆：游牧帝国与中国［M］.袁剑，译.南京：江苏人民出版社，2011：299.

带甲四十万，据大险以制诸夷"①。

朱元璋认为，天下之大，为久安长治计，"必建藩屏，上卫国家，下安生民，今诸子既长，宜各有爵封，分镇诸国"②。为此，朱元璋分封诸王"据名藩控要塞，以分割海内"③。自此，"秦王都长安，晋王都晋阳，燕王都燕"④，三王于洪武十一年（1378）"之国"就藩。洪武二十五年（1392），庆王"之国陕西韦州"⑤，代王桂"之国山西大同府"⑥；二十六年（1393），辽王植"之国辽东"⑦；二十七年（1394）宁王权"之国大宁都司"⑧；二十八年（1395），谷王橞"之国宣府"⑨，肃王楧"之国陕西甘肃"⑩。诸王"莫不傅险狭，控要害，佐以元侯宿将，权崇制命，势匹抚军，肃清沙漠，垒帐相望"⑪。"凡百军马，俱听节制，以藩屏王室。遇有寇贼侵犯，就命各王挂印充总兵官征剿。"⑫ 同时，边塞诸王"皆得专制率师御虏。……稍内则西安秦王、太原晋王，亦时时出兵，与诸藩镇将表里防守"⑬。成为明廷北部防御蒙

---

① （明）魏焕. 九边考：第1卷，镇戍通考［M］//薄音湖，王雄. 明代蒙古汉籍史料汇编（第一辑）. 呼和浩特：内蒙古大学出版社，2006：239.

② 明太祖实录：第51卷，洪武三年四月辛酉条［M］. 999.

③ （明）王世贞. 弇山堂别集：第32卷，同姓诸王表［M］. 魏连科，点校. 北京：中华书局，1985：562.

④ （明）王世贞. 弇山堂别集：第32卷，同姓诸王表［M］. 魏连科，点校. 北京：中华书局，1985：562.

⑤ 史载，洪武二十五年（1392），庆王"之国陕西韦州（今宁夏回族自治区吴忠市同心县韦州镇）"，洪武三十三年（1400，建文二年）十二月，庆王"移国宁夏，仍避暑韦州"。（明）王世贞. 弇山堂别集：第89卷，市马考［M］. 魏连科，点校. 北京：中华书局，1985：574.

⑥ （明）王世贞. 弇山堂别集：第32卷，同姓诸王表［M］. 魏连科，点校. 北京：中华书局，1985：571.

⑦ （明）王世贞. 弇山堂别集：第32卷，同姓诸王表［M］. 魏连科，点校. 北京：中华书局，1985：573.

⑧ （明）王世贞. 弇山堂别集：第32卷，同姓诸王表［M］. 魏连科，点校. 北京：中华书局，1985：574.

⑨ （明）王世贞. 弇山堂别集：第32卷，同姓诸王表［M］. 魏连科，点校. 北京：中华书局，1985：576.

⑩ （明）王世贞. 弇山堂别集：第32卷，同姓诸王表［M］. 魏连科，点校. 北京：中华书局，1985：572.

⑪ （明）何乔远. 名山藏列传（不分卷）［M］//周骏富. 明代传记丛刊·综录类. 台北：明文书局，1991：142.

⑫ （明）马文升. 为经略近京边备以预防虏患事疏［M］//陈子龙. 明经世文编：第64卷，马端肃公奏疏（三）. 北京：中华书局，1962：545.

⑬ （明）郑晓. 今言：第4卷［M］. 李致忠，校点. 北京：中华书局，1984：46.

古诸部的重要力量。至此，明代的藩王守边之制形成。

明人称赞其"边防虽广，北藩为重，故西起甘肃，以跨宁延，连亘宣大，东尽辽阳，此则北边联络之大都。扬雄所谓界列区域、绝外内者也。然非如此而已也。甘肃之西，封哈密以统属番，而西域之肩鏰严矣；大同之西，表东胜以控河外，而麟府之藩篱固矣；辽阳西北，辟大宁都司以遏山戎，而畿辅之屏翰斥矣。于是，内广屯牧，外联亭鄣，守以劲卒，督以大帅，然后建瓴于神京，运臂于枢府，六塞长清，军麾不动。此则本朝制戎强国之要领也"①。

在积极备御蒙古的同时，为了招抚故元蒙古人众归于新朝治下，朱元璋又确定了"朕既为天下主，华夷无间，姓氏虽异，抚字如一"②的政策。对于北元君臣积极进行招抚。该时期的招抚，更多地体现在政治方面。洪武元年（1368），朱元璋劝抚元主"果能审识天命，衔璧来降，待以殊礼，作宾吾家"③。洪武二年（1369）四月，朱元璋又遣使以书元主，劝慰元主顺应天命，勿生事于边陲。④此后，又于当年十月⑤，次年四月，遣使赍书与元主，再次强调元主要顺天应命，"遣使通好"，不要"以残兵出没为边民患"⑥，"唯君其审图之"⑦。但是多次遣使，并未得到元主的任何回应。

对于被俘人员，朱元璋也是一一款待。例如，在俘获元朝皇室子孙买的里八剌后，朱元璋拒绝了杨宪等人提出的举行献俘礼的建议，"只令服本俗衣以朝"⑧，"朝毕，俱赐以中国服，乃赐第宅于龙光山，命优其廪饩，封买的里八剌为崇礼侯"⑨。洪武七年（1374）九月，朱元璋又赐予买的里八剌"厚礼"，并派忠厚持重之臣护送其北归。⑩

朱元璋所采取的这些举措，无非"是想尽快地臣服和羁縻蒙古"⑪。但

---

① （明）李默. 武举策（御房）[M] // （明）陈子龙. 明经世文编：第220卷，群玉楼集. 北京：中华书局，1962：2307-2308.
② 明太祖实录：第53卷，洪武三年六月丁丑条 [M]. 1048.
③ 明太祖实录：第35卷，洪武元年十月戊寅条 [M]. 633.
④ 明太祖实录：第41卷，洪武二年四月乙亥条 [M]. 819-821.
⑤ 明太祖实录：第46卷，洪武二年十月辛卯条 [M]. 925.
⑥ 明太祖实录：第51卷，洪武三年四月己巳条 [M]. 1006.
⑦ 明太祖实录：第51卷，洪武三年四月己巳条 [M]. 1006.
⑧ 明太祖实录：第53卷，洪武三年六月癸酉条 [M]. 1041-1042.
⑨ 明太祖实录：第53卷，洪武三年六月乙亥条 [M]. 1042.
⑩ 明太祖实录：第93卷，洪武七年九月丁丑条 [M]. 1621-1623.
⑪ 姑茹玛. 明蒙通使探析 [D]. 呼和浩特：内蒙古大学，2005：4.

是，对于明朝的遣使招降，北元君臣并未给予任何回复，同时，朱元璋主动遣使送还故元嫡孙买的里八剌，无疑标志着明廷政治上招降元朝宗室政策的失败。① 朱元璋想通过政治招降的手段，达到永靖北疆的目的，并未得到实现。

三、洪武年间北疆的社会控制中的经济手段探微

明朝为了"羁縻四方"，在洪武年间，就与周边国家或者部族之间建立了朝贡关系，并且设置了专门的机构对此进行管理。对前来朝贡的贡使一行都会进行赏赐，而且，赏赐物品的种类特别丰富而优厚。对贡使一行的赏赐标准，由礼部主客司按照贡使所在地区首领的地位、贡使官阶大小，赐给各种物品，有的还有官职的晋升。如洪武二十六年（1393）规定："凡诸番四夷朝贡人员及公侯官员人等，一切给赐，如往年有例者，止照其例；无例者，斟酌高下等第，题请定夺，然后礼部官具本奏闻，关领给赐。"② 洪武年间的朝贡，更多体现的是政治意义上的臣属，经济意义并不明显。该时期，虽经朱元璋的多次招抚，但是明蒙之间并未建立任何联系。因此，北元政权并未出现在该时期的朝贡名单之中，明蒙之间也谈不上存在朝贡贸易。

细查洪武朝的对蒙政策，似乎也找不出任何与贸易相关之处。这在一定程度上表明，朱元璋在军事打击与政治招抚蒙古诸部的同时，并未注意到贸易手段在制驭蒙古诸部中的重要作用。虽然，在洪武四年（1371）正月，朱元璋劝元旧臣秃鲁归附之时，曾言："孤处沙塞，步骑不满万数。部下之人，口无充腹之飨，体无御寒之服。人将离散，而尔不能独居，将何恃乎？"③ 指出了蒙古部落缺衣少食的窘境，并以此为缘由，劝降秃鲁。然而，这似乎更像是政治招抚中的经济诱惑因素，而非贸易措施在边疆治理中的应用。

洪武年间，明廷军队"南征北讨，兵力有余，唯以马为急"④，所以，明朝统治者"分遣使臣以财货于四夷市马"⑤。但是，《明太祖实录》中，我们

---

① 唐丰姣. 洪武至宣德时期明朝对蒙古的经略 [D]. 北京：中央民族大学，2010：26.
② （明）申时行. 明会典：第111卷，礼部·给赐二·外夷上 [M] //《续修四库全书》编委会. 续修四库全书（791）. 上海：上海古籍出版社，2002：125.
③ 明太祖实录：第60卷，洪武四年正月壬寅条 [M]. 1177.
④ （明）王世贞. 弇山堂别集：第89卷，市马考 [M]. 魏连科，点校. 北京：中华书局，1985：1707.
⑤ （明）王世贞. 弇山堂别集：第89卷，市马考 [M]. 魏连科，点校. 北京：中华书局，1985：1707.

并没有找到关于明朝与蒙古各部之间市易马匹的记载。仅有一条明朝派人前往蒙古羁縻卫所市马的记载,即洪武十一年(1378),遣光禄寺少卿"以茶、纸、衣服往罕东市马,得马四百六十九匹"①。这也间接证明,在洪武年间,明蒙之间应该不存在任何贸易行为。符拉基米尔佐夫在《蒙古社会制度史》中也指出,在元朝灭亡之后,明蒙之间的经济交流似乎中断了。他说:"蒙古和文明国家的贸易,当时几乎完全停顿了,商路荒废了,商旅往来绝迹了。"② 这应该是符合史实的。洪武年间,明蒙政治上强烈对抗,军事上激烈斗争,双方经济交流中断,则是十分正常的事情,互市贸易则更是没有存在的基础。

至于运用贸易手段羁縻四夷,朱元璋似乎也并未给予关注。例如,在洪武二十四年(1319)二月,西域哈梅里王兀纳失遣使明廷,提出"请于延安、平凉、宁夏以马互市"③ 的要求,陕西都指挥使司上报后,朱元璋却借口"夷狄黠而多诈,今求互市,安知其不觇我中国乎"④ 而加以拒绝,并强调"利其马而不虞其害,所丧必多,宜勿听。自今至者,悉送京师"⑤。由此可见,运用贸易手段控驭四夷,并不在朱元璋的计划之中。由此,也不难理解,洪武年间的朝贡,主要体现的是政治上臣属,而非经济上的羁縻。这一点也可以从朱元璋对于朝贡的看法体现出来。《明太祖实录》记载:"古者中国,诸侯于天子,比年一小聘,三年一大聘。九州之外,番邦远国,则每世一朝。其所贡方物,不过表诚敬而已。"⑥

在这一时期,明朝征服周边诸民族后,所设置的羁縻卫所,更多是强调政治上的附属,而没有任何经济方面的联系。这些羁縻卫所,可能更多的是受明廷军事压力而暂时采取的一种折中办法。因此,双边关系是极其不稳定的。羁縻卫所的叛服无常也就成了常态。例如,洪武年间在东北地区设置的羁縻卫——兀良哈三卫。洪武二十年(1387),冯胜、蓝玉等人统大军出关征

---

① 明太祖实录:第119卷,洪武十一年六月己亥条[M].台北:"中央研究院"历史语言研究所校勘本,1961:1940.
② [俄]符拉基米尔佐夫.蒙古社会制度史[M].刘荣焌,译.北京:中国社会科学出版社,1980:200.
③ 明太祖实录:第207卷,洪武二十四年二月戊午条[M].3087.
④ 明太祖实录:第207卷,洪武二十四年二月戊午条[M].3087.
⑤ 明太祖实录:第207卷,洪武二十四年二月戊午条[M].3087.
⑥ 明太祖实录:第88卷,洪武七年三月癸巳条[M].1565.

伐纳哈出。纳哈出率部投降，辽东纳入明王朝版图。① 洪武二十一年（1388），北元主脱古思帖木儿汗遇弑，辽王阿扎失里带领诸部遣使降明。朱元璋鉴于其位置之险要，于洪武二十二年（1389）五月，"置朵颜、泰宁、福余三卫指挥使司"②，封辽王阿扎失里为泰宁卫指挥使，塔宾帖木儿为指挥同知，封朵颜首领脱鲁忽察儿为朵颜卫指挥同知，封海撒男答奚为福余卫指挥同知，"各领所部，以安畜牧"。③ 史载："自大宁前抵喜峰口，近宣府，曰朵颜；自锦、义历广宁至辽河，曰泰宁；自黄泥窑逾沈阳、铁岭至开原，曰福余。独朵颜地险而强。"④ 令三卫"居则侦保，警则捍卫"⑤。自此，以蒙古部众为主体的三卫一直与明朝保持着属卫的名义。但是，此时，明廷并未给予三卫在政治、经济上特殊待遇，因此，三卫建立不久又叛归北元新汗。洪武二十四年（1391）四月，明廷派师征讨⑥，三卫与明廷关系断绝。由此可见，双边并未建立起真正的羁縻关系。

而对于边疆社会的控制，朱元璋则将其与北部边防体系相融合。在该区域内，明廷基本未设置府县等民政机构，而代之以军事体系的卫所，以军事代管民政，卫所既要防御蒙古诸部，同时承担着抚驭边民的职责。明太祖朱元璋对此有着清晰的认识。洪武十五年（1382）年，北平都司上奏"边卫之设，所以限隔内外，宜谨烽火，远斥候，控守要害，然后可以詟服胡虏，抚辑边氓"⑦，朱元璋对此表示了认可！

小　结

综上所述，可知，在洪武年间，明蒙之间处于正面交锋时期，明廷政治、军事实力始终保持对蒙古的高压态势，明蒙之间经济交流完全断绝，以贸易羁縻蒙古诸部，并不在朱元璋治蒙策略之中。朱元璋依靠强大的军事力量，基本完成了对北疆地区的社会控制。这从朱元璋屡次招降元顺帝以及元幼主

---

① （清）张廷玉. 明史：第327卷，鞑靼传［M］. 北京：中华书局，2011：8465.
② （清）张廷玉. 明史：第328卷，朵颜传［M］. 北京：中华书局，2011：8504.
③ 明太祖实录：第196卷，洪武二十二年五月癸巳条［M］. 2746-2947.
④ （清）张廷玉. 明史：第328卷，朵颜传［M］. 北京：中华书局，2011：8504.
⑤ （清）谷应泰. 明史纪事本末：第20卷，设立三卫［M］. 北京：中华书局，1977：3160.
⑥ 明太祖实录：第208卷，洪武二十四年四月癸未条［M］. 3102.
⑦ 明太祖实录：第148卷，洪武十五年九月丁卯条［M］. 2339.

爱猷识理答腊的诏书中也能得到体现。在朱元璋颁布的招抚诏书中，多次出现"犹欲以残兵出没为边民患，则大举六师深入沙漠"①之语，这句话显示了明廷以强大的军事实力，保证北疆安全的决心，同时，也显示了朱元璋希望与北元和平相处，实现边疆安定的思想。即，只要北元不南下扰边，则可以保持双边之和平。并且，朱元璋在这些诏书中，也表明了对北元政权的看法。朱元璋在招抚元主的诏书中也多次提到："君其奉天道顺人事，遣使通好。庶几，得牧养于近塞，藉我之威，号令其部落，尚可为一邦之主，以奉其宗祀。"② 这表明，朱元璋认可了北元作为正式政权的存在。

总而言之，在捕鱼儿海之战后，朱元璋的对蒙策略逐渐转向积极防御。对此，他构建起了东至辽东，西到哈密的庞大绵长的边防体系。该时期的朱元璋，秉持和平的边疆控制理念，采取的是以防守为主的策略，并要求子孙矢志不渝地执行该策略。为此，他将此理念和策略写入《皇明祖训》中，"四方诸夷，皆限山隔海，僻在一隅，得其地不足以供给，得其民不足以使令。若其自不揣量，来挠我边，则彼为不祥。彼既不为中国患，而我兴兵轻伐，亦不祥也。吾恐后世子孙，倚中国富强，贪一时战功，无故兴兵，致伤人命，切记不可。但胡戎与西北边境，互相密迩，累世战争，必选将练兵，时谨备之"③。

但是，随着时局的变化，尤其是明蒙之间力量对比的变化，明朝统治者逐渐调整了朱元璋制定的抚守并举的北部边防政策，最主要的变化就是自永乐年间开始，明蒙之间朝贡体系的建立，以及在此基础上逐渐形成的以朝贡贸易为手段羁縻蒙古诸部，保障边疆安全的治边措施。

第二节　永乐时期明蒙朝贡贸易视野下的边疆控制

退守漠北草原的北元政权，随着时间的推移，其内部也在不断发生变化。在蒙古贵族集团不断内讧之下，元廷内部纷争不断，汗权衰微。洪武三年（1370），元顺帝卒；洪武十一年（1378），元主爱猷识理答腊卒，子脱古思帖

---

① 明太祖实录：第51卷，洪武三年四月己巳条 [M]．1006．
② 明太祖实录：第51卷，洪武三年四月己巳条 [M]．1005．
③ （明）朱元璋．皇明祖训 [M] //吴相湘．明朝开国文献．台北：台湾学生书局，1961：1588-1589．

木儿继立，然"自脱古思帖木儿后，部帅纷拏，五传至坤帖木儿，咸被弑，不复知帝号。有鬼力赤者篡立，称可汗，去国号，遂称鞑靼云"①。至此，统一的北元政权不复存在。原来统一的蒙古政权，在这个时期分为了三股势力，即鞑靼、瓦剌、兀良哈三卫。鞑靼，如前所述，"即蒙古，故元后也"②，是由蒙古大汗直接统治的各部和拥护大汗的属部组成，其首领拥有蒙古大汗称号，被蒙古人视为正统。瓦剌，"蒙古部落也，在鞑靼西。元亡，其强臣猛可帖木儿据之。死，众分为三，其渠曰马哈木，曰太平，曰把秃孛罗"③，主要分布于今札布汗河、科布多河流域以及额尔齐斯河、叶尼塞河上游一带。其北与乞儿吉思为邻，西南及南边与别失八里、哈密毗连，东与鞑靼相接，东南渐向陕西边外发展④。兀良哈，"在黑龙江南，渔阳塞北"⑤，"元为大宁路北境"⑥。明朝建立后，"东蕃辽王、惠宁王、朵颜元帅府相率乞内附"⑦。洪武二十二年（1389），以其地置泰宁、朵颜、福余三卫指挥使司。⑧

据《明会典》记载："北狄，鞑靼最大。自胡元遁归沙漠，其余孽世称可汗。东兀良哈，西哈密，北瓦剌。瓦剌强，数败鞑靼。其后兀良哈、哈密皆内附。而兀良哈遂分为朵颜等三卫。"⑨ 蒙古诸部进入了"分散而微弱，纷杂而无统"⑩ 的混乱局面。

而此时期的明朝，也不断调整着北部边防策略。洪武年间，朱元璋苦心孤诣所构建的藩王守边防御体系，随着朱元璋的去世、朱棣"靖难之役"的爆发而宣告解体。洪武三十五年（1402），朱棣在今南京登基为帝，改元永乐，是为永乐帝。由于靖难之役，明廷北部防区空虚，纷杂无统的蒙古诸部趁此机会频繁地南下扰边，面对这一严峻的北疆形势，永乐皇帝做出重大决定，迁都北京。自此，明廷逐渐形成了"天子守边"之制。

---

① （清）张廷玉. 明史：第327卷，鞑靼传［M］. 北京：中华书局，2011：8467.
② （清）张廷玉. 明史：第327卷，鞑靼传［M］. 北京：中华书局，2011：8463.
③ （清）张廷玉. 明史：第328卷，瓦剌传［M］. 北京：中华书局，2011：8497.
④ 白翠琴. 瓦剌史［M］. 桂林：广西师范大学出版社，2006：24.
⑤ （清）张廷玉. 明史：第328卷，朵颜传［M］. 北京：中华书局，2011：8504.
⑥ （清）张廷玉. 明史：第328卷，朵颜传［M］. 北京：中华书局，2011：8504.
⑦ （清）张廷玉. 明史：第328卷，朵颜传［M］. 北京：中华书局，2011：8504.
⑧ （清）张廷玉. 明史：第328卷，朵颜传［M］. 北京：中华书局，2011：8504.
⑨ （明）申时行. 明会典：第107卷，礼部·朝贡三·北狄［M］//《续修四库全书》编委会. 续修四库全书（791），上海：上海古籍出版社，2002：89.
⑩ （明）丘濬. 驭夷狄（北虏）［M］//（明）陈子龙. 明经世文编：第73卷，丘文庄公集（三）. 北京：中华书局，1962：626.

永乐皇帝"绍皇考太祖高皇帝之先志"①，以实现"天地清宁""华夷绥靖"为己任②，为"一扫胡尘，永清沙漠"③，多次统兵亲征漠北，史载其"五出漠北，三犁虏庭"④。对于蒙古诸部始终保持着军事高压的态势。由此可见，明初的洪武、永乐年间，虽然在北部边防中实行的是以守为主的策略，但是对于蒙古诸部"以威服之"的战略始终贯彻其中，从未放松，洪武、永乐两朝均试图消除蒙古贵族的实力，处于明显的攻势。

然而，此时的北元政权经历了明朝的军事打击和内部纷争，已经分为鞑靼、瓦剌、兀良哈等三大部，明廷也意识到，此时的蒙古"散则易制""势专难图"⑤。永乐帝审时度势，对蒙古诸部积极开展招抚。

一、永乐时期的招抚政策和朝贡体系的建立

明太祖朱元璋曾敕谕朱棣："历代守边之要，未尝不以先谋为急，故朕于北鄙之虑，尤加慎密。尔能听朕之训，明于事势，机无少懈，虽不能胜，彼亦不能为我边患，是良策也。善胜敌者胜于无形，尔其慎哉。"⑥永乐皇帝为了消除蒙古诸部对明廷的威胁，收服并治理蒙古各部，以达到"控四夷制天下"⑦的目的，虽多次出兵征剿，然收效甚微。明太祖"善胜敌者胜于无形"的祖训不能不给此时的永乐皇帝以启示。因此，在对蒙古诸部连续用兵的同时，朱棣也不断进行招抚。

明成祖即位后，明廷多次主动向蒙古"遣使谕之通好"⑧。史载，明成祖"以即位，遣使赍诏和林、瓦剌等诸部酋长"⑨，不断重申其"天下一统，华夷一家，何有彼此之间"⑩的理念，并向蒙古诸部强调"朕惟帝王统御，一

---

① 明太宗实录：第231卷，永乐十八年十一月戊辰条［M］.2235.
② 明太宗实录：第231卷，永乐十八年十一月戊辰条［M］.2236.
③ 明太宗实录：第103卷，永乐八年四月壬子条［M］.1340.
④ （明）高岱.鸿猷录：第8卷，三犁虏庭［M］//薄音湖，王雄.明代蒙古汉籍史料汇编（第一辑）.呼和浩特：内蒙古大学出版社，2006：317.
⑤ （明）瞿九思.万历武功录：第7卷，中三边一·俺答列传上［M］//薄音湖.明代蒙古汉籍史料汇编（第四辑）.呼和浩特：内蒙古大学出版社，2007：28.
⑥ 明太祖实录：第253卷，洪武三十年六月庚寅条［M］.3658.
⑦ 明太宗实录：第182卷，永乐十四年十一月壬寅条［M］.1965.
⑧ （清）张廷玉.明史：第327卷，鞑靼传［M］.北京：中华书局，2011：8467.
⑨ 明太宗实录：第11卷，洪武三十五年八月丁丑条［M］.190.
⑩ 明太宗实录：第30卷，永乐二年四月辛未条［M］.533-534.

视同仁，顺则抚之，逆者攫之，惟在安民，无有远迩"①。因此，明成祖朱棣自即位之初，便分别向瓦剌、鞑靼、兀良哈三卫等派出使臣，发布诏谕，希望蒙古诸部可以遣使通好。这标志着明成祖以抚为中心的治边策略的正式实施。

1402年，朱棣于六月登基为帝，三个月后，便遣使"赍诏抚谕兀良哈大小头目"②。十一月，又遣百户裴牙失里等往告明朝新君继位的消息，并赍诏抚谕兀良哈等部：

> 朕命统承天位，天下一家，薄海内外，俱效职贡。近边将言，尔诸酋长咸有归向之诚，朕用嘉之，特令百户裴牙失里，赍款谕尔，其各居边境，永安生业，商贾贸易，一从所便，欲来朝者，与使臣偕至。③

随后，永乐元年（1403年）二月，明成祖又诏谕鞑靼可汗鬼力赤和太师右丞相马儿哈咱、太傅左丞相也孙台、太保枢密院知院阿鲁台等：

> 比闻塞北推奉可汗，特遣使指挥朵儿只、恍惚等持文绮四，往致朕意。今天下大定，薄海内外皆来朝贡，可汗能遣使往来，通好为一家，使边城万里，烽堠无警，彼此熙然，共享太平之福，岂不美哉？④

同年五月，明成祖又遣指挥萧尚都诏谕兀良哈三卫，曰：

> 朕嗣位之初，已尝招谕尔众。后辽东守臣言，尔等俱欲来朝，今遣指挥萧尚都、镇抚刘忽鲁秃、百户和尚往谕朕意。但来朝者，悉授以官，俾仍居本地，岁时贡献，经商市易，一从所便。⑤

遣使鞑靼及兀良哈三卫的同时，明成祖又遣镇抚答哈帖木儿等赍敕往瓦剌，谕房酋马哈木、太平、把秃孛罗。永乐二年（1404），遣指挥完者秃等赍书敕瓦剌马哈木等："夫天下一统，华夷一家，何有彼此之间？尔其遣人往来相好，朕即授以官赏，令还本地，射猎畜牧，安生乐业，永享太平之福。"⑥永乐五年（1407年），明成祖再次遣使瓦剌，"往谕马哈木等以天命有归及福善祸淫之意，并赐马哈木、太平、把秃孛罗及其所部撒都剌等金织文绮有

---

① 明太宗实录：第264卷，永乐二十一年十月庚午条［M］．2408．
② 明太宗实录：第12卷下，洪武三十五年九月乙未条［M］．216．
③ 明太宗实录：第14卷，洪武三十五年十一月壬寅条［M］．262．
④ （明）叶向高．四夷考：第5卷，北房考［M］．台北：台湾华文书局，1968：586．
⑤ 明太宗实录：第20卷下，永乐元年五月乙未条［M］．369．
⑥ 明太宗实录：第30卷，永乐二年四月辛未条［M］．533-534．

差"①，再次进行劝谕。

从明诏谕蒙古诸部的诏书中，可以发现，"遣使往来""授以官赏""经商市易，一所从便"等语多次出现，这表明，该时期明廷的招抚已经不仅仅是"晓之以理，动之以情"的政治招抚，而是政治、经济手段并用，甚至经济招抚已经开始超过政治招抚，成为招抚的重要条件。明朝统治者显然已经意识到经商市易对于蒙古诸部的重要意义。因此，明成祖朱棣完全放弃了太祖时期对蒙古的经济封锁政策，探索与蒙古诸部之间开展贸易活动。在这一思想的指导之下，明廷逐渐构建起与蒙古诸部之间的朝贡贸易关系，打破了洪武年间明蒙双方毫无经济往来的局面。

明成祖适时抛出"经商市易，一所从便"的条件，对于蒙古诸部是具有非常大的吸引力的。在洪武年间，军事上的征伐，导致双方之间商旅断绝，贸易中断，造成蒙古地区的经济生活非常困难。因此，当明成祖遣使赍书蒙古诸部的时候，蒙古诸部都在不同程度上进行了响应。

（一）兀良哈三卫与明朝朝贡贸易关系的建立与发展

面对"但来朝者，悉授以官，俾仍居本地，岁时贡献，经商市易，一从所便"②的政治、经济诱惑，兀良哈三卫首先积极响应。永乐元年（1403），在遣使兀良哈半年之后的十一月，兀良哈地面头目哈儿兀歹首先遣使来朝贡马，明朝命礼部以其贡马分列为上、中、下三等，厚酬付马价。史载："兀良哈头目哈儿兀歹遣其部属脱忽思等二百三十人来朝贡马。命礼部赐钞币袭衣，并偿其马直，上马每匹钞五十锭，中马四十锭，下马三十锭，每定仍与彩币表里一。"③

兀良哈主动遣使贡马，标志着明朝与兀良哈三卫之间的羁縻关系得到恢复。因此，当三卫头目脱忽思等二百余人随尚都来朝贡马时，明朝赐其钞币袭衣，并从厚酬付马价，同时，宣布重建三卫。次年（1404）四月，明朝正式封授三卫大小首领官职，"自是，三卫朝贡不绝。"④ 三卫与明朝之间的朝贡贸易关系自此正式确立。

明成祖为了有效控制兀良哈三卫，并有效发挥羁縻卫所的作用，成为明

---

① 明太宗实录：第67卷，永乐五年五月丙寅条[M].937-938.
② 明太宗实录：第20卷下，永乐元年五月乙未条[M].369.
③ 明太宗实录：第25卷，永乐元年十一月丙子条[M].450.
④ （清）张廷玉.明史：第328卷，朵颜传[M].北京：中华书局，2011：8504.

廷在东北地区的"藩篱"①，鉴于三卫贡使赶马至京师（今南京）贸易，路途遥远、气候炎热等因，永乐三年（1405），明成祖特命三卫可以在辽东的开原、广宁二地进行互市贸易。《明太宗实录》记载："（永乐三年三月）癸卯，上谓兵部臣曰：福余卫指挥使喃不花等奏，其部属欲来货马，计两月始达京师。今天气向热，虏人畏夏，可遣人往辽东谕保定侯孟善，令就广宁、开原择水草便处立市。侯马至，官给其直，即遣归。"② 明成祖充分考虑了兀良哈三卫的情况，并给予体恤，在边界处设立市场，以满足三卫的贸易需求。此举开启了九边地区边地互市贸易的先河。史载："永乐间，设马市三：一在开原南关，以待海西；一在开原城东五里；一在广宁，皆以待朵颜三卫。"③ 互市之所"各去城四十里"。④

三卫的朝贡贸易关系确立之后，明廷逐渐将三卫的朝贡制度化，相继订立了相对稳定的朝贡、觐见、抚赏等制度，并设立专门的互市市场派专人进行管理，双方的互市管理也逐渐规范化。

首先，对于双方的互市，设立了专门的场所并安排专人进行管理。史载："（永乐四年三月）甲午，设辽东开原、广宁马市二所。初，外夷以马鬻于边，命有司善价易之。至是来者众，故设二市，命千户答纳失里等主之。"⑤

其次，初步制定了马价。永乐三年（1405），令辽东都司让兀良哈等处鞑靼以马至辽东互市，定其马值。⑥ 起初，辽东马市的马价是以布匹为参照物的。当时规定的马价为"上上等，每马绢八匹、布十二匹；上等，每马绢四匹、布六匹；中等，每马绢三匹、布五匹；下等，每马绢二匹、布四匹；驹，绢一匹、布三匹"⑦。永乐九年（1411），又"定开平马市价，上上马一等绢五疋布十疋，二等布十八疋；驹子布五疋"⑧。永乐十年（1412），"令辽东缺

---

① （明）魏焕．九边考：第3卷，蓟州镇［M］//薄音湖，王雄．明代蒙古汉籍史料汇编（第一辑）．呼和浩特：内蒙古大学出版社，2006：248.
② 明太宗实录：第40卷，永乐三年三月癸卯条［M］．663.
③ （清）张廷玉．明史：第81卷，食货志［M］．北京：中华书局，2011：1982.
④ （明）申时行．明会典：第153卷，兵部·马政四·收买（贡马附）［M］//《续修四库全书》编委会．续修四库全书（791）．上海：上海古籍出版社，2002：587.
⑤ 明太宗实录：第52卷，永乐三年三月甲午条［M］．776.
⑥ 明太宗实录：第40卷，永乐三年三月甲寅条［M］．667.
⑦ 明太宗实录：第40卷，永乐三年三月甲寅条［M］．667.
⑧ （明）王世贞．弇山堂别集：第89卷，市马考［M］．魏连科，点校．北京：中华书局，1985：1712.

>>> 第一章　明蒙朝贡贸易的建立与边疆控制的初步实现

马官军，听于各马市照例收买"①。

但是，上述价格也并不是固定不变的，明廷会根据实际情况，进行调整。例如，永乐四年（1406）冬天，兀良哈地区发生了严重的旱灾，饥荒遍地，粮食成为兀良哈地区的急需品，于是向明廷请求"以马易米"。明成祖"命所司议其价，遂定上马每匹米十五石，绢三疋；上马米十二石，绢二匹；中马米十石，绢二疋；下马米八石，绢一疋；驹米五石，布一疋"②。这个时期，明朝主要用粮食付马价。永乐十五年（1417），明朝对辽东互市马价进行了调整："上上马一匹，米五石，布绢各五疋；中马，米三石，布绢各三疋；下马，米二石，布绢各二疋；驹，米一石、布二疋。"③

再次，贡期、贡道、朝贡人数确定。兀良哈三卫"每年进贡二次，每次每卫各百人"④。当然，也有每岁进贡三次甚至多次的情况，贡使从"由喜峰口入"⑤，同时"令都指挥或都督于喜峰口、密云等处镇守验放，别无多官。"⑥

最后，回赐和抚赏制度的确立。明朝给予三卫的回赐和赏赐是丰厚的，如，"永乐四年（1406）十一月甲戌，福余卫都指挥安出第八秃不花率妻子来朝，贡马七十匹，赐白金、绿币、袭衣。"⑦永乐十二年（1414）三月三卫来朝贡马，明朝按每匹马换四疋棉布的方式回赐三卫使臣，"兀良哈福余、泰宁、朵颜三卫纳马至辽东，敕都指挥王真等，每马予绵布四疋。初，三卫窃掠边戍，敕令纳马三千匹赎罪，至是，以马至。上曰：'蛮夷之人，服则赦之'，故命予布。"⑧然而这仅仅是对三卫贡使的回赐。除此之外，还有抚赏，抚赏是明朝羁縻蒙古人的重要手段之一，辽东地区诸夷"性多贪悋，故我以

---

① （明）王世贞.弇山堂别集：第89卷，市马考［M］.魏连科，点校.北京：中华书局，1985：1713.

② 明太宗实录：第62卷，永乐四年十二月甲寅条［M］.898.

③ （明）申时行.明会典：第153卷，兵部·马政四·收买（贡马附）［M］//《续修四库全书》编委会.续修四库全书（791），上海：上海古籍出版社，2002：587.

④ （明）魏焕.九边考：第3卷，蓟州镇［M］//薄音湖，王雄.明代蒙古汉籍史料汇编（第一辑）.呼和浩特：内蒙古大学出版社，2006：248.

⑤ （明）申时行.明会典：第107卷，礼部·朝贡三·北狄［M］//《续修四库全书》编委会.续修四库全书（791）.上海：上海古籍出版社，2002：92.

⑥ （明）魏焕.九边考：第3卷，蓟州镇［M］//薄音湖，王雄.明代蒙古汉籍史料汇编（第一辑）.呼和浩特：内蒙古大学出版社，2006：248.

⑦ 明太宗实录：第61卷，永乐四年十一月甲戌条［M］.884.

⑧ 明太宗实录：第149卷，永乐十二年三月甲申条［M］.1738.

不战为上兵,羁縻为奇计,朝贡互市皆有抚赏外,又有沿边报事,及近边住牧,换盐米讨酒食"①。这些都需要明廷给予一定程度的抚赏,以达到羁縻的目的。被明廷视为"永为藩篱"的兀良哈三卫,明廷制定了相应的抚赏标准:三卫"买卖达子大头儿每名袄子一件,锅一口,靴韈一双,青红布三疋,米三斗,大菓卓面半张"②。除了抚赏,对于三卫还有零赏,"达子每名布一疋,米一斗,兀堵酥一双,靴一双,锅一口,每四名菓卓一张。"③

由此可见,明朝赏赐和抚赏的物品均为布匹、粮食、衣物、锅等,都是兀良哈三卫所紧缺的生活物资,因此,双方的关系日益密切。

(二)瓦剌与明朝朝贡关系的建立与发展

如前文所述,在明成祖即位之初,即于永乐二年(1404)遣使赍书持礼往谕瓦剌④,但是并未得到瓦剌的任何回应。永乐三年(1405)、永乐四年(1406)明廷又分别遣使诏谕,但是仍然未得到任何回应。直到永乐五年(1407),"往谕马哈木等以天命有归及福善祸淫之意,并赐马哈木、太平、把秃孛罗及其所部撒都剌等金织文绮有差。"⑤ 这次得到了瓦剌的积极回应。瓦剌首领马哈木等于永乐六年(1408)派使者"来朝贡马,且致诚恳,请印信封爵"⑥。翌年五月,明成祖正式下令"册封马哈木为特进金紫光禄大夫顺宁王,太平为特进金紫光禄大夫贤义王,把秃孛罗为特进金紫光禄大夫安乐王"⑦,并"赐印诰"⑧。同时,遣使赍印诰往瓦剌赐三王。永乐"八年春,瓦剌复贡马谢恩。自是,岁一入贡"⑨。

自此,瓦剌与明朝之间的朝贡关系正式确立。贡使每年十月从大同进入,十一月到达北京,朝贡使团入驻会同馆。贡使贡献物品、庆贺明朝正旦节,而明廷给贡使封官晋职,颁布赏赐,并设宴招待。明朝在接受瓦剌朝贡的同

---

① (明)毕恭,等.辽东志:第3卷:兵食志[M]//辽海丛书.沈阳:辽沈书社,1986:402.
② (明)毕恭,等.辽东志:第3卷:兵食志[M]//辽海丛书.沈阳:辽沈书社,1986:402.
③ (明)毕恭,等.辽东志:第3卷:兵食志[M]//辽海丛书.沈阳:辽沈书社,1986:402.
④ 明太宗实录:第30卷,永乐二年四月辛未条[M].533-534.
⑤ 明太宗实录:第67卷,永乐五年五月丙寅条[M].938.
⑥ 明太宗实录:第84卷,永乐六年十月丙子条[M].117.
⑦ 明太宗实录:第92卷,永乐七年五月乙未条[M].1224.
⑧ 明太宗实录:第92卷,永乐七年五月乙未条[M].1224.
⑨ (清)张廷玉.明史:第328卷,瓦剌传[M].北京:中华书局,2011:8497.

时，也同意其在甘州、凉州等市场进行贸易。明廷与瓦剌之间的朝贡关系确立。明朝在敕书中明确地称也先为"朝廷臣属"。①而瓦剌似乎也并未对此表示异议，似乎也认可了双方的这种关系。例如，忽兰忽失温战后的第二年，即永乐十三年（1415）正月，"瓦剌顺宁王马哈木、贤义王太平、安乐王把秃孛罗遣使观音奴塔不哈等贡马谢罪。"②马哈木死后，脱欢希望承袭父爵，也要得到明廷的批准。史载，永乐十六年（1418）三月甲戌，脱欢与太平、把秃孛罗等派遣使臣前来明朝贡马，并"请袭父爵"。③同年四月，明廷批准了脱欢的请求。④

政治上的臣属，不仅为瓦剌带来了经济上丰厚的回报，如"永乐二十二年（1424）十二月壬寅朔，赐瓦剌贤义王太平绵币表里，并赐其使选谷歹等钞币有差"⑤。还得到明朝在军事上的回报。最主要的表现就是，明廷积极配合瓦剌对鞑靼的军事行动，沉重打击和削弱了鞑靼的势力。在此情况下，鞑靼部首领阿鲁台不得不于永乐十一年（1413）遣部属至北京，向明廷表示"愿输诚内附"。⑥

（三）鞑靼部与明朝朝贡关系的曲折发展

鞑靼为元之后裔，因此，明廷与鞑靼部之间朝贡关系的建立，相对比较曲折。建文年间，蒙古的内部斗争，使得北元皇室的实力进一步被削弱。建文三年（1401）十一月，明代史料中第一次出现了"鞑靼可汗遣使来输款"⑦的记载。此处的鞑靼可汗应该是坤帖木儿，但是其旋即被杀，通使之事也就没有了下文。之后为鬼力赤汗时期。

洪武三十五年（1402）十一月，明成祖遣使赍敕诏谕兀良哈部的同时，也遣使鞑靼部告谕明朝新君继位的消息，并表示希望加强双方政治经济往来。⑧然而并未得到鞑靼部的回应。之后，成祖又多次遣使示好，但是双方是否建立联系，史料中并无记载。永乐五年（1407）二月己丑，明成祖对镇守辽东保定侯敕曰："缘边鞑靼、女直、野人来朝及互市者，悉听其便，但禁戢

---

① 明英宗实录：第109卷，正统八年十月庚子条［M］．2208．
② 明太宗实录：第160卷，永乐十三年正月丁未条［M］．1816．
③ 明太宗实录：第198卷，永乐十六年三月甲戌条［M］．2072．
④ 明太宗实录：第199卷，永乐十六年四月甲辰条［M］．2077．
⑤ 明仁宗实录：第5卷上，永乐二十二年十二月辛亥条［M］．164．
⑥ （清）张廷玉．明史：第328卷，鞑靼传［M］．北京：中华书局，2011：8468．
⑦ 明太宗实录：第8卷，（建文）三年十一月辛亥条［M］．104．
⑧ 明太宗实录：第14卷，洪武三十五年十一月壬寅条［M］．262．

士卒，勿扰之。"① 加之，开原、广宁马市此时已经恢复正常，由此看来，双方应该有贸易的往来。赛瑞斯也指出了这一点。②

永乐六年（1408），本雅失里登上汗位后，明成祖对其继位表示祝贺，遣使书谕本雅失里："今尔与鬼力赤势不两立"③，"如能幡然来归，加以封爵，厚以赐赉，俾于近塞择善地以居。"④ 但并未得到本雅失里的回应。永乐七年（1409），明成祖遣都指挥金塔卜歹、给事中郭骥赍书往谕本雅失里曰："边将得尔部下完者帖木儿等二十二人来，其言众已推立尔为可汗，尔欲遣使南来通好，朕心甚喜。"⑤ 并言："可汗诚能顺上天心，下察人事，使命来往，相与和好，朕生中国，可汗王朔漠，彼此永远相安于无事，岂不美哉？"⑥ 此次，明成祖在谕书中明确提出了"朕生中国，可汗王朔漠"的政治设想，这一设想与其父太祖朱元璋保持了一致，均承认了蒙古政权的存在。⑦ 可以说，明成祖的这次宣谕，做出了巨大的政治让步，希望双方可以建立和平往来的关系。为表诚意，明成祖以"彩币六表里，用致朕意。完者帖木儿等，朕念其有父母妻子，均给赐赉就，令使臣送归，可体朕至意。并赐其臣阿鲁台、马儿哈咱、脱火赤、哈失帖木儿等彩币各四表里"⑧。又"赐甘肃总兵官左都督何福钞三万贯、米二百石，助其往还款接之费"⑨。

但是，本雅失里可汗不知出于何种意图，他不仅未对此诏谕给予回复，反而将使臣郭骥杀死⑩，以宣布与明廷断绝关系。此举引起了明成祖对于鞑靼

---

① 明太宗实录：第64卷，永乐五年二月己丑条 [M] .910.
② [美] 亨利·赛瑞斯．明蒙关系Ⅲ——贸易关系：马市（1400—1600）[M] ．王苗苗，译．北京：中央民族大学出版社，2011：19.
③ 明太宗实录：第77卷，永乐六年三月辛酉条 [M] .1043.
④ 明太宗实录：第77卷，永乐六年三月辛酉条 [M] .1044.
⑤ 明太宗实录：第90卷，永乐七年四月丁丑条 [M] .1186.
⑥ 明太宗实录：第90卷，永乐七年四月丁丑条 [M] .1186.
⑦ 姑茹玛认为，明成祖此次遣使鞑靼"实际上是承认了蒙古政权的存在，与洪武时的对蒙政策有质的变化"。（姑茹玛．明蒙通使探析 [D] ．呼和浩特：内蒙古大学，2005：19.）此观点有待商榷，笔者在上文已经对明太祖朱元璋对于北元政权的认识进行了分析，指出明太祖朱元璋在后期其实已经承认了北元-蒙古政权的存在。
⑧ 明太宗实录：第90卷，永乐七年四月丁丑条 [M] .1186-1187.
⑨ 明太宗实录：第90卷，永乐七年四月丁丑条 [M] .1187.
⑩ （明）徐学聚．国朝典汇：第170卷，北虏 [M] ．台北：台湾学生书局，1986：2004.

的极大不满①，于是便有永乐七年（1409）丘福的北伐②和八年成祖的亲征③。永乐八年（1410），明成祖率50万大军亲征蒙古，在斡难河大败鞑靼首领本雅失里可汗，本雅失里遁逃瓦剌。本雅失里逃到瓦剌之后，被马哈木所弑。不久之后，明军又大败鞑靼权臣阿鲁台。④ 鞑靼势力渐衰。

阿鲁台为鞑靼部的权臣，统治鞑靼长达三十余年。明成祖遣使诏谕鞑靼可汗的同时，也遣使诏谕阿鲁台等权臣。《明史纪事本末》卷二十一《亲征漠北》载，永乐元年（1403）十月"鬼力赤与阿鲁台击瓦剌马哈木，战大败。马哈木、阿鲁台皆遣人入贡"⑤。这应该是关于鞑靼遣使入贡的最早记载。永乐四年（1406），传闻阿鲁台有"归诚之心"⑥，明廷曾单独遣使诏谕："尔明达不下古人，既知天命所在，则当决之。或遣尔子来见，或率部属回来，听择善地以处，荣膺王爵，世守其地，传之子孙，永永无穷。盖趋吉避凶，就安去危，在此一举，且难得易失者，时机也。时机一失，他日进退两难。虽悔莫追，尔宜审之。"⑦ 并"赐阿鲁台织金文绮二端"⑧。于是，在第二年十二月，"阿鲁台遣回回商人哈费思来朝，且奏求药。命太医院使如奏。赐之。"⑨ 这是《明实录》中关于鞑靼部于建文三年遣使明朝纳税之后的再次遣使来明的最早记载。但是这并非表明双方建立了某种程度的关系。

本雅失里汗战败被弑后，阿鲁台独撑鞑靼。直到永乐八年（1410），迫于形势，阿鲁台"遣平章脱忽歹等来归，贡马"⑩，与明修好。明成祖本着"凡有来者皆厚抚之"⑪的思想，对来使"宴劳之，赐袭衣彩币"⑫。脱忽歹等人归时，明成祖"特遣指挥岳山、镇抚丁全等偕行"，传达他的意见，并赐"彩

---

① 明太宗实录：第93卷，永乐七年六月辛亥条 [M]．1234．
② 明太宗实录：第94卷，永乐七年七月癸酉条 [M]．1243-1244．
③ 明太宗实录：第101卷，永乐七年七月辛丑、丁未条 [M]．1313、1317．
④ （明）徐学聚．国朝典汇：第170卷，北房 [M]．台北：台湾学生书局，1986：2004．
⑤ （清）谷应泰．明史纪事本末：第21卷，亲征漠北 [M]．北京：中华书局，1977：331．
⑥ 明太宗实录：第54卷，永乐四年五月丁酉条 [M]．803．
⑦ 明太宗实录：第54卷，永乐四年五月丁酉条 [M]．804．
⑧ 明太宗实录：第54卷，永乐四年五月丁酉条 [M]．804．
⑨ 明太宗实录：第74卷，永乐五年十二月丙申条 [M]．1026．
⑩ 明太宗实录：第111卷，永乐八年十二月癸巳条 [M]．1415．
⑪ 明太宗实录：第111卷，永乐八年十二月丁未条 [M]．1419．
⑫ 明太宗实录：第111卷，永乐八年十二月癸巳条 [M]．1415．

币"。① 但是，这次朝贡活动，双方并未明确建立朝贡关系。不过，自此之后，阿鲁台几乎年年遣使贡马。

永乐九年（1411）六月，鞑靼太师阿鲁台"遣国公忽鲁秃等随指挥岳山等来贡马"②。明廷"赐宴劳之"③。之后，阿鲁台又于十二月"遣使徹里帖木儿等贡马千匹"④。明成祖"命礼部给马直，赐徹里帖木儿彩币有差"⑤。永乐十年（1412）十二月，阿鲁台"遣所部把秃答兰不花等贡马二百匹"⑥。明廷赐"钞币有差"⑦。永乐十一年（1413）六月己酉，阿鲁台遣使来朝请明朝出兵瓦剌。史载："北房卜颜不花等来朝，言，瓦剌马哈木自弑立之后，骄傲无礼，欲与中国抗衡，其遣人来朝非实意，盖所利金帛财物耳。比屡率兵往来塞下，邀遏贡使，致漠北道阻，宜以兵除之。"⑧ 同时，阿鲁台为了表示诚意，于当年六月，"遣使拾驴等百八十七人贡马，并表纳元所授中书省印"。⑨ 明廷为了遏制瓦剌势力，于当年七月封阿鲁台为和宁王。"制曰：朕恭膺天命，奄有寰区日照月临之地，罔不顺服。尔阿鲁台，元之遗臣，能顺天道，幡然来归，奉表纳印，愿同内属，爰加恩数，用锡褒扬，特封尔为特进光禄大夫太师和宁王，统为本处军民，世守厥土，其永钦承用光宠命。"⑩ 并"赐金印、金盔、鞍马、织金文绮二十端，绒锦二端。又封其母为和宁王太夫人，妻为和宁王夫人，俱赐诰命冠服"⑪。

阿鲁台接受和宁王的册封之后，便与明朝之间展开了频繁的往来。永乐十一年（1413），阿鲁台遣使把帖木儿、乃剌不花等贡马谢封爵恩，并"奏举所部头目忽鲁秃等二千九百六十二人，列其弟，请授职事。命兵部如所弟，授以都督、都指挥、指挥、千百户、镇抚之职"⑫。十二月，阿鲁台以庆贺正旦之名向明朝遣使贡马。《明实录》记载："和宁王阿鲁台遣使阿剌帖木儿等

---

① 明太宗实录：第111卷，永乐八年十二月丁未条［M］.1420.
② 明太宗实录：第116卷，永乐九年六月庚寅条［M］.1475.
③ 明太宗实录：第116卷，永乐九年六月庚寅条［M］.1475.
④ 明太宗实录：第122卷，永乐九年十二月己丑条［M］.1535.
⑤ 明太宗实录：第122卷，永乐九年十二月己丑条［M］.1535.
⑥ 明太宗实录：第135卷，永乐十年十二月丁丑条［M］.1650.
⑦ 明太宗实录：第135卷，永乐十年十二月丁丑条［M］.1650.
⑧ 明太宗实录：第140卷，永乐十一年六月己酉条［M］.1687.
⑨ 明太宗实录：第140卷，永乐十一年六月庚午条［M］.1689.
⑩ 明太宗实录：第141卷，永乐十一年七月戊寅条［M］.1691.
⑪ 明太宗实录：第141卷，永乐十一年七月戊寅条［M］.1691.
⑫ 明太宗实录：第145卷，永乐十一年十一月丁丑条［M］.1713.

贡马，贺明年正旦。"① 阿鲁台接受明廷册封，并遣使贡马贺正旦，表明明朝与鞑靼部之间的朝贡关系的基本建立。

自此之后，阿鲁台请封不止，明廷不仅一一进行册封，而且给赐钞币、绢布有差。例如，永乐十二年（1414）二月，遣其子也先孛罗、都督把罕台等来朝贡马，并"奏所部头目也速不花等百二十九人请授官。命也速不花为都指挥使，余为指挥、千户"②。"授也先孛罗都督，赐冠带、金织文绮、袭衣文绮、彩绢各十㐲"③。九月，"遣使奉表请其部属阿鲁秃等官职"④。明廷随后分别授予阿鲁秃等一百六十余人指挥使、指挥同知、指挥佥事、千户镇抚等职。十二月，"和宁王阿鲁台遣都督锁住等三百九十人贡马，且举所部头目卜颜帖木儿等二百七十五人，请授官。命卜颜帖木儿等为都指挥、指挥、千百户，赐锁住等钞币、绢布有差。"⑤ 鞑靼部数百人来贡马，明廷不仅接受了他们赐官的请求，也赏赐绢布等；永乐十四年（1416）三月，阿鲁台大败瓦剌后，"遣使拾驴等奏献所俘获人马"⑥；永乐十五年（1417）五月，为二百三十四人请授官职，明朝准予册封，并"赐钞币有差"。⑦

与此同时，明朝也主动遣使阿鲁台，进行敕谕赏赐，并将阿鲁台胞兄胞妹送归。史载，永乐九年（1411）十二月，"鞑靼太师阿鲁台使臣彻里帖木儿等辞归。遣中官云祥、指挥岳山等赍敕，赐阿鲁台金织文绮表里，并送其兄阿力台及其妹归。二人者，阿鲁台同产兄妹。洪武中，官军至捕鱼儿海，悉俘以来，后有闻于上者，召至厚遇之。至是因其使至，皆重赐遣归。"⑧ 永乐十一年（1413）正月乙未，"鞑靼太师阿鲁台使臣把秃等归，遣指挥徐晟等与，俱赐敕谕阿鲁台曰：'把秃来贡马，礼意之勤可嘉。然，察尔心，尚未释然，岂非有慊于丘福之事乎？人各为其主，朕于尔何责？尔所处，去京师甚远，迩如能自来或遣子来，庶见朕诚意。昔呼韩邪入朝，汉与之高官；突厥阿史那社尔归，唐亦授显爵，二人皆福及子孙，名光使册。尔聪明特达，岂下古人哉？朕待尔盖将有过于汉唐之君者，今遣使指挥徐晟等谕意，并赐尔

---

① 明太宗实录：第146卷，永乐十一年十二月甲寅条［M］.1720.
② 明太宗实录：第148卷，永乐十二年二月丁未条［M］.1731.
③ 明太宗实录：第148卷，永乐十二年二月丁未条［M］.1731.
④ 明太宗实录：第155卷，永乐十二年九月庚寅条［M］.1790.
⑤ 明太宗实录：第159卷，永乐十二年十二月丁酉条［M］.1811–1812.
⑥ 明太宗实录：第174卷，永乐十四年三月壬寅条［M］.1915.
⑦ 明太宗实录：第188卷，永乐十五年五月辛丑条［M］.2004.
⑧ 明太宗实录：第122卷，永乐九年十二月戊戌条［M］.1537.

及尔母彩币，至，可领也。'赐阿鲁台金织文绮二十五疋，其母文绮十二疋、彩绢三十疋。"① 此后，明朝多次主动遣使阿鲁台，双方进入关系密切期。

但是，鞑靼阿鲁台与明廷之间朝贡关系的建立，是在明廷与瓦剌的军事打击之下，阿鲁台不得不采取的暂时自保的措施，因此，一旦实力允许，阿鲁台便会倒戈一击，走上明朝的对立面，双方并没有建立长期稳定的朝贡关系的基础。果不其然，在永乐十九年（1421），阿鲁台遣都督脱脱木儿等贡马，但是脱脱木儿至边境后，"要劫行旅。边将以闻，请禁止之。上遣使赍敕谕阿鲁台戒戢之。盖虏自是骄蹇，朝贡不至"②。并开始频繁寇边，这直接招致了明成祖分别于永乐二十年（1422）、二十一年（1423）和二十二（1424）年的三次亲征。直到宣德九年（1434）阿鲁台被瓦剌攻杀，十余年间再没有与明朝通使往来。③

二、永乐年间朝贡制度的构建

朝贡关系是明朝与周边诸族之间通过"上贡"和"赏赐"维持的一种交流关系，它既是一种经济关系，也是一种政治关系。通过经济上的交流、政治上的臣属，进而维持双边关系的和平发展。永乐皇帝所构建的以朝贡来羁縻周边部族，保证边疆安定的举措，对明朝的边疆治理和社会控制产生了深远的影响。自永乐年间开始，利用朝贡关系羁縻蒙古诸部的治边方式，一直被沿用至明朝的覆亡。

永乐年间，明成祖审时度势，对蒙古诸部积极采取招抚的措施，初步与蒙古三大部之间分别建立朝贡关系。通过封王通贡、赐官授印、开放贡市或军事征伐、限制贸易等办法，明朝"扶弱抑强，分而治之"策略较为成功地得到贯彻。鞑靼、瓦剌之间，乃至鞑靼、瓦剌内部各势力之间，为了壮大自己，都主动与明朝遣使往来，争取明朝的支持。此时的明朝，在维护北疆地区的稳定，实现对北疆地区的社会控制方面，取得了一定的主动权，达到控制蒙古和巩固自己统治的目的。从该时期明廷的边疆治理政策来讲，朝贡贸易的建立，是最主要的特征。通过朝贡关系的确立，促进边疆治理的实现。而在朝贡过程中，物资的交换成为最主要的表现形式。无论是兀良哈三卫，

---

① 明太宗实录：第136卷，永乐十一年正月乙未条［M］. 1654-1655.
② 明太宗实录：第233卷，永乐十九年正月己巳条［M］. 2248.
③ 姑茹玛. 明蒙通使探析［D］. 呼和浩特：内蒙古大学，2005：19.

还是瓦剌、鞑靼，在与明朝建立朝贡关系，遣使通好的时候，一个核心的内容则是上贡，将马匹、皮毛等作为礼品上贡给明朝皇帝。与此相应，明朝皇帝回赐朝贡使团丰厚的彩币、布匹等。由此看来，明代所建立的朝贡关系的核心是朝贡贸易。①

既然要实现对边疆地区的有效管理，那么就要对朝贡进行制度性约束。明成祖在与周边部族建立朝贡关系的过程中也在逐渐探索。首先，明廷给蒙古各部首领颁发的敕书是他们"向明廷领取赏赐和朝贡贸易的凭证"②。无论是在入境还是出境的时候，都要由边镇官员进行验视。例如，兀良哈三卫每次进贡，都要由喜峰口、密云等处镇守验放，而对于完成朝贡活动，准备出境的夷人，也要进行勘验。明朝规定，对于朝贡使团人员，各边镇上的守关人员，"无敕旨及勘合文书，并勿擅放出境。"③

其次，对于贡期、贡道进行限制性规定。贡道，是指明朝规定的朝贡使团来朝所必须遵守的往返路线。"自古以来，各朝的统治者都会要求前来朝贡的政权必须按照自己规定好的路线、入关地点进京，决定贡道的因素有很多，一般是看前来朝贡的政权的地理位置，还有是否能保证边关的稳定等条件。"④ 明代时期，对瓦剌、鞑靼、兀良哈三卫都规定了不同的贡道，如对瓦剌来说，明朝规定了两条贡道，一条贡道是经山西大同到北京；另一条贡道则是通过哈密经过沙州、赤斤蒙古等卫到北京。永乐年间，瓦剌严格执行了经过哈密、沙州到达北京的这条贡道。而兀良哈三卫则由喜峰口入贡。

蒙古各部的贡期也不同。鞑靼部"岁或一贡，或再贡，以为常"⑤。瓦剌部是"岁一入贡"⑥，而兀良哈三卫自开始则享受"每年进贡二次，每次每卫各百人"⑦ 的特殊待遇。不过，永乐时期，虽有规定，但也并未严格地执行。对于入贡时间，从《明实录》的记载来看，瓦剌的贡使大体上是每年十月从大同入境，然后沿驿道进入京师。

---

① 祁美琴. 对清代朝贡体制地位的再认识 [J]. 中国边疆史地研究, 2006 (01): 47-55.
② 达力扎布. 有关明代兀良哈三卫的几个问题 [M] //明清蒙古史论稿. 北京: 民族出版社, 2003: 190.
③ 明仁宗实录: 第4卷下, 永乐二十二年十一月甲申条 [M]. 144.
④ 李静. 瓦剌与明贡赐关系研究 [D]. 兰州: 西北民族大学, 2013: 50.
⑤ (清) 张廷玉. 明史: 第327卷, 鞑靼传 [M]. 北京: 中华书局, 2011: 8468.
⑥ (清) 张廷玉. 明史: 第328卷, 瓦剌传 [M]. 北京: 中华书局, 2011: 8497.
⑦ (明) 魏焕. 九边考: 第3卷, 蓟州镇 [M] //薄音湖, 王雄. 明代蒙古汉籍史料汇编 (第一辑). 呼和浩特: 内蒙古大学出版社, 2006: 248.

再次，官方接待的制度性安排。明朝设立了专门的机构管理朝贡事宜，并在京师设置会同馆统一接待各朝贡使团。明初"改南京公馆为会同馆，永乐初设会同馆于北京"①。除了接待使臣和临时存放交流物品外，会同馆还是各国使臣相互活动、进行互市贸易的场所。当使臣居住于会同馆后，其活动和贸易自由就受到限制。按明朝规定："各处夷人朝贡领赏之后，许于会同馆开市三日或五日，惟朝鲜、琉球不拘期限。俱主客司出给告示，于馆门首张挂，禁戢收买史书及玄黄、紫皂、大花西番莲段疋并一应违禁器物。各铺行人等将物入馆，两平交易。染作布绢等项，立限交还。如赊买及故意拖延、骗勒夷人久候不得起程并私相交易者，问罪，仍于馆前枷号一个月。若各夷故违，潜入人家交易者，私货入官；未给赏者，量为递减。通行守边官员，不许将曾经违犯夷人起送赴京。"② 此外，朝贡使团在进入明朝境内之后，一切吃穿用度，均由明朝负责。使团入住会同馆后，进行赐宴，宴会也是很隆重的。《明会典》记载："凡诸番国及四夷使臣土官人等进贡，例有钦赐筵宴一次、二次。礼部预开筵宴日期，奏请大臣一员待宴及行光禄寺备办，于会同馆管待，教坊司用乐，鸿胪寺令通事及鸣赞供事，仪制司领宴花，人一枝。若使臣数多，分二日宴。如遇禁屠禁戒，移后三四日举行。"③

至于朝贡使团的回程，也由明廷给予安排。朝贡结束，使臣返程时先要获得礼部的批准，贡使回程所需食物钱两等俱由光禄寺支付。据《明会典》载："凡诸番国及四夷土官使臣人等进贡等项到会同馆，俱有常例，并钦赐下程。礼部奏准通行，光禄寺支送。其钦赐下程一次者，仍支常例；下程或五日、十日一次者，常例下程住支。"④《明会典》也记载，贡使"回还之日，差官伴送，沿途备办饭食。经过去处，茶饭管待。各有次数，许镇守总兵或三司、或府卫正官二三员陪席"⑤。

---

① （明）申时行. 明会典：第145卷，兵部·驿传一·会同馆［M］//《续修四库全书》编委会. 续修四库全书（791）. 上海：上海古籍出版社，2002：475.
② （明）申时行. 明会典：第108卷，礼部·朝贡四·朝贡通例［M］//《续修四库全书》编委会. 续修四库全书（791）. 上海：上海古籍出版社，2002：111.
③ （明）申时行. 明会典：第114卷，礼部·膳羞一·筵宴［M］//《续修四库全书》编委会. 续修四库全书（791）. 上海：上海古籍出版社，2002：153.
④ （明）申时行. 明会典：第115卷，礼部·膳羞二·下程［M］//《续修四库全书》编委会. 续修四库全书（791）. 上海：上海古籍出版社，2002：158.
⑤ （明）申时行. 明会典：第114卷，礼部·膳羞一·筵宴［M］//《续修四库全书》编委会. 续修四库全书（791）. 上海：上海古籍出版社，2002：153-154.

最后，是关于贡品与赐赏的规定。朝贡使团的贡品分为正贡和附贡。正贡表现的是对明朝皇帝的尊敬之意，不能用钱数来计算，所以这部分物品"例不给价"①。但是，为了体现大明王朝"怀柔远人"的政策，自永乐年间开始，根据蒙古使臣贡物的质量、等级，明朝会给予丰厚的回赐和赏赐。通常情况下，朝贡使团所获得的回赐和赏赐是丰厚的，远高于其所贡物品。如"永乐四年（1406）十一月甲戌，福余卫都指挥安出第八秃不花率妻子来朝，贡马七十匹，赐白金彩币袭衣"②。"永乐九年（1411），回赐顺宁等王，上等马者各彩段十表里；海青一连，四表里；白狐皮二十七个，四表里。"③

而对于附贡物品，早在洪武二十六年（1393），明廷就做出了规定："凡远夷之人，或有长行头匹及诸般物货，不系贡献之数附带到京，愿入官者，照依官例俱奏，关给钞锭，酬其价值。"④

关于朝贡赏例，永乐十九年（1421）由礼部议定的"诸番四夷"朝贡赏例为"三品四品，人钞百五十锭，锦一段，纻丝三表里；五品，钞百二十锭，纻丝三表里；六品七品，钞九十锭，纻丝二表里；八品九品，钞八十锭，纻丝一表里；未入流，钞六十锭，纻丝一表里"⑤。

总之，明朝的朝贡贸易，在贡使回赐与赏赐方面，基本遵循"四夷朝贡到京，有物则偿，有贡则赏"⑥和"厚往薄来"的原则，在对使臣的吃、穿、住、行等方面都照顾得极为周到。

三、永乐年间明朝北疆社会控制的初步实现

永乐年间的明蒙关系，明朝始终扮演着主导角色，是积极主动的一方。明朝通过"设卫封王，与蒙古各部分别建立了封贡关系，蒙古各部则为了得到政治上的支持，尤其是经济上的利益，接受明朝的册封，岁时朝贡互市。这一政策的确立和执行，打破了明朝与蒙古之间的全面对抗和隔绝，使明朝

---

① 李云泉. 朝贡制度史论：中国古代对外关系体制研究［M］. 北京：新华出版社，2004：100.
② 明太宗实录：第61卷，永乐四年十一月甲戌条［M］.884.
③ （明）申时行. 明会典：第111卷，礼部·给赐二·外夷上［M］//《续修四库全书》编委会. 续修四库全书（791）. 上海：上海古籍出版社，2002：133.
④ （明）申时行. 明会典：第113卷，礼部·给赐四·给赐番夷通例［M］//《续修四库全书》编委会. 续修四库全书（791）. 上海：上海古籍出版社，2002：144.
⑤ 明太宗实录：第233卷，永乐十九年正月丙子条［M］.2249.
⑥ 明宪宗实录：第63卷，成化五年二月甲午条［M］.1281.

与蒙古在一定程度上和一定范围内实现了和平交往，成为维系双方和平关系、实现经济往来的纽带"①。通过这种方式，明廷维持了蒙古各部的均势，稳定了北疆地区的治理，社会控制得以实现。

明成祖在采取军事行动对蒙古诸部进行军事打击的同时，更多的是进行招抚，利用蒙古诸部"各自为部，不相统一，又皆利我（明朝——笔者注）市赏，便我市易"②的状况，积极发展朝贡贸易，与三大部之间甚至各部中的权臣分别建立了朝贡关系，实行"分而治之"的治理政策③，使其"人自为雄，各相为战"④。

明廷为了自身利益，在建立朝贡关系的时候，充分利用了鞑靼和瓦剌之间的矛盾，采取"使其各自雄长，不相归一"⑤分而治之的策略，通过政治、经济甚至是军事的手段，扶持处于劣势的一方，而打击优势的一方。这使蒙古各部在争斗中相互消耗，加剧蒙古的分化，明朝坐收渔翁之利，进而加强对蒙古各部的控驭。对瓦剌三王的册封，便是这种政策的一个反映。最终使得"瓦剌各个封建主之间为了壮大自己的力量，都试图加强和明朝的联系"⑥。另一个显著事例，则是永乐十一年（1413）正月，马哈木等派遣使臣公然向明朝要求"甘肃、宁夏归附鞑靼，多其所亲，请给为部属"，且"又多所请索、表词悖慢"，并羁留明使舍黑撒答等人⑦。马哈木的这一举动，严重威胁到了明朝的利益及边疆安全，让明朝不得不对其有所警觉，造成明成祖震怒，于是"遣其使者归。命中官海童等赍敕责其罪。且曰：'能悔过谢罪，待尔如初。不然，必举兵讨罪。'"⑧与此同时，明廷转而迅速支持以阿鲁台为首的鞑靼部，封阿鲁台为和宁王，赐金印，同时封其母"为和宁王太

---

① 于墨颖. 明蒙关系研究——以明蒙双边政策及明朝对蒙古的防御为中心 [D]. 呼和浩特：内蒙古大学，2004：19.
② （明）冯瑗. 开原图说：卷上，开原控制外夷图说 [M] // 郑振铎. 玄览堂丛书. 扬州：广陵书社，2010：1246.
③ 明英宗实录：第179卷，正统十四年六月辛亥辛丑条 [M]. 3454-3455.
④ （明）魏焕. 辽东边夷 [M] // （明）陈子龙. 明经世文编：第248卷，巡边总论（一）. 北京：中华书局，1962：2611.
⑤ （明）杨宗伯. 海建夷贡补至南北部落未明谨遵例奏请乞赐诘问以折狂谋事 [M] // （明）陈子龙. 明经世文编：第453卷，杨宗伯奏疏. 北京：中华书局，1962：4984.
⑥ 李静. 瓦剌与明贡赐关系研究 [D]. 兰州：西北民族大学，2013：11.
⑦ 明太宗实录：第136卷，永乐十一年正月丙午条 [M]. 1659.
⑧ 明太宗实录：第136卷，永乐十一年正月丙午条 [M]. 1659.

<<< 第一章 明蒙朝贡贸易的建立与边疆控制的初步实现

夫人,妻为和宁王夫人,俱赐诰命冠服"①。并允许其在"边境市易"。② 第二年,明成祖以"朝贡不至"③ 为由,"亲征瓦剌"④,败之于忽兰忽失温,给瓦剌以警示。而受到明朝支持的阿鲁台,迅速崛起,成为制约瓦剌的重要力量。

具体而言,永乐朝建立朝贡政策以来,虽然加强了北方草原地区与中原地区的经济往来,但是,该政策的实施,却加剧了蒙古各部之间的矛盾,激化了蒙古内部的斗争。自此,蒙古草原纷争不已,社会动荡不安。史载,此时期的蒙古草原,"甲胄不离身,弓刀不释手,东迁西徙,老者不得终其年,少者不得安其居"⑤。社会动乱的加剧,又导致了经济严重衰退,这又进一步加剧了蒙古各部对明朝的经济依赖。这也为永乐之后,蒙古各部频繁进贡求市、明蒙关系的紧张埋下了伏笔。

明朝的朝贡政策也为蒙古贵族权臣所利用,在对待明朝的问题上,他们往往有着比蒙古大汗更为务实的态度,"他们向明朝俯首,目的不外是为了谋求生存和发展。"⑥ 马哈木、脱欢父子和阿鲁台为了争取强盛的明朝给予自己在政治、经济、军事上的援助,借明朝牵制对方,打击对手,争相施展外交手段,发展与明朝的关系。"他们在政策上都采取了接受明朝的封爵,与明遣使往来的做法。势力较弱的瓦剌封建主马哈木等首先接受明朝的册封,利用明朝的分而治之政策以获得明朝的支持,同时孤立阿鲁台。其后被明朝击败的阿鲁台如法炮制,不仅自己受封,还大量为其部属请受职事。马哈木死,脱欢吸取教训,进一步贯彻上述联明制敌政策,谨慎地与明朝保持着封贡关系,再未受到明朝的军事打击和威胁,羽翼日渐丰满。"⑦ 明朝借此机会,介入鞑靼、瓦剌之间的争霸斗争中,企图维持均势以收渔人之利,更加剧了蒙

---

① 明太宗实录:第141卷,永乐十一年七月戊寅条 [M] . 1691.
② 明太宗实录:第218卷,永乐十七年十一月辛丑条 [M] . 2165.
③ (清)谷应泰. 明史记事本末:第21卷,亲征漠北 [M] . 北京:中华书局,1977:335.
④ (清)谷应泰. 明史记事本末:第21卷,亲征漠北 [M] . 北京:中华书局,1977:335.
⑤ 明太宗实录:第52卷,永乐四年三月辛丑条 [M] . 778-779.
⑥ 于默颖,薄音湖. 明永乐时期瓦剌三王及和宁王的册封 [J] . 内蒙古社会科学(汉文版),2001(03):42-46.
⑦ 于墨颖. 明蒙关系研究——以明蒙双边政策及明朝对蒙古的防御为中心 [D] . 呼和浩特:内蒙古大学,2004:26.

45

古的分裂，使蒙古社会的分立驻牧趋势日益明显。[1]

可见，明成祖所推行的朝贡政策，对蒙古各部采取封王进贡、各授官职、厚其赏赐的做法，在一定程度上和一定的范围内实现了与蒙古各部的和平往来，这在一定时期内，减缓了明朝北疆地区的防御压力，为明朝的北疆治理和社会控制起到了重要作用，达到了明成祖预期用这种政策维持鞑靼、瓦剌之间的均势，缓解明朝边界的威胁，笼络蒙古各部的目的。运用经济手段羁縻蒙古诸部，维护边疆稳定的优势逐渐显现了出来。

而这种优势，体现得最为充分的则是兀良哈三卫；其次，为瓦剌部；而该时期的鞑靼，实力相对弱小，且受到瓦剌的压制，虽有朝贡活动，但在维护明朝边疆稳定方面，体现得则不是很明显。现总结分述如下：

（一）明廷对兀良哈三卫经济羁縻的确立。明成祖在重建三卫时，便充分考虑了三卫的特殊性和重要性，因此定下了"隆其官职，厚其赏赉，许其贸易"[2]的基本政策，从而明确了明朝与三卫关系的框架和基础，确立了对三卫的羁縻统治。

首先，对于重建的兀良哈三卫而言，明成祖对其赏赉颇厚。原因在于，明成祖靖难之役时，三卫审时度势，给予援助，因其从战有功，而且，明朝通常将其视为牵制鞑靼部的重要助手，预防瓦剌、鞑靼两部南下扰边，专门"牵制敌人和推迟他们前进"[3]。故而明朝对其格外优待。史载："燕起靖难，使使以赂请，而兀良哈以骑来从战有功……约以为外藩。"[4] 除此之外，明成祖以其从战有功，"遂尽割大宁地界三卫，以偿前劳。"[5] 同时，给予三卫一年两贡或三贡特殊待遇，而且允许在沿边开设马市，令其贸易，"岁给牛具、种、布帛、酒食良厚"[6]。遍览史料，"永乐朝九边为蒙古诸部所开马市惟辽

---

[1] 黄丽生. 由军事征掠到城市贸易：内蒙古归绥地区的社会经济变迁（14世纪中至20世纪初）[M]. 台北：台湾师范大学历史研究所印行，1995：103-110.

[2] 于墨颖. 明蒙关系研究——以明蒙双边政策及明朝对蒙古的防御为中心 [D]. 呼和浩特：内蒙古大学，2004：21.

[3] （美）牟复礼，（英）崔瑞德. 剑桥中国明代史 [M]. 北京：中国社会科学出版社，1992：354.

[4] （明）王世贞. 三卫志 [M] //薄音湖，王雄. 明代蒙古汉籍史料汇编（第二辑）. 呼和浩特：内蒙古大学出版社，2006：25.

[5] （清）张廷玉. 明史：第328卷，朵颜三卫传 [M]. 北京：中华书局，2011：8504.

[6] （明）王世贞. 三卫志 [M] //薄音湖，王雄. 明代蒙古汉籍史料汇编（第二辑）. 呼和浩特：内蒙古大学出版社，2006：25.

东一地。此后，辽东马市也曾经历被停罢及复开的过程，但一直坚持着。"①足可见明廷对于兀良哈三卫的重视。

明朝实现了对兀良哈三卫的羁縻统治，并间接实现了对辽东地区的控制。在处理与三卫的关系中，明朝始终保持主动，当三卫出现背叛扰边情况之时，明成祖态度十分强硬，虽然给予经济上的惩罚，但通常还是比较宽厚的。如永乐九年（1411），兀良哈三卫出现依附"北虏"扰乱明朝边界的情况，明成祖立即遣使谴责三卫，进行训斥：

> 昔兀良哈之众，数为鞑靼抄掠，不能安处，乃相率归附，誓守臣节。我太祖高皇帝矜厥困穷，设福余、朵颜、泰宁三卫而授尔等官职，俾各领其众。臣属既久，后竟叛去。及朕即位，复遣人来朝。朕略其旧过，加意抚绥。数年以来，生聚蓄息。朝廷于尔可为厚矣！比者，尔等为本雅失里所胁，掠我边卒，又遣苦烈儿等给云市马，实窥伺。狡诈如此，罪奚可容？今特遣指挥木答哈等谕意，如能悔过，即还所掠戍卒，仍纳马三千匹赎前罪，不然发兵诛叛，悔将难追！②

至永乐十二年（1414）三月，三卫来朝纳马，明朝按每匹马换四疋棉布的方式回赐三卫使臣，"兀良哈福余、泰宁、朵颜三卫纳马至辽东。敕都指挥王真等，每马予绵布四疋。初，三卫窃掠边戍，敕令纳马三千匹赎罪，至是，以马至。上曰：'蛮夷之人，服则赦之。'故命予布。"③

同时，在兀良哈出现粮食危机的时候，明廷也酌情给予最大的优惠。例如，永乐十五年（1417）冬，由于兀良哈三卫遭遇旱灾，用马交换的粮食数量在不断上升，使边地粮食的储存急剧减少，对明廷边军的生活造成了影响，辽东总兵官都督刘江不得不将此事进行上奏："今岁兀良哈之地旱，泰宁卫指挥锁南等以马千匹来易米。前此易米者其数不多，止用马驼，今泰宁一卫用车三百辆运米，虑朵颜、福余诸卫皆来，则无余给之"④，请求调整马价，减少粮食的交换，"旧定马价甚高，上上马一匹，米十五石、绢三疋；下者，米八石、绢一疋，如悉依旧例，则边储空匮。宜令所司更议马直，撙节粮储，递增布绢，中半市之。"⑤ 不过，这也显示出，辽东马市的马价始终牢牢掌握

---

① 张小永.明代河套地区汉蒙关系研究［D］.西安：陕西师范大学，2015：184.
② 明太宗实录：第122卷，永乐九年十二月壬辰条［M］.1535-1536.
③ 明太宗实录：第149卷，永乐十二年三月甲申条［M］.1738.
④ 明太宗实录：第193卷，永乐十五年十月丁未条［M］.2037.
⑤ 明太宗实录：第193卷，永乐十五年十月丁未条［M］.2037-2038.

在明朝的手中，明廷可以根据与兀良哈三卫的关系，调整马价，增减粮食的交换，以达到羁縻目的。现实中，明朝也是这么做的。

之所以给予兀良哈三卫特殊的优待，除了三卫曾经帮助过明成祖之外，还因为三卫的重要地位。明廷需要依托其地作为与瓦剌、鞑靼之间的缓冲地带，并通过三卫，刺探鞑靼、瓦剌等部的情报。因为，明廷知道三卫对于明朝在经济上有较强的依赖性。三卫往往"贪中国赐予，燕抚厚，亦时时以虏信告，我得预防。故，迫之则殴使为虏；信之，则堕其计；善驭之，则因用为间。虽藩篱失，而耳目犹在，不能绝，亦不可绝也"①。所以，"尽管兀良哈有时候与中原敌对，但在整个明代一直保持着其'最受优遇的蛮夷'地位。早在1407年，永乐帝就与兀良哈建立了马市，而其他的游牧集团则无权进行贸易。通过这种联盟方式，永乐帝保护了易受攻击的明朝侧翼，并使这一东北地区免受更为雄心勃勃的游牧统治者控制。"②

（二）对瓦剌部经济羁縻的初步实现。作为异姓贵族崛起的瓦剌部，希望得到外部的支持，以壮大自己，从而实现与以蒙古大汗自居的鞑靼部的抗衡。因此，在明朝遣使赏谕之后不久，就得到了瓦剌部首领马哈木等人的积极响应，并接受明朝的册封，双方很快建立了朝贡关系。朝贡关系确立之后，明朝给予其定期入朝进贡、给以丰厚赏赐、在指定地区开展互市贸易的等优惠措施。

贸易可谓是瓦剌的生命线。"瓦剌使团一般会把马、驼等牲畜作为贡物，恳求获得报酬、回赐、官职和允许他们进行贸易。明朝就把钱钞、银两、丝绸、纺织品、官职赏赐给瓦剌头目及其使臣，并用略微高的价格换来贡品，允许他们在规定好的地点进行贸易。"③ 通过朝贡和互市，瓦剌的生活资料得到保障，而逐渐壮大。明廷通过瓦剌的朝贡和互市，得到了军队所急需的马匹，这种物质上的交换，"对蒙古各部起羁縻作用，以加强中原王朝与国内各少数民族政权之间的联系和控制。"④ "明朝以授官互市作为羁縻瓦剌的手段，高价收购马驼等物，优待来使。用优厚赏赐笼络那些愿意表示归顺和臣服的

---

① （明）叶向高. 四夷考：第2卷，朵颜三卫考［M］. 台北：台湾华文书局，1968：556.
② ［美］巴菲尔德. 危险的边疆：游牧帝国与中国［M］. 袁剑，译. 南京：江苏人民出版社，2011：302.
③ 李静. 瓦剌与明贡赐关系研究［D］. 兰州：西北民族大学，2013：1.
④ 白翠琴. 从经济交流中看瓦剌与中原地区的关系［C］//中国蒙古史学会成立大会纪念集刊. 1979：422-435.

瓦剌封建主，对反对者则用拒绝贡使、停止互市的办法进行制裁。"① 贡赐和互市的结合，构成了朝贡贸易的核心部分，逐渐成为明朝统治者羁縻蒙古各部的重要手段。

（三）羁縻哈密卫——断蒙古之右臂

明朝在西北地区设置羁縻卫所——哈密卫，对于制驭蒙古诸部，起到了非常大的作用，因此，本文也将其纳入讨论之中。

早在洪武二十四年（1391），哈密就向明朝提出了开放市易的请求，但是被明太祖朱元璋严词拒绝了。这在一定程度上表明，哈密急切地想与明朝开展贸易。但是，在洪武年间似乎并未实现。直到永乐年间，明成祖开始积极经营西北地区。在其"经商市易、一所从便"的招抚理念下，永乐元年（1403）十一月，便遣使"赍诏往哈密抚谕，且许其以马入中国市易"。② 这对于早就希望与明朝建立贸易关系的哈密来说，无疑具有极大的吸引力。于是，哈密王安克帖木儿积极响应，随即派遣使臣前往明朝贡马，明成祖命甘肃守将给予妥善接待安置，要求"其头目所贡者，可选善马送来，余皆以给军士。然须分别等第以闻，庶可计直给赏"③。并对其进行嘱托："盖厚往薄来，柔远人之道。凡进贡回回有马欲卖者，听于陕西从便交易。须约束军民，勿侵扰之。"④ 这次朝贡，哈密贡马一百九十匹，市易马四千七百四十匹，明朝本着"厚往薄来""怀柔远人"之道，皆厚酬马价。并且，还赏赐使臣"马哈木、沙浑都思等金织文绮衣各一袭，钞各百锭及纻丝表里等物。仍命礼部赐安克帖木儿银百两、纻丝十表里"⑤。哈密使臣满载而归，与明朝的首次贡市贸易获得了成功。

以此为契机，哈密王接受了明朝的册封，在其地设立了羁縻性质的哈密卫。史载，永乐四年（1406）三月，明朝"设哈密卫，给印章，以其头目马哈麻火者等为指挥、千百户、镇抚，辜思诚、哈只、马哈麻为经历，周安为忠顺王长史，刘行为纪善，以辅脱脱"⑥。同时对脱脱部下头目也分别授以官职。

---

① 李静. 瓦剌与明贡赐关系研究［D］. 兰州：西北民族大学，2013：1.
② 明太宗实录：第25卷，永乐元年十一月甲午条［M］.455.
③ 明太宗实录：第24卷，永乐元年十月甲子条［M］.443-444.
④ 明太宗实录：第24卷，永乐元年十月甲子条［M］.444.
⑤ 明太宗实录：第25卷，永乐元年十一月壬戌条［M］.467.
⑥ 明太宗实录：第52卷，永乐四年三月丁巳条［M］.787.

明朝对哈密是非常重视的，除了封王互市之外，还对哈密忠顺王待如亲王。明人对此评价道："西虏如忠义王，北虏如太平王，如和宁王，皆待之以王号，取羁縻而已。独永乐哈密忠顺王筑城池，赐金印，复设长史、纪善、卫经历，以中国庶僚周安、刘行、韦思诚充之，则俨然亲王矣。"① 明朝之所以如此重视哈密，给予其优厚的政治、经济待遇，关键在于，哈密对于稳固明朝西北边疆有着重要的作用。

对此，明人有明确论述："永乐年间，封哈密为忠顺王，一以断北狄右臂，二以破西羌交党。外以联络戎夷，察其逆顺而抚驭之；内以蕃屏甘肃，而卫我边郡。"② 哈密卫、赤斤等卫的设置，不仅斩断了蒙古诸部的左膀右臂，瓦解和削弱了蒙古诸部的力量，而且使之成为防御东西蒙古南下的两翼藩屏，起到了"圣祖封之哈密，以为我藩篱"的重要作用。

通观哈密卫的设置，"许其以马入中国市易"起了重要作用，甚至是核心的作用。在朝贡贸易的基础上，哈密接受明朝的册封，完成了哈密卫的设置，进而保障了对西北边疆地区社会的有效控制。时人谓之："古帝王制外夷，安中夏之良策也。"③

四、边市贸易的开展与边疆社会控制的互动

虽然，明代初年，尤其是洪武年间，严格地执行经济封锁政策，完全断绝了与蒙古各部的经济联系。明廷从边疆安全的角度出发，往往对于周边民族开市的请求，给予严厉的拒绝。之所以严禁交易，无外乎防止走漏消息或者市易兵器，进而威胁到明朝的统治。例如，在洪武二十四年（1391），哈密王兀纳失请求在延安、绥德、平凉、宁夏等地"以马互市"④，遭到了明太祖朱元璋的严词拒绝。其理由便是"夷狄黠而多诈，今求互市，安知其不觇我中国乎？"⑤

在拒绝开辟官方贸易市场的同时，明廷也严禁私人与外夷贸易，即走私

---

① （明）王世贞．弇山堂别集：第6卷，皇明异典述［M］．魏连科，点校．北京：中华书局，1985：106.
② （明）霍韬．哈密疏（兴哈密复盐法）［M］//（明）陈子龙．明经世文编：第186卷，霍文敏公文集（二）．北京：中华书局，1962：1911.
③ （明）霍韬．哈密疏（兴哈密复盐法）［M］//（明）陈子龙．明经世文编：第186卷，霍文敏公文集（二）．北京：中华书局，1962：1911.
④ 明太祖实录：第207卷，洪武二十四年二月戊午条［M］．3087.
⑤ 明太祖实录：第207卷，洪武二十四年二月戊午条［M］．3087.

贸易。洪武二十二年（1389），明太祖朱元璋就曾"令守御边塞官军不得与外夷交通，如有假公事出境交通及私市易者，全家坐罪"①。可见，明朝对于走私贸易的处罚是非常重的。这一处罚也体现在洪武时期制定的《大明律》中。针对走私贸易，《大明律》专门制定了"私出外境及违禁下海"的条款："凡将马牛、军需、铁货、铜钱、段匹、䌷绢、丝绵私出外境货卖及下海者，杖一百；挑担驮载之人，减一等；物货船车，并入官。于内以十分为率，三分付告人充赏。若将人口军器出境及下海者，绞。因而走泄事情者，斩；其拘该官司及守把之人，通同夹带，或知而故纵者，与犯人同罪。失觉察者，减三等，罪止杖一百。军兵又减一等。"②此项规定，虽然是对走私贸易的严厉禁止，但是，由此我们也可以推知，当时，在明朝边境市场上虽然不存在官方市场，但是应该存在少量的民间私市交易。甚至，很有可能，戍边军卒也参与了边地的走私贸易。

随着明朝政权的巩固，边境局势的稳定，永乐时期，明成祖一改太祖朱元璋的经济封锁政策，积极发展边境贸易，常言道："边关立互市，所以资国用，来远人也，其听之。"③因此，在洪武三十五年（惠帝建文四年，1402），明成祖便批准了陕西行都司在宁夏设立互市的请求。史载："陕西行都司奏：回回可古思于宁夏市马，请官市之，以资边用。上从之。"④同年十月，明成祖敕甘肃总兵官何福曰："回回有来市马者，听。须立官市于城外，定其价，官与收买。"⑤永乐六年（1408）十月，明成祖又叮嘱边关守将，"盖厚往薄来，柔远人之道。"⑥这表明，明廷开启了官方贸易，但是严厉打击私市贸易，不允许居民参与边市的贸易。在准许宁夏市马的同时，"军民私市者禁之"⑦。同样，在给何福的敕谕中也提到，互市易马，以官买"为长久之法，仍严出境之禁"⑧。这表明，明朝严禁民众与外夷接触，对于边疆地区的社会

---

① （明）申时行. 明会典：第132卷，兵部·镇戍七·各镇通例［M］//《续修四库全书》编委会. 续修四库全书（791）. 上海：上海古籍出版社，2002：342.
② （明）官修. 大明律：第15卷，兵律三·关津［M］. 怀效锋，点校. 北京：法律出版社，1999：119-120.
③ 明太宗实录：第39卷，永乐三年二月己丑条［M］. 658.
④ 明太宗实录：第12卷下，洪武三十五年九月壬辰条［M］. 213.
⑤ 明太宗实录：第13卷，洪武三十五年十月壬申条［M］. 243.
⑥ 明太宗实录：第24卷，永乐元年十月甲子条［M］. 444.
⑦ 明太宗实录：第12卷下，洪武三十五年九月壬辰条［M］. 213.
⑧ 明太宗实录：第13卷，洪武三十五年十月壬申条［M］. 243.

控制是非常严厉的。

永乐年间,虽然有了宁夏官市的开设,然而,当蒙古诸部试图在明边开设马市时,引起了明廷的高度警觉,不过,明成祖并未像其父一样严厉拒绝,反而仍然允许其进行贸易,不过明成祖随即戒谕时任甘肃总兵的何福曰:"凡回回、鞑靼来鬻马者,若三五百匹,止令鬻于甘肃、凉州;比及千匹,听于黄河迤西兰州、宁夏等处交易,勿令过河。"① 通过这条禁令,我们可以看出明成祖虽然允许了鞑靼前来市马,但是,对于市马地点进行了严格的限定,并不得渡过黄河,仍然是为了保持边疆地区的安全。

同时,明朝也要求鞑靼部在边境市易的时候,尊重明朝之法,保障边境安定。《明实录》记载,永乐十七年(1419)十一月辛丑,"中兵马指挥司言:'和宁王所遣朝贡之人,横恣无赖,于都市强夺。今禽至一人,请寘之法。'上命械送和宁王自治,且赐敕谕之曰:'自今遣人朝贡及于边境市易者,宜戒约之,能守朝廷之法,则两使往来边境宴安。'"② 这也充分表明了明朝朝贡贸易也好,边境市易也好,其总体目标是保持边疆地区的稳定。

虽然,从洪武年间到永乐年间,明朝的最高统治者对于与四夷的贸易管制有所放松,开放了一定的官方贸易,但是,交易渠道过窄,以至于私市一直在边境地区存在,且有愈演愈烈的趋势,不仅普通民众参与到私市贸易中,众多戍边军士也参与到私市当中。史载,永乐六年(1408),甘肃总兵官何福奏曰:"往者遣人出边,给与军器,及还,多有弃置者。"③ 此应该是官军故意把军器遗落,与蒙古人私相交易。永乐十一年(1413),"上闻开平备御成安侯郭亮擅遣人出境取铁器,虑启边衅,降敕切责之"。④ 永乐十二年(1414),就在对军官赏罚号令中提到,"有将军器故意抛落遗失及盗卖者,治以重罪"⑤。除了私相交易兵器,马匹也很快进入走私贸易的范围。史载,永乐六年(1408),"甘肃总兵官左都督何福奏:凉州诸卫土军多私出外境市马,请按其罪"⑥。

明廷边疆地区出现的这种外夷易马于中土的现象不是偶然的。在蒙古统

---

① 明太宗实录:第77卷,永乐六年三月壬戌条 [M] . 1046-1047.
② 明太宗实录:第218卷,永乐十七年十一月辛丑条 [M] . 2165.
③ 明太宗实录:第82卷,永乐六年八月己丑条 [M] . 1103.
④ 明太宗实录:第145卷,永乐十一年十一月丙戌条 [M] . 1715-1716.
⑤ 明太宗实录:第150卷,永乐十二年四月己酉条 [M] . 1748.
⑥ 明太宗实录:第76卷,永乐六年二月戊子条 [M] . 1035.

治者退出中原之后，鉴于当时的政治军事形势，明太祖朱元璋实行经济封闭政策，断绝了中原与草原地区的经济往来，但是，广大的草原地区，自东至西，地理环境相似，经济结构单一，主要以畜牧业为主，草原地区人民的生产生活受到严重阻碍，因此，开辟与中原地区的贸易通道，维持基本生活，逐渐成为草原地区民众的急切渴望。相比草原地区，边疆地区尤其是戍边军士，对于战马的需求更加旺盛，这也是大批军士参与私下市马的重要原因。从这个角度来看，生产生活需求是催生双方贸易开展的原动力。在军事斗争激烈时期，这种需求被战争所笼盖，但是，一旦进入和平时期，贸易的冲动则无时无刻不在蓄势待发。明成祖在一定程度上对于官市的开放，顺应了双方的需求，对于边疆地区的稳定起到重要作用。

小 结

洪武、永乐时期，是明朝治边政策的制定和完善的时期，后世多将该时期制定的政策奉为祖制。永乐时期，对蒙古的政策，除了延续了洪武时期的政治招抚之外，明成祖还将经济招抚纳入其对蒙政策当中，这是明成祖具有开创性的举措[1]。在明成祖"往来市易，一所从便"政策的吸引之下，兀良哈三卫、瓦剌、鞑靼先后与明廷建立起了朝贡关系。以政治上的臣属，换取明廷对其在政治、经济、军事上支持。明朝也利用朝贡关系，对于各部及各部首领、权臣区别对待，扶弱抑强，以期在政治、经济手段综合利用之下，加强对蒙古各部的控制。从永乐朝的具体实践来看，明朝基本达到了其目的。统一的北元政权不复存在，兀良哈三卫、瓦剌、鞑靼三大部又先后"臣服"于明朝，有效降低了明朝的边疆防御压力，稳定了明朝对边疆的控制。明成祖以贸易羁縻蒙古诸部、保障边疆稳定的愿望得到了初步实现。

明成祖对于朝贡贸易有着清晰的认识，目的也很明确，那就是以经济利益为诱饵，"怀柔远人"，吸引北方民族的归附，并不是看中其中的经济利益。明成祖曾说："商税者，国家抑逐末之民，岂以为利。今夷人慕义远来，乃侵其利，所得几何，而亏辱大体多矣。"[2] 因此，在朝贡体系下的朝贡贸易，并非遵循商业规则的平等贸易，在具体的实施过程中，往往遵循的是"厚往薄

---

[1] 于墨颖. 明蒙关系研究——以明蒙双边政策及明朝对蒙古的防御为中心 [D]. 呼和浩特：内蒙古大学，2004：17.

[2] （清）张廷玉. 明史：第81卷，食货志 [M]. 北京：中华书局，2011：1980.

来"。作为"天朝上国"的明朝更看重的是前来朝贡一方的"臣属",而朝贡一方则在经济利益上得到了满足,双方各自满足了自己的需求。而作为政治利益和经济利益的交换,则是保证双方的互不侵犯。

因此,自明成祖时期所构建起来的朝贡体系,我们可以如此看待,它"首先在对贡物的回赐上实际采取了等价的支付,这实际上也可以说是一种交易活动。将朝廷看成是一个经济主体进行获得的理由也正在于此"。"朝贡体制的根本点本来就是靠贸易关系在支撑。""朝贡的根本特征,在于它是以商业贸易行为进行的活动,也就是说,因朝贡关系而使得以朝贡贸易关系为基础的贸易网络得以形成。"① 明朝通过对这个贸易网的控制,进而实现对蒙古诸部的控制,也就是说明朝始终掌握着这种贸易网的主动权。明朝可以通过政治军事手段,以边界为依托,随时关闭这个贸易网,以制裁敌对部落。正如史料所载:"番人嗜乳酪,不得茶以病,故唐宋以来茶易马之法,用制羌、戎,而明制尤密。"② 这是明朝进行朝贡贸易的真实意图。经过明成祖的努力,其所建立的朝贡体制成为"维护地区间和国家间和平的重要手段"③。并为后世所继承。

但是,明成祖也看到了朝贡关系下,蒙古诸部并不是真心归附,更多的是用暂时的臣服换取所需的政治经济利益。例如,瓦剌部的马哈木,在击败鞑靼后,即表现出"欲与中国抗衡"的态度,但仍然不断遣使赴明,其目的"盖所利金帛财物耳"④。马哈木最终看重的仍然是经济利益。因此,明成祖时期,虽然与蒙古诸部在形式上维持了朝贡关系,但是对蒙古诸部仍然保持着军事高压,必要的时候,仍然要付诸武力进行征讨。对于兀良哈三卫也是如此。

明朝在永乐年间大力开展朝贡贸易的同时,也逐步开放了边市贸易。此时的边市贸易形式主要有私市和官市两种。边市贸易的场所是在各边镇上,交易的规模较小,贸易的范围也不大,却反映了蒙古民众希望开展与明朝贸易的强烈愿望。跟随朝贡使团而来的诸多穆斯林商人,则更显示了当时欧亚大陆上各地区间发展贸易的急切愿望。明朝的统治者也逐渐意识到了这种趋

---

① [日]滨下武志.近代中国的国际契机——朝贡贸易体系与近代亚洲经济圈[M].朱荫贵,欧阳菲,译.虞和平,校.北京:中国社会科学出版社,1999:43,37,38.
② (清)张廷玉.明史:第80卷,食货志[M].北京:中华书局,2011:81947.
③ 杨悦.明前中期明蒙朝贡体制下交流物品研究[D].哈尔滨:黑龙江大学,2012:17.
④ 明太宗实录:第140卷,永乐十一年六月己酉条[M].1687.

势。尤其是哈密卫的设置，不能不让明朝统治者思考以贸易手段维护边疆安全的可行性。但同时也要保障既有边疆之安全，因此，明成祖朱棣有限地开放西北边市，应该是有这方面的考虑的。

第三节 洪熙、宣德时期明蒙朝贡的发展及边疆控制的稳定

其实，早在永乐十九年（1421），明朝内部就出现了反战的声音，不过被明成祖暂时压制。成祖病逝之后，洪熙、宣德年间是明朝对蒙政策的调整时期，从此也奠定了明朝对蒙的基本政策。从这个时期开始，明朝逐渐放弃了对蒙古诸部的军事打击，以防御为主的对蒙策略逐渐形成。并且，以经济手段羁縻蒙古诸部以维持北疆地区稳定的政策愈发走向前台，成为明朝治蒙政策的主要手段，明廷希冀以此维持对北部边疆的控制。

一、洪熙年间明朝对蒙策略

永乐二十二年（1424）七月，明成祖驾崩于其第五次亲征漠北蒙古诸部归途中。八月，皇太子朱高炽即皇帝位，以明年为洪熙元年，是为明仁宗。在仁宗即位之初，礼部左侍郎胡濙曾上书言十事，其中就提到对蒙政策。他说："北虏出没尤不可测，为今之计，但当守其要害，严其防御，务农以足食，练卒以养威，寇至则御，寇退不追，此上策也，尤不可自启边衅，边衅一启所得无几，所失不赀矣。""上嘉纳之。"① 由此可见，明朝君臣对蒙政策基本趋于一致，即防御为主，不使扰边。这代表着对蒙基本放弃了大规模的军事征伐，明王朝对蒙政策的全面调整。从仁宗开始，基本放弃了对外征讨，全面转向明朝内部的治理，也不再过多地介入蒙古内部之间的争斗，安抚和防御成为该时期对蒙政策的主流。② 对于蒙古诸部，明廷"一视同仁，顺者抚之，逆者擢之"③，明朝的对蒙政策全面转向防御。自此奠定了明代中后期对蒙政策的总方针——"顺则抚之，逆则御之"。其中，"御"除了军事打击之外，更多的是军事防御。该时期，明朝的主要防御措施，除了继续修筑沿

---

① 明仁宗实录：第3卷下，永乐二十二年十月"壬戌"条 [M]．125．
② 杨艳秋．论明代洪熙宣德时期的蒙古政策 [J]．中州学刊，1997（01）：123-127．
③ 明太宗实录：第264卷，永乐二十一年十月庚午条 [M]．2408．

边城池墩堡外，更为重要的是北疆地区大将镇守制度的建立。洪熙元年（1425），"颁军印于诸边将"，标志着大将镇守边疆制度正式建立。而"抚"，更多的表现在朝贡关系下的经济安抚。

在仁宗即位后不久的永乐二十二年（1424）九月，即遣内官别里哥、指挥赵敬、千户张春奉使北虏。与此同时，和宁王阿鲁台使者阿卜都剌、把儿火者等贡马及方物。① 十一月，又遣中官别里哥、指挥赵回来的等赍敕诏谕鞑靼阿鲁台，"宥其前过，令通使往来如故"，并赐阿鲁台及其母彩币表里。② 之后，和宁王阿鲁台于洪熙元年（1425）三月，遣使哈只乩等贡马。③

与瓦剌之间朝贡关系继续保持。仁宗即位之初，便曾诏谕瓦剌太平等人。之后，瓦剌先后多次遣使贡马。史载，永乐二十二年（1424）十二月，瓦剌贤义王太平便遣使选谷歹等贡马。④ 洪熙元年（1425）正月，"瓦剌贤义王太平遣使者桑古台等随都指挥毛哈拉来朝贡马"，仁宗命礼部设宴优待之。⑤ 随后，"瓦剌安乐王把秃孛罗子亦剌思及酋长乃剌忽昂克脱、观哈剌八丁各贡马。赐彩币表里有差。以瓦剌平章猛哥帖木儿归诚，朝廷赐彩币表里有加。贤义王太平贡使桑古台辞归，就碑赍敕，以即位谕太平，并赐太平彩币表里"⑥。

对于兀良哈三卫，仁宗即位后，便于当年十一月遣使赦宥兀良哈三卫寇边之罪，但许其"仍前朝贡，听往来生理"⑦。兀良哈三卫恢复与明朝的朝贡关系。于是，福余卫鞑靼纳哈出⑧、镇抚伯颜帖木儿⑨等于洪熙元年（1425）正月前来贡马。二月，仁宗便敕谕辽东镇守总兵官朱荣恢复与兀良哈三卫在辽东的马市。史载："辽东总兵官武进伯朱荣奏：'兀良哈三卫鞑靼欲来卖马。'明仁宗遣敕谕荣曰：'虏谲诈百出，未可深信，然亦不可固拒，如实卖马，宜依永乐中例于马市内交易，勿容入城，价直须两平勿亏，交易之后即

---

① 明仁宗实录：第2卷下，永乐二十二年九月己亥条［M］.81.
② 明仁宗实录：第4卷上，永乐二十二年十一月甲戌条［M］.133.
③ 明仁宗实录：第8卷下，洪熙元年三月壬辰条［M］.263-264.
④ 明仁宗实录：第5卷上，永乐二十二年十二月己酉条［M］.162.
⑤ 明仁宗实录：第6卷下，洪熙元年正月庚寅条［M］.221.
⑥ 明仁宗实录：第6卷下，洪熙元年正月壬辰条［M］.222-223.
⑦ 明仁宗实录：第4卷上，永乐二十二年十一月乙亥条［M］.134.
⑧ 明仁宗实录：第6卷下，洪熙元年正月庚寅条［M］.222.
⑨ 明仁宗实录：第6卷下，洪熙元年正月己亥条［M］.227.

造去，勿令返留，宜严督各卫所十分用心关防堤备，不可怠忽。'"① 七月，兀良哈三卫中的福余、泰宁前来贡马，但是朵颜未至，辽东镇守总兵官朱荣认为其有贰心，要"乘其不备，执之"。仁宗谕之曰："古者驭夷，来不拒，去不追，今虽不朝贡，亦未敢扰边，遽加以兵，非怀柔之道。"并敕之："驭夷宜宽，用兵宜审，况虏多诈，未可轻忽，敕至但整搠部伍，谨慎提备，其来不来不足计也。"② 由此可见，仁宗对于兀良哈三卫的策略亦以抚为主。

二、宣德年间明朝对蒙策略

明仁宗主政不足一年即病逝，太子朱瞻基即位，是为明宣宗。明宣宗继承"祖制"，延续了明成祖、明仁宗对蒙古诸部"抚"的思想，以安民为上策。在即位之初，仁宗便审时度势，明确提出"民力罢矣，慎毋贪功生事。夷虏至塞下，甚则抚之，逆则御之，驱之而已，毋为首祸。违命获功，吾所不赏"③ 的对蒙方针。对于蒙古诸部的侵扰，明宣宗谕边将"来则击之，去则勿追，保境安民，此为上策"④。并多次强调"朕志惓惓于武备"⑤。"驭夷之道，毋令扰边而已。"⑥ 其实，明宣宗的这种思想，在其对成祖于永乐十二年的亲征瓦剌时就有所表露，对于此次征讨，当时为皇长孙的朱瞻基言："陛下尊居天位，享四海之奉，岂不自乐，而仰劳圣躬跋涉远外者，无非欲驱此除此虏于遐荒绝漠，令一迹不敢近塞下，使子孙臣民长享太平之福耳。"⑦

在这种思想的指导之下，明成祖时期建立起来的以经济手段羁縻蒙古诸部的朝贡体系得到发扬光大，并逐渐占据了明廷处理对蒙关系的主流。因此，宣宗时期，明蒙双边的朝贡贸易的规模逐步扩大，明廷对于朝贡使团的赏赐也逐步提高。

宣德二年（1427）十一月，和宁王阿鲁台遣使臣都指挥佥事把秃等来朝

---

① 明仁宗实录：第7卷上，洪熙元年二月辛丑条［M］.230.
② 明宣宗实录：第4卷，洪熙元年七月辛卯条［M］.112.
③ 明仁宗实录：第10卷，洪熙元年九月壬寅条［M］.311.
④ 明宣宗宝训：第5卷，驭夷狄［M］. 台北："中央研究院"历史语言研究所校印本，1961：379.
⑤ 明宣宗实录：第39卷，宣德三年三月丙戌条［M］.964.
⑥ （清）谷应泰．明史纪事本末：第28卷，仁宣致治［M］. 北京：中华书局，1977：422.
⑦ 明太宗实录：第150卷，永乐十二年四月丁卯条［M］.1754.

贡马①之后，明宣宗即于次年正月，遣指挥曹者赤帖木儿与鞑靼和宁王阿鲁台所遣都指挥把秃、兀思答里等偕行，赍玺书谕阿鲁台，进行政治安抚，并赐"彩币表里各五十匹"②。随后，阿鲁台于宣德三年（1428）三月遣使"脱脱赤等四百六十人来朝贡马及方物"③。明宣宗命赐其"钞、彩币及绢，有差"④。

宣德六年（1431），明宣宗闻阿鲁台在与瓦剌的征战中失败，随即遣都指挥曹者赤帖木儿等赍敕抚谕和宁王阿鲁台，"赐盔甲金织文绮袭衣，并赐其子火儿忽答孙及头目那骇等文绮袭衣"⑤。

对阿鲁台部众寇边，宣宗亦持安抚态度，并赐阿鲁台"袭衣彩币"，以期其"申严约束，令部下之人，安分循礼，庶几永远相好也"⑥。

明朝与阿鲁台之间的通使往来，直至阿鲁台被瓦剌所杀。

明廷交好阿鲁台的同时，与瓦剌之间的关系也未中断。宣德元年（1426），明朝遣使赍书同意贤义王太平之子捏烈忽袭王爵，并赐"彩币表里"⑦。此后，瓦剌顺宁王脱欢也遣使贡马及方物。⑧ 宣德五年（1430），瓦剌顺宁王脱欢三次遣使贡马。与此同时，明宣宗为了加强同瓦剌的联系，于宣德六年（1431），遣使千户高斌"赍敕及彩币表里，往赐瓦剌首领脱欢"⑨。宣德年间，明廷除了主动遣使瓦剌给赐物品外，还根据所贡物品的质量给予回赐。史载："宣德间，回赐顺宁王及使臣人等进马，中等者每匹彩段二表里，折钞绢二疋；下等者纻丝一疋，绢八疋，折钞绢一疋；下下者，绢六疋，折钞绢一疋。驼每只三表里，折钞绢十疋。"⑩

宣德七年（1432），瓦剌以道路险阻为由，羁留明使，引起明朝君臣不满和怀疑，但是对于其来使仍"皆宴备而遣之"。⑪ 宣德九年（1434），在其击

---

① 明宣宗实录：第33卷，宣德二年十一月戊戌条 [M]．844．
② 明宣宗实录：第35卷，宣德三年正月庚寅条 [M]．876．
③ 明宣宗实录：第40卷，宣德三年三月癸巳条 [M]．973-974．
④ 明宣宗实录：第40卷，宣德三年三月癸巳条 [M]．982．
⑤ 明宣宗实录：第78卷，宣德六年四月己未条 [M]．1816．
⑥ 明宣宗实录：第107卷，宣德八年十二月庚午条 [M]．2401．
⑦ 明宣宗实录：第13卷，宣德元年正月丙午条 [M]．348-349．
⑧ 明宣宗实录：第33卷，宣德二年十一月壬寅条 [M]．849．
⑨ 明宣宗实录：第78卷，宣德六年四月甲寅条 [M]．1811．
⑩ （明）申时行．明会典：第111卷，礼部·给赐二·外夷上 [M] //《续修四库全书》编委会．续修四库全书（791）．上海：上海古籍出版社，2002：130．
⑪ 明宣宗实录：第105卷，宣德八年闰八月乙亥条 [M]．2353．

第一章 明蒙朝贡贸易的建立与边疆控制的初步实现

杀阿鲁台之后，遣昂克等来朝贡马，并言欲献前朝玉玺，宣宗婉拒，但"仍赐脱欢纻丝五十表里以答其贡献"①。由此看来，明宣宗对于瓦剌不可谓不厚。

对于兀良哈三卫，明朝继续给予优待。宣德元年（1426）十月，朵颜卫指挥佥事者赤等前来贡马。这标志着兀良哈三卫与明朝的朝贡关系的恢复。②首先，明朝对兀良哈三卫的子孙袭封政策。③一方面示以羁縻，以示怀柔；另一方面维持了三卫的羁縻状态，令其继续为明朝之"藩篱"。对于三卫南下近边游牧或有寇盗行为，明宣宗也仅仅敕谕其："遵守法度，约束部伍，不许纤毫侵越，而朝贡如故，庶尔等父母妻子安居无事，永享太平之福。"④ 因此，三卫与明朝之间呈现出这样一幕"三卫寇盗不法—明廷敕谕训诫—三卫遣使贡马谢罪—明廷宥其过并进行赏赐—三卫寇盗不法"的滑稽景象。

如上文所示，由于三卫近边游牧且有寇盗行为，明朝对其进行敕谕训诫后，朵颜卫于宣德四年（1429）二月，遣"都指挥佥事脱鲁火绰儿子完者帖木儿等来朝贡马"⑤。明廷回赐该使团"六十三人钞、彩币、表里、毡帽、纻丝、袭衣有差"⑥。

宣德四年（1429）三月戊申，"朵颜等卫头目完者帖木儿等来朝贡马。上嘉其诚，宥其前过。凡家属被获者悉还之。升完者帖木儿为都督指挥同知，余升秩有差，且赐敕戒之曰：'自今宜严吏部曲，毋为寇盗。庶几，大军不出，尔得永享太平，苟或不遵，仍蹈前过，不有人祸，必有天殃。具敬慎之。'"⑦

宣德四年（1429）三月丁卯，"先是兀良哈鞑寇余孽侵掠永平、山海。上欲亲率兵剿之，命（史）昭等率八卫原选操随征官军赴京，至是兀良哈三卫大小头目亲来朝贡"⑧。之后，明朝依然准许兀良哈朝贡如故，继续维持朝贡关系。

随着蒙古各部贡马数量增多，朝贡物品的增加，明廷不能完全接纳如此

---

① 明宣宗实录：第115卷，宣德九年十二月丙午条［M］．2578.
② 唐丰姣．洪武至宣德时期明朝对蒙古的经略［D］．北京：中央民族大学，2010：187.
③ 明宣宗实录：第22卷，宣德元年十一月乙未条［M］．592-593.
④ 明宣宗实录：第35卷，宣德三年正月丁未条［M］．886.
⑤ 明宣宗实录：第51卷，宣德四年二月戊寅条［M］．1213.
⑥ 明宣宗实录：第51卷，宣德四年二月甲戌条［M］．1222-1223.
⑦ 明宣宗实录：第52卷，宣德四年三月戊申条［M］．1241.
⑧ 明宣宗实录：第52卷，宣德四年三月丁卯条［M］．1254.

众多的马匹和朝贡物品,在宣德九年(1434),明朝规定:"广宁、开原等处立马市,置官主之,以便外夷交易,无敢侵扰之者。凡马到市,官买之,余听诸人为市。"① 这表明,明朝"抚夷"之策,已经由原来的朝贡贸易逐渐向边境市场延伸,并且开始开放民市,但是仍严厉打击私市。② 但总体而言,明朝运用经济贸易手段安抚蒙古诸部的方式进一步扩大了。不过,当时的民市规模还是比较小的。在民市中,明朝的商民用"段绸、布绢、棉花、针线、索、改机、梳篦、米盐、糖果、梭布、水獭皮、羊皮金"与蒙古牧民交易"马牛羊骡驴,及马尾、羊皮、皮袄"等畜产品。③ 这在很大程度上改善了蒙古诸部的民众生活。宣德九年(1434),大同总兵官郑亨在上疏中提道:"比年北房穷困,咸慕德化,相率效顺,其所来者,衣裳坏毙,肌体不掩,及有边境男妇旧被房掠逸归者,亦皆无衣。"④ 朝贡关系的维持以及边境市场的开设,无疑能起到改善蒙古民众生活的作用,进而安抚蒙古诸部,稳定边疆,实现对边疆的社会控制。

三、洪熙、宣德时期朝贡制度化

洪熙、宣德年间,封贡成为明蒙处理双边关系的主要举措。既然要充分发挥朝贡在羁縻蒙古诸部中的作用,那么,对其进行规范则是必要之举。洪熙年间,浙江按察司副使许铭对此提出了建议。史载,洪熙元年七月戊辰朔,浙江按察司副使许铭言:"夷狄兽心,难以德服。其曰归诚朝贡,实皆慕利而来。爵赏虽加,反侧难保,宜有撙节,稍设防闲,如祖训章,许其来朝者,或三年五年一至,其余悉且禁止,则送往迎来,免困民力,府库之财不至妄费。"⑤ 自此之后,仁、宣两朝,对于蒙古诸部的朝贡从贡道、贡期、贡使人数等方面,均进行了规范和完善。

首先,完善三卫的朝贡制度。三卫附明以来,朝贡往来虽有一定制度,但是并未严格执行。宣德年间,明廷开始对三卫的贡道、贡时和贡使人数逐步做出明确规定,限制三卫的非时非地入贡。只是三卫往往并不严格遵守,

---

① 明宣宗实录:第113卷,宣德九年十月丁巳条[M].2550.
② 明宣宗实录:第113卷,宣德九年十月丁巳条[M].2550.
③ (明)瞿九思.万历武功录:第8卷,中三边二·俺答列传下[M]//薄音湖.明代蒙古汉籍史料汇编(第四辑).呼和浩特:内蒙古大学出版社,2007:84.
④ 明宣宗实录:第108卷,宣德九年二月己未条[M].2423-2424.
⑤ 明宣宗实录:第3卷,洪熙元年七月戊辰条[M].68.

明廷不得不三令五申。在阿鲁台衰败之后，受其控制的三卫也乘机摆脱羁绊，再次倒向明朝。其势力逐渐兴盛，不断南移，驻牧大宁一带，一度侵扰明边。宣德三年（1428）三卫入侵，宣宗亲率骑兵出喜峰口，大掠三卫部众，并关闭边境市场，对三卫示以惩罚，但次年即恢复了通贡往来，此后三卫谨修职贡，与明维持了稳定的朝贡关系。

之后，对于瓦剌、鞑靼的朝贡，也进行了规范。在永乐朝之后，对于瓦剌各部贡期的规定逐渐多了起来，而且越来越严格。瓦剌使臣前来朝贡，必须严格遵守所规定的贡道和贡期，即谓"朝贡有常时，道路有定处"①。虽有明确规定，但是瓦剌、鞑靼等部有时也不受每岁一贡的限制。根据《明实录》所载做粗略估算，从永乐元年（1403）至隆庆四年（1570）的160余年间，蒙古封建主向明廷朝贡800余次，远远超过了明朝制度的规定。②

其次，明廷再次重申，对于朝贡使团的出入境人员及货物出入，均须取得明朝的勘合符验，途经各边守关人员的层层盘验后，方为合法，之后才可以经过规定的道路出入，而无验者则俱捕至京。《明实录》记载："朝廷勘合之设，所以立信而杜诈伪，故凡遣人于外，必给之，所司验其符，合，然后奉行"，"无勘合者，就擒赴京。"③

总体而言，该时期，初步完成了对于蒙古诸部朝贡及互市的制度建设。但是，明朝对蒙古各部实行以贡赐为核心的安抚政策，蒙古各部往往也不按照贡期进行朝贡，但是对于贡道、勘合等，由于明朝管理甚严，蒙古诸部基本能够遵守。

四、洪熙、宣德年间经济羁縻与边疆控制的成效

明朝仁、宣两朝在处理与蒙古诸部的关系上，基本放弃了军事征伐，转而以防御、安抚为主要策略，务求蒙古诸部不犯边、扰边而已。加之该时期，瓦剌与鞑靼之间征战不已，都视明朝为自己的依赖对象。因此，瓦剌、鞑靼等部未对明朝构成任何威胁。然而，由于鞑靼地近明朝边界，也出现了侵犯明朝边地的情况。不过，明宣宗基本上都是遣使敕谕训诫，并赐予袭衣、彩

---

① （明）严从简. 殊域周咨录：第18卷，鞑靼［M］. 余思黎，点校. 北京：中华书局，2000：600.
② 杨悦. 明前中期明蒙朝贡体制下交流物品研究［D］. 哈尔滨：黑龙江大学，2012：70.
③ 明宣宗实录：第97卷，宣德七年十二月戊戌条［M］. 2188-2189.

币等物了事。例如，在宣德八年（1433），出现了鞑靼部劫掠凉州之事，明廷朝臣皆言拘其使臣，并发兵问罪，但宣宗皇帝未予采纳，而是遣使敕谕阿鲁台，进行了训诫，并给予彩币表里安抚。《明实录》对此事进行了详细的记载：

> 遒北和宁王阿鲁台使臣赛的卜颜不花等陛辞。初，朝臣皆言，比虏寇卺卜等犯凉州，为边将所杀，皆阿鲁台部属，请拘其使，而复发兵问罪。①

但是明宣宗认为："阿鲁台归心已久，祖宗抚之亦厚，未可遽以细故，废前恩，且被以好来，而此以罪执之，非所以怀远人。又其部下今散乱不相统属，远在凉州作过，阿鲁台亦不能制也。其来使宜善待之。"② 于是，明宣宗遣百户脱孙送赛的卜颜不花等归，并敕阿鲁台曰：

> 今士马甲兵之富，足以征伐，然备之而不用者，虑伤物也。王久输诚款，朝廷恩待亦厚。比者凉州之寇，于国家无大损，而凶徒自取屠戮，则亦天道之祸淫也。今使者之来，群臣皆请执而罪之。朕念彼为寇者，违王之令，或离王远，王未必知；王虽或知，未必能制，故力拒群言，礼待使者，不改故常。然，自今，王更宜申严约束，令部下之人，安分循礼。庶几，永远相好也。今赐王袭衣彩币，至，可领之。③

由此可见，明宣宗对于鞑靼部众劫掠凉州之事，仅仅是给予鞑靼太师阿鲁台以略带威胁的训诫，并要求其约束部众，勿扰边境，并未给予鞑靼部任何实质性的惩罚措施。双方也暂时维持了边境地区的平稳。

而该时期的瓦剌虽然实力强盛，但是，脱欢正全心致力于内部的统一。永乐二十二年（1424）十月，脱欢击败贤义王太平，"太平人马溃散，有逃至甘肃边境潜住者"。明仁宗敕谕守边将士，要"善加抚恤，毋盗其马疋牛羊等物，庶不失远人来归之心"④。总体而言，脱欢如约年年遣使朝贡，又无扰边事件发生，总体维持了双方的和平共处。只是瓦剌屡次击败阿鲁台，引起了明朝的戒心。宣德七年（1432）正月庚辰，明宣宗敕甘肃总兵官都督佥事刘广等曰："瓦剌顺宁王脱欢屡遣人朝贡，虽其意勤，然虏情多诈，安知数数往

---

① 明宣宗实录：第107卷，宣德八年十二月庚午条 [M]．2400．
② 明宣宗实录：第107卷，宣德八年十二月庚午条 [M]．2400．
③ 明宣宗实录：第107卷，宣德八年十二月庚午条 [M]．2400-2401．
④ 明仁宗实录：第3卷上，永乐二十二年十月辛亥条 [M]．103．

来，非窥觇，欲有所为乎？宜严饰兵备，不可怠忽"①。宣德九年（1434），阿鲁台被瓦剌击杀之后，"其子及部属皆离散，有东南来者"②。明宣宗"敕缘边总兵官都督佥事史昭等曰：'今降虏皆言阿鲁台已为瓦剌所杀，部属分散，有渡河而来依我边境者，宜整兵巡逻，果其归附，善加抚恃，瓦剌脱欢既杀阿鲁台，必自得志，或来窥边，不可不备，慎之慎之'"③。但是，脱欢等瓦剌部众并未有寇边之举，反而在击杀阿鲁台之后，主动派使臣前来贡马，并禀报了击杀阿鲁台的事实，且言欲献"前元玉玺"④。这无外乎当时的脱欢等瓦剌的实际统治者，为了提高自己在蒙古地区的实力和威望，希望维持与明朝之间的朝贡关系，以期获得明朝的政治册封和赏赐，尤其是在朝贡活动中所获得的巨大经济利益，才是瓦剌统治者所最希望得到的。因此，在瓦剌不断壮大的过程中，与明朝的朝贡贸易频次越来越高，所获得的经济利益越来越大，瓦剌也暂时保持了与明朝之间的政治从属关系，明朝的"经济羁縻"初见成效。

而被明朝视为"藩篱"的兀良哈三卫，在朝贡不止、边境市易恢复的情况之下，却屡屡出现南下近边驻牧，寇掠明朝边境的情况。明仁宗登基之初，便遣使敕宥兀良哈三卫寇边之罪，说明，在此之前，兀良哈三卫即有寇边之举。

宣德三年（1428），兀良哈三卫再次大规模寇边，史载："兀良哈之寇万众侵边，已入大宁经会州将及宽河。"⑤ 明宣宗率军亲征之，"虏人马死者大半，余悉溃走。"⑥ 此后，兀良哈三卫各头目相继前往明廷贡马，明朝与兀良哈三卫的朝贡关系继续发展，明朝与兀良哈三卫边境地区的紧张局势缓和。

但是，兀良哈三卫所属部众仍然不断南下游牧，并发生了劫掠明朝边境的恶劣事件。如宣德四年（1429）三月，"兀良哈鞑寇余孽侵掠永平、山海"⑦。不过，兀良哈虽有犯边之举，但非常态，与明朝之间整体上基本处于和平状态之中。

---

① 明宣宗实录：第86卷，宣德七年正月庚辰条 [M]．1986．
② 明宣宗实录：第112卷，宣德九年八月戊辰条 [M]．2523．
③ 明宣宗实录：第112卷，宣德九年八月戊辰条 [M]．2523．
④ 明宣宗实录：第112卷，宣德九年八月己巳条 [M]．2523．
⑤ 明宣宗实录：第47卷，宣德三年九月辛亥条 [M]．1139．
⑥ 明宣宗实录：第47卷，宣德三年九月乙卯条 [M]．1141．
⑦ 明宣宗实录：第52卷，宣德四年三月丁卯条 [M]．1254．

总体而言,在洪熙、宣德年间,明朝与蒙古各部保持了良好的双边关系,虽然蒙古各部有"乘间为边患"① 的现象,但是,总体而言,明朝北部边疆地区保持了稳定。

小 结

综观洪熙、宣德年间,蒙古诸部基本没有南下扰边之举,明朝的北部边疆地区基本保持了稳定的局面。对于蒙古诸部,只要不犯边,则听之任之。明宣宗曾说,"虏近边而不犯边,宜抚谕之,听其所止,亦须防其谲诈,但有备斯无患矣。"② 即使有犯边之举,明朝也仅仅是敕谕训诫,要求蒙古各部规范部下行为而已,"作过之人,听尔自行处治,其所掠之物,悉追究送还,仍令纳马赎罪,改过自新。"③ 并敕谕边军"整搠部伍,谨慎提备"④。宣宗这种恐无故起边衅的思想和心理⑤以及推行"无为而治"策略,基本贯穿了宣宗朝始终。该时期,明朝逐渐构建起了以经济利益为主要安抚手段,以保持北疆地区稳定的治边策略,并且逐渐对此形成了依赖。明宣宗曾明确指出:"朝廷非无马牛而与之为市,盖以其服用之物,皆赖中国,若绝之,彼必有怨心,皇祖许其互市,亦是怀远之仁。"⑥ 然而随着明朝对兀良哈三卫朝贡制度的日趋规范,"兀良哈的利益受到触动,特别是经济利益,成为明朝与兀良哈关系冲突的根本原因"⑦。

反观瓦剌,为了不断加强自己的实力,一直与明朝之间保持着臣属关系,并且不断遣使入贡,确保与中原地区贸易的畅通。而明朝正以此为契机,加强对瓦剌的"抚驭羁縻",厚以待之。双方之间维持了相对的和平局面。

但是,明宣宗对蒙古诸部的主动赏赐以及开展越来越多的朝贡贸易,无疑对于蒙古诸部有着强烈的诱惑力。蒙古诸部也逐渐明白,只要保持不犯边明境或者说虽偶有犯边之举,但不突破明朝的底线,就可以通过朝贡关系,从明朝获得源源不断的赏赐。与此同时,明朝也逐渐开放边境市场,与蒙古

---

① 明宣宗实录:第96卷,宣德七年十一月辛巳条 [M] . 2182.
② 明宣宗实录:第103卷,宣德八年七月甲子条 [M] . 2311.
③ 明宣宗实录:第75卷,宣德六年正月乙亥条 [M] . 1744.
④ 明宣宗实录:第4卷,洪熙元年七月辛卯条 [M] . 112.
⑤ 唐丰姣. 洪武至宣德时期明朝对蒙古的经略 [D] . 北京:中央民族大学,2010:186.
⑥ 明宣宗实录:第84卷,宣德六年十一月乙亥条 [M] . 1948.
⑦ 唐丰姣. 洪武至宣德时期明朝对蒙古的经略 [D] . 北京:中央民族大学,2010:190.

诸部进行市易。通过边境市场，蒙古诸部获得满足自身的发展需要的各种生产生活物资，这无疑是非常划算的。因此蒙古诸部也乐意在朝贡的体系下，发展与明朝的关系，维护边疆地区的稳定。不过，由于明宣宗一味地追求经济羁縻，对蒙古各部厚加赏赐，而对于各部的犯边侵掠行为，仅仅是敕谕各头目严格约束部下，而无实际的惩戒措施，这无疑对蒙古诸部是一种纵容，激发了蒙古诸部的贪欲，为之后明蒙之间的朝贡贸易的失控，以及由此引发的一系列的明蒙之间的争端埋下了祸根。

第二章

明蒙朝贡贸易的失控及"土木之变"的发生

洪熙、宣德年间，明廷以经济利益维持边疆地区稳定的策略逐渐形成，并成为对蒙策略的主要形式。宣德十年（1435），明宣宗病逝，年仅九岁的朱祁镇登基为帝，改元正统，是为英宗。杨荣、杨士奇、杨溥等名臣辅政，基本延续了宣宗朝的政策，颇有宣德遗风。在对待蒙古诸部方式上，也无更张，几乎全部继续了宣宗朝经济羁縻为主的方针，可谓"一遵仁、宣之政"①。例如，在英宗即位之初，明廷在给宣府等处的总兵官谭广等人的谕书中就曾明确指示，蒙古聚兵近塞，有扰边滋事的危险，边防将士务必要提高警惕，严阵以待。对于房寇"降则礼待，去勿穷追。毋启衅端，毋堕贼计"②。正统元年（1436），鞑靼阿鲁台残寇"潜居近边"，有寇边之意，明廷依然告诫守边将士"贼利速战，不可轻举，以堕贼计"③。正统四年（1439），面对瓦剌诸部随时可能南下扰边的危险，明廷"敕宣府大同等处总兵官谭广等曰：'即今瓦剌胡寇谲诈多端，常遣人来兀良哈处纠合贼徒，窥伺边境。延安、绥德、宁夏，自六月以来，累瞭见境外烟火，此必鞑贼哨探路径，欲为鼠窜之计。尔等宜严谨提备。如贼少可击则击之，贼众则固守城堡，不可轻与争锋。'"④ 正统五年（1440），明廷又谕书缘边诸将："练兵秣马以备不虞。严督城堡墩台，谨慎瞭哨，来则剿杀，去则穷追。庶几，不为所诱。"⑤ 正统六年（1441），再次强调戍边军士要加强近地巡哨，倘若"遇贼相机剿杀，毋得穷追，否则不必寻"⑥。由此可见，"不起边衅"、谨慎求稳是该时期明朝"对

---

① 孟森．明史讲义［M］．上海：上海古籍出版社，2002：127．
② 明英宗实录：第1卷，宣德十年正月壬午条［M］．18．
③ 明英宗实录：第17卷，正统元年五月戊寅条［M］．335．
④ 明英宗实录：第57卷，正统四年秋七月癸酉条［M］．1100．
⑤ 明英宗宝训：第3卷，饬边务［M］．台北："中央研究院"历史语言研究所校印本，1961：177．
⑥ 明英宗实录：第85卷，正统六年十一月辛丑条［M］．1703．

<<< 第二章 明蒙朝贡贸易的失控及"土木之变"的发生

蒙政策指导思想和强化边防反复强调的重点"①。与此同时，蒙古诸部经过长时间的互相征伐，于正统元年（1436），脱欢统治下的瓦剌统一蒙古诸部，分裂的草原政权再次统一，因此，该时期的明蒙关系，主要体现为明朝与瓦剌之间的关系。然而，该时期，瓦剌治理下的蒙古并未展现出与明朝分庭抗礼的态势，依然在原有的朝贡体系之下，继续在做双边政治、经济方面的往来。同时，也出现了新的特征。

第一节 朝贡贸易的失控

明蒙之间的朝贡贸易，在洪熙、宣德年间还能在明朝的控制之下进行，蒙古所遣使者每次也就几人甚至几十人，也并未出现骚扰沿途百姓的行为。但是，在正统时期，明朝对于瓦剌不仅"宴赏优于他夷"②，而且一味地厚加赏赐，更加刺激了瓦剌的贪欲。瓦剌的朝贡活动越来越不受明朝的控制。

一、朝贡的无序及虚报冒领

永乐至宣德年间，瓦剌使臣前往明廷朝贡，必须严格遵守规定的贡道和贡期，即谓"朝贡有常时，道路有定处"③。据《明实录》所载，瓦剌贡使大体上每年十月入大同，十一月间到北京，参加贺正旦节活动后，次年正月由北京出发，二月从大同出境，返回瓦剌（景泰年间，贡使也有从甘肃、宣府入京者④）。与此同时，明廷也派出答使随瓦剌使团一同前往瓦剌，第二年再伴随瓦剌贡使返回京城。该时期，瓦剌虽偶有违制，但是明朝并未中断双边之间的朝贡或采取其他措施以示惩戒。然而，明朝的姑息之下，瓦剌派往明朝的朝贡使团规模逐渐扩大、朝贡次数频繁、朝贡时间无序的现象越来越严重。史载：

正统二年（1437）八月辛未，"瓦剌顺宁王脱欢等遣都指挥佥事阿都赤等

---

① 李伟. 1436-1464：明朝对蒙政策研究［D］. 天津：天津师范大学，2016：25.
② （明）严从简. 殊域周咨录：第18卷，鞑靼［M］. 余思黎，点校. 北京：中华书局，2000：600.
③ （明）严从简. 殊域周咨录：第18卷，鞑靼［M］. 余思黎，点校. 北京：中华书局，2000：600.
④ 明英宗实录：第234卷，景泰四年十月丁未条［M］. 5114-5115.

二百六十七人来朝贡驼马"①。

正统三年（1438）十月丙寅，"瓦剌顺宁王脱欢遣使臣阿都赤等来朝贡马一千五百八十三匹，驼三头，貂鼠等皮二千九百三十二张"②。之后，脱欢又于十二月，"遣臣克来忽赤等考和顺宁王子妇速满答儿；遣指挥猛哥帖木儿等俱来朝贡马"③。

正统四年（1439），也先嗣其父脱欢之爵位，开始了对蒙古诸部的统治。也先袭爵掌权之后，每年派往明朝的朝贡使团、使团人数、贡品数量，都急剧增长。在正统四年（1439）二月丙辰，"遣臣克来忽赤等……俱来朝贡马驼、玉石、方物"④。冬十月丁亥，"瓦剌等处脱脱不花王等遣都督阿都赤等千余人来朝贡马三千七百二十五疋、驼一十三只、貂鼠皮三千四百、银鼠皮三百"⑤。

正统五年（1440）十一月癸卯，"迤北瓦剌脱脱不花王遣使臣卯失剌等男妇六百四十四人来朝，贡马一千六百七十四匹，银鼠等皮三百二十张"⑥。二十天后的甲子日，"瓦剌使臣卯失剌等续贡马九十匹"⑦。

正统六年（1441）五月戊午，"瓦剌太师也先等遣使臣扯列把失等贡马驼玉石等物"⑧。同年十月，"迤北瓦剌等处脱脱不花遣使臣阿都赤等二千一百九十人，贡马二千五百三十七匹，貂鼠、银鼠等皮二万一千二百个"⑨。十一月己亥，"迤北瓦剌脱脱不花王使臣都督阿都赤等并朵颜卫指挥董失里等贡马及方物"⑩。

正统七年（1442）十一月癸亥，"迤北瓦剌脱脱不花王及也先太师使臣卯失剌等二千三百二人贡马二千五百三十七匹"⑪。

正统八年（1443）二月甲寅，瓦剌太师也先"遣使贡马驼"⑫。十一月乙

---

① 明英宗实录：第33卷，正统二年八月辛未条 [M]．643．
② 明英宗实录：第47卷，正统三年十月丙寅条 [M]．915-916．
③ 明英宗实录：第49卷，正统三年十二月戊寅条 [M]．954．
④ 明英宗实录：第51卷，正统四年二月丙辰条 [M]．975．
⑤ 明英宗实录：第60卷，正统四年十月丁亥条 [M]．1146．
⑥ 明英宗实录：第73卷，正统五年十一月癸卯条 [M]．1408．
⑦ 明英宗实录：第73卷，正统五年十一月甲子条 [M]．1421-1422．
⑧ 明英宗实录：第79卷，正统六年五月戊戌条 [M]．1555．
⑨ 明英宗实录：第84卷，正统六年十月甲申条 [M]．1677-1678．
⑩ 明英宗实录：第85卷，正统六年十一月己亥条 [M]．1701．
⑪ 明英宗实录：第98卷，正统七年十一月癸亥条 [M]．1968．
⑫ 明英宗实录：第101卷，正统八年二月甲寅条 [M]．2048．

第二章 明蒙朝贡贸易的失控及"土木之变"的发生

丑,"迤北脱脱不花王遣使臣把失罕等贡马及方物"①。此次遣使,《明实录》中只有关于瓦剌使臣来朝和明英宗谕令护送的记载,没有入境时间和人数的具体记载,但是在正统九年(1444)正月乙亥"迤北瓦剌可汗并太师也先使臣二百八十三人朝贡还"②。这说明在正统八年(1443)年底,瓦剌派往明朝的使臣至少有二百八十三人。

正统九年(1444)三月,"瓦剌太师也先并哈密忠顺王倒瓦答失礼遣使臣察力把失等来朝,贡驼、马、玉石"③。十月癸丑"迤北脱脱不花王及太师也先使臣卯失剌等一千八百六十七人来朝,贡马三千九十二匹,并赍也先母敏答失力阿哈所进狐白皮,以献皇太后"④。十一月甲申,也先"遣使臣失连帖木儿及回回平章锁鲁等来朝贡马驼"⑤。

正统十年(1445)十一月辛未,"迤北瓦剌脱脱不花王并太师也先等遣使臣皮儿马黑麻等来朝,贡驼马及方物"⑥。十二月丙辰,瓦剌使臣皮儿马黑麻等"贡马八百匹、青鼠皮十三万、银鼠皮一万六千、貂鼠皮二百。上以其过多,命马收其良者,青、银鼠皮各收一万,惟貂鼠皮全收之,余悉令其使使者自鬻"⑦。

正统十一年(1446)正月戊子,"赐瓦剌等处使臣皮(儿)马黑麻等一千九百人宴"⑧。此次赐宴的对象应为正统十年(1445)十二月瓦剌所遣使臣皮儿马黑麻等人。三日后的辛卯日,又"赐瓦剌续遣使臣桑哥失……等宴"⑨。十月戊戌,瓦剌再次遣使来朝。⑩

正统十二年(1447)九月丁巳,"脱脱不花王及太师也先使臣皮儿马黑麻等二千一百四十九人来贡,命宴于大同"。⑪ 同年十一月甲辰,瓦剌使臣"皮儿马黑麻等二千四百七十二人来朝,贡马四千一百七十二匹,貂鼠、银鼠、

---

① 明英宗实录:第110卷,正统八年十一月乙丑条[M].2218-2219.
② 明英宗实录:第112卷,正统九年正月乙亥条[M].2259.
③ 明英宗实录:第114卷,正统九年三月甲寅条[M].2293.
④ 明英宗实录:第122卷,正统九年十月癸丑条[M].2446.
⑤ 明英宗实录:第123卷,正统九年十一月甲申条[M].2461.
⑥ 明英宗实录:第135卷,正统十年十一月辛未条[M].2679.
⑦ 明英宗实录:第136卷,正统十年十二月丙辰条[M].2704.
⑧ 明英宗实录:第137卷,正统十一年正月戊子条[M].2725.
⑨ 明英宗实录:第137卷,正统十一年正月辛卯条[M].2727.
⑩ 明英宗实录:第146卷,正统十一年十月戊戌条[M].2869.
⑪ 明英宗实录:第158卷,正统十二年九月丁巳条[M].3086.

青鼠皮一万二千三百张"。①

　　瓦剌朝贡使团前使未归，后使踵至，出现了来贡使臣"络绎于道，驼马迭送贡于廷"②的局面。而且瓦剌前来明朝朝贡的使团规模越来越大，使团人数已经突破千人，所贡马匹、毛皮等物，也是数以千计。从朝贡的时间来看，并未遵循明朝的相关规定。总体来说，该时期的瓦剌朝贡贡期随意、贡使贡品数量庞大，朝贡行为完全不受明朝的约束。

　　朝贡的无序还表现在，瓦剌朝贡使团的虚报冒领和商人混迹使团。关于使团的虚报冒领，最为集中的表现，即正统十三年（1448）十二月，"迤北瓦剌脱脱不花王及也先使臣并买卖回回阿里锁鲁檀等共三千五百九十八名"入贡，但是"会同馆查得：脱脱不花王使臣四百七十一名，止有四百一十四名，也先使臣二千二百五十七名，止有一千三百五十八名，买卖回回八百七十名，止有七百五十二名，共二千五百二十四名，比原来数通少一千七十四名"③。虚报了近三分之一的人数，企图冒领赏物。该条记载也证明了在瓦剌的朝贡使团中，商人所占比例也是非常高的。对于商人加入朝贡使团，从文献记载来看，明朝早就洞悉，只是并未进行阻止，如史料所载正统七年（1442），"今脱脱不花、也先所遣使臣动以千计，此外又有交易之人"。④ 当然，也有所贡物品质量低劣的情况，如正统十二年（1447），"瓦剌也先诱麻亦哈等处地面头目阿剌答瓦米儿咱，遣使臣赛亦打力等朝贡玉石五百四十斤，有司验，俱不堪，却之。赛亦打力乞怜，上命收之，减半价给赏"⑤。

　　除了瓦剌朝贡进入无序状态之外，明朝也逐渐失去了对哈密、兀良哈三卫朝贡的控制。《明实录》中对此多有记载。如正统二年（1437），"兀良哈及鞑靼、女真人等来朝贡者，进马或三五匹，动辄三四十人，有回至中途复来者，多有不逞之徒，诡冒其间，引诱为非，俱无公文照验"⑥。再如哈密，《明实录》记载，正统初年，哈密"五年遣使三贡，廷议以为烦，定令每年一贡"⑦。

---

① 明英宗实录：第160卷，正统十二年十一月甲辰条［M］.3116.
② 明英宗实录：第204卷，废帝郕戾王附录第二十二，景泰二年五月癸丑条［M］.4369.
③ 明英宗实录：第173卷，正统十三年十二月庚申条［M］.3326.
④ 明英宗实录：第88卷，正统七年正月戊寅条［M］.1765.
⑤ 明英宗实录：第149卷，正统十二年正月壬午条［M］.2928-2929.
⑥ 明英宗实录：第35卷，正统二年十月癸未条［M］.692.
⑦ （清）张廷玉.明史：第329卷，西域传·哈密［M］.北京：中华书局，2011：8513.

<<< 第二章 明蒙朝贡贸易的失控及"土木之变"的发生

针对瓦剌朝贡无序的情况,明朝制定了一系列的规章制度,但是,从实际情况来看,这些规定从来没有被严格地实施过。①

二、明朝赏赐过滥

对于瓦剌频繁的朝贡,明廷也给予了丰厚的回赐与赏赐。自永乐时期开始,明朝对于前来朝贡的使团都会给予丰厚的赏赐。虽然是体现天朝恩典的"厚往薄来",但是,数量并不是太多,种类也较单一,赏赐群体也主要集中于朝贡方的首领。正统初期,对于朝贡使团基本延续前朝,赏赐物品更多的是彩币、丝织品及衣物,多数情况下"赐宴并彩币等物有差"②"赐宴并赐彩币、衣帽等物有差"③ 或者"彩段表里绢匹衣服靴袜有差"④,好的情况下"赐宴并金织袭衣等物"。⑤

大概从正统六年(1441)开始,明朝的赏赐不仅数量大,种类丰富,而且几乎涵盖了朝贡使团的全部人群并延伸到朝贡方的首领、妃嫔等。对于贡使也非常优待,"离京前设宴款待,带来的贡马按马匹等级(上中下三等)分好档次,然后按照市价或高于市价发给银钞或等值的实物,并按'贡使'官阶大小赐予优厚赏品,同时通过'贡使'赠送给瓦剌首领大批的贵重礼品"⑥。所赏赐的物品"不仅有蒙古游牧民族匮乏的丝织品等,还有堪称工艺品的坐床、翻译成蒙古语的书籍、乐器、化妆品等"⑦。正统六年(1441)瓦剌使臣向明廷辞归时,明朝赏赐了"五色彩段并纻丝蟒龙直领褡蒦曳撒比甲贴里一套、红粉皮圈金云肩膝襕通袖衣一、皂麂皮蓝条铜线靴一双、朱红兽面五山屏风坐床一、锦褥九、各样花枕九、夷字孝经一本、销金凉伞一、油绢雨伞一、箋篾火拨思二、弦一副,并赐其妃胭脂、绒彩、丝线等物"⑧。又如正统十年(1445)正月,瓦剌使臣陛辞,"特遣正使指挥同知马青、副使指挥佥事詹升赍勅并赐彩币、表里、织金袭衣"给也先,"其可汗所属王子也

---

① 〔美〕亨利·蔡瑞斯. 赵鑫华. 明代蒙古朝贡使团[M]//达力扎布. 中国边疆民族研究(第3辑). 北京:中央民族大学出版社,2011:292-365.
② 明英宗实录:第1卷,宣德十年正月甲午条[M].28.
③ 明英宗实录:第73卷,正统五年十一月癸卯条[M].1408.
④ 明英宗实录:第77卷,正统六年三月丙寅条[M].1530.
⑤ 明英宗实录:第84卷,正统六年十月甲申条[M].1678.
⑥ 阿萨拉图. 明代蒙古地区和中原间的贸易关系[J]. 中国民族,1964(Z1).
⑦ 杨悦. 明前中期明蒙朝贡体制下交流物品研究[D]. 哈尔滨:黑龙江大学,2012:67.
⑧ 明英宗实录:第75卷,正统六年正月甲子条[M].1473.

71

先、丞相把把只、平章伯颜帖木儿、小失的王、别里哥秃王、知院字的打里麻、忽都不花、兀答帖木儿、忽秃不花、右丞脱忽脱、院判把秃儿、太尉弩儿答、参政那哈出；也先所属为头知院阿刺、大夫撒都刺、平章那哈台、太尉帖木思哈、知院沙的海答孙等"，"亦各附彩段等物，酬之有差"①。

《明会典》中记载了正统年间回赐的基本情况。"正统元年，回赐使臣，银鼠皮每六箇，绢一疋；玉石，每一斤，绢一疋。二年，回赐虏王及头目使臣人等，马每匹，彩段二表里；貂鼠皮五十箇，四表里；使臣者，每二箇，绢二疋；银鼠皮五十箇，二表里；白兔皮三箇，绢一疋；白狐皮一箇，绢一疋；小厮一名，二表里。三年，貂鼠皮，每一箇，彩段一表里。四年，貂鼠皮每三个，绢一疋。使臣人等，到京续进马，俱照下等马例回赐。五年，回赐银鼠皮与熟红绢。六年，青鼠皮，每二十箇，绢一疋。使臣人等马分三等。虏王并太师马不分等第。八年，太师阿鲁骨马，每匹，彩段六表里。使臣马每匹，四表里，绢八疋。九年，进西马者，每匹，彩段五表里，绢十疋。撒哈刺，每缎，绢九疋。十二年，阿鲁骨马，每匹，四表里。"②

瓦剌使团本来人数就极其庞大，加之明朝加大了对其的赏赐力度，以至于出现了"金帛器服络绎载道"③的盛况。另外，明朝还会主动遣使蒙古各部，赏赐礼品。正统十一年（1436），"上命马云、马青为正使，周洪、詹升为副使，赍敕书彩币等物与之同往，赐迤北可汗并太师也先等"④。直到正统十四年（1439）"土木之变"发生前，明朝还曾遣使瓦剌也先处，"人赏钞一百八十锭，彩段二表里，绢三疋。随从官军人纱一百锭，彩段并绢如之"⑤。除此之外，明朝还对买卖回回等进行赏赐，并形成了惯例。《明实录》记载正统十一年（1436）十一月癸酉"赐瓦剌正使字端等、买卖回回阿里锁鲁檀等彩币、表里、钞绢有差"⑥。正统十四年（1439），再次"赐瓦剌买卖回回阿里、锁鲁檀等六百六十六员名，宴于礼部"⑦。明朝无度的赏赐，更加激起了

---

① 明英宗实录：第125卷，正统十年正月己亥条［M］.2506-2507.
② （明）申时行.明会典：第111卷，礼部·给赐二·外夷上［M］//《续修四库全书》编纂委员会.续修四库全书（791）.上海：上海古籍出版社，2002：131.
③ （清）谷应泰.明史记事本末：第33卷，景帝登极守御［M］.北京：中华书局，1977：495.
④ 明英宗实录：第137卷，正统十一年正月癸巳条［M］.2728-2729.
⑤ 明英宗实录：第174卷，正统十四年正月己丑条［M］.3346.
⑥ 明英宗实录：第147卷，正统十一年十一月癸酉条［M］.2890.
⑦ 明英宗实录：第174卷，正统十四年正月壬寅条［M］.3351.

瓦剌的贪欲，朝贡次数、朝贡人数及贡马数量等越来越多，加剧了瓦剌朝贡无序化的发展。

三、贸易形式多样，贸易范围扩大

相比于永乐至宣德时期明蒙双方单一的朝贡贸易，正统时期，明蒙双方的贸易形式逐渐多样化，主要表现在明朝对于明蒙之间的贸易管控逐渐放开，相继同意朝贡使团在会同馆、贡道、边境地区进行贸易。根据贸易地点的不同，我们暂时将该时期的贸易类型称为会同馆贸易、贡道贸易和边市贸易。

（一）会同馆贸易

会同馆贸易，是明廷同意蒙古使臣在京驻地会同馆内"与民交易"。明廷规定："各处夷人朝贡领赏之后，许于会同馆开市三日或五日。"① 除违禁物外，蒙古使臣可将贡余物品和所得赏赐"听于街市，与官员军民人等两平买卖"②。当遇到非所需或贡物低劣者，明廷亦准许朝贡使团在会同馆舍进行进为期三、五日民间贸易，称为贡市。如果将会同馆贸易追溯，应该源于正统元年，明廷应瓦剌贡使之请所开的"私市"。正统元年（1436），"瓦剌顺宁王脱欢使臣阿都赤以私马求市，从之"③。之后，明廷设立程限，令"凡夷人朝贡到京，会同馆开市五日"④。如正统四年（1439），"上以瓦剌脱欢使将至，诏行在都察院揭榜戒军民人等毋肆欺侮，毋侵盗所携。与之交易，价毋增溢，毋得货与兵器，毋私与语"⑤。之后基本成为定制。《明会典》载，正统十年（1445）定会同馆鞑靼瓦剌市易之例："会同馆开市，礼部出给告示，除违禁物不许贸易，其段绢布匹听于街市与官员军民人等两平买卖。"⑥ 并

---

① （明）申时行. 明会典：第108卷，礼部·朝贡四·朝贡通例［M］//《续修四库全书》编委会. 续修四库全书（791）. 上海：上海古籍出版社，2002：111.
② （明）申时行. 明会典：第111卷，礼部·给赐二·外夷上［M］//《续修四库全书》编委会. 续修四库全书（791）. 上海：上海古籍出版社，2002：131.
③ 明英宗实录：第21卷，正统元年八月庚辰条［M］. 415.
④ （明）官修. 大明律"附录"问刑条例·户律七·市廛"把持行市条例"［M］. 怀效锋，点校. 北京：法律出版社，1999：386.
⑤ 明英宗实录：第59卷，正统四年九月乙丑条［M］. 1137.
⑥ （明）申时行. 明会典：第111卷，礼部·给赐二·外夷上［M］//《续修四库全书》编委会. 续修四库全书（791）. 上海：上海古籍出版社，2002：131.

"许买卖五日"。① 正统十二年，又"许瓦剌使臣卖马"②。兀良哈三卫贡使也在这个时间开展会同馆贸易。史载，明朝同意朵颜三卫在会同馆贸易，"领赏毕日，许于会同馆开市三日。铺行人等，照例将货入馆，两平交易"③。

为了规范交易的行为，防止"各铺行人等，将不系违禁之物入馆，两平交易，染作布绢等项，立限交还。如赊买及故意拖延骗勒夷人，久候不得起程并私相交易者，问罪，仍于馆前首枷号一个月，若不依期日及引诱夷人潜入人家私相交易者，私货各入官，铺行人等，照前枷号，通行守边官员，不许将曾经违犯夷人起送赴京"④。

明朝虽然同意了蒙古使臣在会同馆开展贸易，但是对其防备并没有放松。明朝在同意开市之初，就规定在买卖过程中，前来购买蒙古货物的人"毋得货与兵器，毋私与语"⑤。为此，明朝特"诏行在都察院揭榜，戒军民人等毋肆欺侮，侵盗所携。与之交易，价毋增溢。毋得货与兵器，毋私与语。敢有违者，谪戍海南。仍命锦衣卫伺察之"⑥。如正统四年（1439），官府"以在京军民与瓦剌贡使交易，恐其透漏中国虚实，悉罪之，所得马匹、貂皮俱追入官"⑦。又，正统七年（1442），"瓦剌使臣来朝，达军忽先候之会同馆，见其二兄私与貂鼠皮三，因与报效达军完者秃谋窃，附使臣车中叛去，为同队百户弟卜答包力所告，上命赏卜答包力，而擒忽先等鞫之"⑧。

（二）边市贸易

明朝与瓦剌之间的边境贸易，可能自永乐年间就存在了，史料中关于鞑靼在宁夏、甘凉一带进行贸易的记载，其中就有可能有瓦剌部众的参与。而正统二年（1437）的记载，则更为我们提供了有力的证明。史载，正统二年（1437）顺宁王脱欢贡使四十八人至甘州准备入贡，但是，明朝只准许遣送正

---

① （明）申时行. 明会典：第111卷，礼部·给赐二·外夷上［M］//《续修四库全书》编委会. 续修四库全书（791）. 上海：上海古籍出版社，2002：131.
② （明）申时行. 明会典：第111卷，礼部·给赐二·外夷上［M］//《续修四库全书》编委会. 续修四库全书（791）. 上海：上海古籍出版社，2002：131.
③ （明）申时行. 明会典：第111卷，礼部·给赐二·外夷上［M］//《续修四库全书》编委会. 续修四库全书（791）. 上海：上海古籍出版社，2002：132.
④ （明）官修. 大明律"附录"问刑条例·户律七·市廛"把持行市条例"［M］. 怀效锋，点校. 北京：法律出版社，1999：386.
⑤ 明英宗实录：第59卷，正统四年九月乙丑条［M］.1137.
⑥ 明英宗实录：第59卷，正统四年九月乙丑条［M］.1137.
⑦ 明英宗实录：第60卷，正统四年十月戊戌条［M］.1150.
⑧ 明英宗实录：第88卷，正统七年正月庚辰条［M］.1767-1768.

副使十一人至京师，"余留甘州，皆馆馈之"。① 这说明瓦剌与明朝之间在甘、凉等地是有边境贸易的。

正统年间，在大同设置边境市场，在一定程度上是明朝主动设置的。正统二年（1437），"经理大同边务"②，刑部尚书魏源于次年四月便请求开设大同马市，但明英宗以"马市劳军民"③ 而拒绝。不过，在该时期，在大同地区应该也存在着半官方的或民间市场交易，如正统三年（1438）正月，明政府"谕令正使三五人赴京，所贡马驼，令人代送，其余使臣、从人俱留止大同，并脚力马给与刍粮，听其与民交易。仍戒敕军民，毋容相犯，以失远人之意"④。这条史料显示了在大同是存在明蒙交易的民间市场的。因此，在不久之后的正统三年（1438）四月，巡抚大同右佥督御史卢睿请求开立大同马市，他在给明廷的奏疏中言："大同宜立马市，庶远人驼马，军民得以平价交易。且遣达官指挥李原等通其译语，禁货兵器铜铁。"⑤ 明政府答应了此次请求。于"癸未，立大同马市"⑥。大同马市自此设立，成为继辽东马市之后，明朝再次开设的明蒙交易市场。大同马市设立之初"以平价交易"⑦。《明史》对此记载道："大同马市始设于正统三年，巡抚卢睿请令军民平价市驼马，达官指挥李原等通译语，禁市兵器、铜铁。"⑧

从史料记载来看，大同马市应该有官市与民市之分。史料记载，正统十四年（1449）"都御史沈固请支山西行都司库银市马"⑨。这条史料证明了大同马市中官市的存在。而据白翠琴研究："在官市里，瓦剌送来的马匹，由明朝官方发给马价，每匹马值金、银、绢、布各若干都是有规定的；在民市里，瓦剌用马、骡、驴、牛、羊、骆驼、毛皮、马尾等物与汉族商人交换缎、绢、油、布、针、线、食品等物，但'禁货兵器铜铁'。另由官府发给'抚赏'

---

① 明英宗实录：第32卷，正统二年七月丁巳条 [M]．638．
② （清）张廷玉．明史：第10卷，英宗前纪 [M]．北京：中华书局，2011：129．
③ 明英宗实录：第41卷，正统三年四月丁丑条 [M]．809．
④ 明英宗实录：第38卷，正统三年正月戊子条 [M]．731．
⑤ 明英宗实录：第41卷，正统三年四月癸未条 [M]．812．
⑥ （清）张廷玉．明史：第10卷，英宗前纪 [M]．北京：中华书局，2011：130．
⑦ 明英宗实录：第41卷，正统三年四月癸未条 [M]．812．
⑧ （清）张廷玉．明史：第81卷，食货志 [M]．北京：中华书局，2011：1982．
⑨ （清）张廷玉．明史：第81卷，食货志 [M]．北京：中华书局，2011：1982．

金银若干。"①

（三）贡道贸易

正统年间，明朝政府除了同意蒙古各部前来进贡的使臣进行会同馆贸易及边市贸易之外，还准许了蒙古使臣在往来京师的贡道沿途进行贸易，但是严禁市易铜铁器皿。正统四年（1439），辽东都指挥佥事毕恭曾上奏说："鞑子、海西野人、女直归自京师，道过边境，辄以所得彩币或驽马市耕牛及铜铁器皿。"请求禁止铜铁器皿的交易，明廷表示同意，"谕总兵、巡抚等官禁之。敢有犯者，治罪不宥。"② 正统八年（1443），明政府准许"迤北使臣所进马……验其堪中者进来，其不堪者听缘途发卖"③。正统十三年（1448），"朵颜卫、鞑靼、哈刺答儿等朝贡至京，奏欲将赏赐衣服彩段沿途贸易驴牛，回还孳牧。从之。"④

贸易场所的多样化，进一步刺激了蒙古朝贡使团。这是因为上述贸易形式也是附着在朝贡活动之外开展，只有朝贡使团的成员才能参与到贸易活动中。因此，蒙古朝贡使团人数不断增加，朝贡次数逐渐频繁，原本为缓解赏赐朝贡使团所带来的财政压力而实施的举措，不仅未起到相应的作用，反而逐渐加大了明朝财政、边防及社会控制的压力。

小 结

通过对正统年间，明蒙贸易往来的梳理，可以看出，该时期，明蒙贸易的主动权已经出现了明显的转移，明朝也渐渐失去了与蒙古诸部贸易的控制权。其中最重要的一项表现即蒙古诸部的朝贡活动已经不受明朝的约束了。通过对《明英宗实录》正统年间蒙古诸部朝贡次数、规模等的梳理，可以看到，蒙古诸部的朝贡活动越来越频繁，规模越来越庞大，瓦剌也先派出的朝贡使团与脱脱不花王派出的朝贡使团由原来的联合朝贡，逐渐演变成了各自分别派遣，且各自朝贡使团的规模越来越大、频次越来越高，完全不顾明朝对于蒙古诸部朝贡贸易的规定，对其规定完全无视，置之一旁而不理。虚报人数，冒领赏赐，更是成为朝贡使团的常态。

---

① 白翠琴. 从经济交流中看瓦剌与中原地区的关系[M]//中国蒙古史学会. 中国蒙古史学会成立大会纪念集刊. 1979：412-413.
② 明英宗实录：第54卷，正统四年四月己丑条[M]. 1039.
③ 明英宗实录：第109卷，正统八年冬十月庚寅条[M]. 2203.
④ 明英宗实录：第167卷，正统十三年六月戊寅条[M]. 3236.

第二章 明蒙朝贡贸易的失控及"土木之变"的发生

与此同时,双方的贸易渠道在这个时期达到了一个顶峰,在原来的朝贡贸易、会同馆贸易的基础上,明廷先后同意蒙古朝贡使团在往返途中开展贸易,并且在大同镇边墙之外开辟了互市。然而正是这如火如荼的贸易,以及明廷来者必赏的朝贡策略,逐渐激起了瓦剌等部的贪欲,他们完全不顾明朝关于朝贡贸易的相关规定,在朝贡时间、来朝路途、朝贡人数、贡物数量等全方位逾制,让明廷为此背负了沉重的负担。而且,朝贡使团中夹杂了越来越多的"买卖回回",且对其赏赐一如使臣,并成了事实上的定制,这更加加重了明廷的负担。面对此种情况,明廷不得不采取相应的控御措施来减轻财政压力,并保持北疆地区的稳定。

第二节 明朝控御举措

正统年间,虽然与蒙古诸部的朝贡贸易愈发频繁,而且双方的贸易形式逐渐多样化,但是明朝对蒙古的防备未曾松懈一日,明朝的对蒙政策也逐渐趋于保守,仅仅展现为积极应对而已。现分述如下。

一、驱逐居京蒙古使臣

明朝大臣认为,长期居住在京城的瓦剌使臣,疑为蒙古间谍,泄露明朝机密,里通外国,对明朝构成了巨大威胁。因此,英宗即位之初,就有大臣对此提出意见。史载,宣德十年(1435)四月,刑科掌科事给事中年富明确建议:"自永乐以来,招纳丑类,縻以官爵,杂处京都,坐费国用,养乱召危,必由于此。乞敕大臣历考明验,参酌成规,皆遣还故土,以慰彼远思,释我内患。"[①] 之后,在正统元年(1436)十二月,陕西右金都御史曹翼又针对使臣长时间留居京城问题发难,曹翼认为瓦剌使臣留居京城,窥视军情,养乱致患。"莫若将彼前后使臣,一一发回本国,以安彼心。"[②] 明朝认可了曹翼的建议,并要求管理机构贯彻执行。

---

① 明英宗实录:第4卷,宣德十年四月丁卯条 [M].95.
② 明英宗实录:第25卷,正统元年十二月庚寅条 [M].509.

二、劝谕蒙古首领缩减朝贡规模和次数

为了降低瓦剌的朝贡次数和规模，明廷多次遣使敕谕也先，阐明明朝希望瓦剌按照规定进行朝贡。例如，在正统七年（1442）正月就曾多次遣使赍书敕谕瓦剌首领脱脱不花、也先。史载，正统七年正月"戊寅，敕大同总兵官武进伯朱冕、参将都指挥同知石亨：'往者，瓦剌遣使来朝多不满五人。今脱脱不花、也先所遣使臣动以千计，此外又有交易之人。朕虑边境道路军民供给劳费，已令都指挥陈友等赍敕往谕瓦剌，令自今差遣使臣多不许过三百人，庶几，彼此两便。此后如来者尚多，尔等止遵定数容其入关，余令先回，或令于猫儿庄俟候使臣同回，从彼自便，故预敕尔知之。'"①

仅仅五天之后，明廷于正月癸未，又"命都指挥佥事陈友王政为正使、指挥同知李全季铎为副使同瓦剌使臣脱木思哈等赍书赐达达可汗曰：'使臣阿都赤将可汗书及良马来进，已悉厚意。兹遣使赍书及酬答礼物偕可汗使臣回。盖朕自临御以来，凡百华靡玩好之具，斥罢不造。可汗所需，止即见有者。并令陈友等赍去。来使阿都赤颇纯谨，可任用。不意一疾遽至不起，已令有司具礼葬于其祖茔之侧。此后，可汗及太师所遣使不宜过多，仅可一二百人，庶彼此两便。若来者过多，只照定数入关，余驻猫儿庄或欲先回或候使臣同回，听其自便。'书至，可汗亮之。敕谕也先曰：'近遣使臣脱木思哈等赍奏来贡方物，是能敬顺天道以继尔祖父之志，朕甚嘉悦。今遣使赍敕往谕朕意，并赐以服用之物。来使有于大同驿伤残服役军人陆弘得肢体者，又四人于驿前迫狎妇女，遂伤百户晏昱之母。有司俱请治罪。朕以太师所遣人曲贷之，令脱思木哈等率去，听太师自治。后此遣人必须严切戒饬，毋因小衅以伤和好。赐可汗及妃蟒龙兽锦衣五件，金相盝、银相盝各二，花梨紫檀木琵琶、方三弦等乐器，茜红缨花毯、罟姑袍、纻丝等物。赐也先纻丝夹衣蟒龙比甲、金钑螭虎台盘、手盏、金壶、瓶、盂，子并妃罟姑袍、纻丝衣服等物，其头目五百一十三人，俱赏有差。'"②

九月，明英宗再次敕谕瓦剌使臣卯失剌字端等曰："尔等敬天道，尊朝廷，不远数千里奉使来朝，朕深嘉悦。已遣内官林寿及敕缘边镇守总兵等官如例馆待，遣人护送来京。然去年因使臣及贸易人众，其中有纵酒越分，缘

---

① 明英宗实录：第88卷，正统七年正月戊寅条［M］.1764-1765.
② 明英宗实录：第88卷，正统七年正月癸未条［M］.1769-1770.

途殴伤军夫者,今年春敕谕,令自后少遣人来。亦敕大同总兵镇守官,除正副使定数外,凡从人及贸易之人,悉留居猫儿庄。今闻尔处遣来之人,仍复过多,朕念天寒远来,若处之边地,必致失所。特令总兵等官俱纵尔等来朝,俟来春同归。大抵和好之道,贵以至诚。彼此人民皆须爱恤尔之。来者不少,则此供给不易;远来不恤,仁者不为。劳此给彼,亦非仁道。况遣人动以千计,其间宁无越分违理者乎?尔等宜体朕眷待之意,戒约从人及贸易之人,各遵礼法不许生事扰人,庶几,可保和好于永远。"之后,"仍敕大同总兵官武进伯朱冕、参将都指挥同知石亨曰:'今瓦剌朝贡使臣众多,于理宜如前敕,约量俾人,第念天寒,若遣之回,必致失所。敕至,尔等可令其来大同,如例馆宴,起送赴京,其贡驼马量拨所在马军同都指挥陈友等,随水草牧放前来,缘途不支刍料,亦不必拨人控御,如无草处,酌量支用,其陈友等官军所进马匹,验明另进。'"①

但是,明朝的劝谕,以及重赏的利诱,并没有让也先、脱脱不花等蒙古贵族降低朝贡的规模,反而愈演愈烈。尤其是,在瓦剌遣使数量和规模远远超过其规定数量的时候,明英宗并未给予严厉拒绝,反而申之以体恤之意,准其进京,这更加剧了瓦剌的有恃无恐,朝贡规模有增无减。

三、严格限制朝贡频次和人数

针对蒙古朝贡使团变得越来越庞大,明朝的赏赐压力越来越大。巨大的财政压力之下,明朝不得不采取举措,对蒙古的朝贡使团进行限制。正统二年,明朝首先对兀良哈三卫的朝贡活动进行规范。正统二年(1437),明廷要求辽东等处总兵等官,"今后外夷以事来朝者,止许二三人,或四五人,非有印信公文,毋辄令入境"②。之后,在正统十一年(1446),针对瓦剌频繁的朝贡,明朝对瓦剌贡使重申必须由大同路出入,并携带铁牌及印信文书,③ 以便进行勘验。虽然说明廷给蒙古各部首领颁发的敕书、印信是他们向明廷领取赏赐和朝贡贸易的凭证。④ 但是,这一制度的实施也是为了更好地对朝贡活动进行规范,对朝贡使团进行管理。

---

① 明英宗实录:第96卷,正统七年九月庚辰条[M].1933-1934.
② 明英宗实录:第35卷,正统二年冬十月癸未条[M].693.
③ 明英宗实录:第146卷,正统十一年十月己未条[M].2880.
④ 达力扎布.有关明代兀良哈三卫的几个问题[M]//明清蒙古史论稿.北京:民族出版社,2003:502.

在加强勘验的同时，明朝对朝贡人数也再三进行限制。正统七年正月，明朝对于瓦剌每次遣使人数进行了规定：瓦剌每次遣使不得过三百人，"遵定数容其入关"①。九月，明廷又再次重申"瓦剌朝贡使臣入关者，毋得逾三百人"②。十五日后，又谕，除正副使五十人入京外，凡从人及贸易之人或返回，或留大同城北的猫儿庄贸易；其所贡驼马"随水草放牧前来，缘途不支刍料，亦不必拨人控御，如无草处，酌量支用"③。但是，瓦剌"利朝廷爵赏，岁增至二千余人，屡敕，不奉约"④。

四、拒绝所请，降低赏赐数量和质量

巨额的赏赐，激发了蒙古各部贵族首领的贪欲。瓦剌等蒙古诸部贵族为了获得明朝丰厚的回赐，所派朝贡使团越来越多，贡品数量也越来越大。频繁的朝贡活动，愈发显现出瓦剌获取明朝物资的渴求。对于瓦剌等蒙古各部而言，该时期的朝贡活动，政治因素已经基本不在考虑之内，经济因素成为朝贡活动的核心内容。明朝对此也不得不采取对应措施，改变"有所请乞，无不许"的做法。⑤明朝为了应付，往往采取"滥竽充数"的办法，以降低赏赐物品质量、扣减赏赐物品数量来降低赏赐的成本。以至于所赠丝帛有"剪裂幅不足者"⑥，所赐"缯、帛、靴帽之属尤其不堪，一着即破碎矣"⑦。针对虚报冒领，明廷严格核实人数，给予赏赐，不使冒领。⑧

五、对蒙地施行"烧荒"政策

面对蒙古诸部的不断南下，明朝的边防危机逐渐加深。虽然在朝贡体系之下，贸易渠道不断扩大，瓦剌等蒙古诸部为获得明朝的商品，蒙古诸部并未出现犯界抢掠之举，明蒙双方在交界地区保持了稳定。但是，明朝也感受到了蒙古方面带来的边防压力，为了驱逐南下的蒙古民众，有朝臣向英宗建

---

① 明英宗实录：第88卷，正统七年正月戊寅条 [M] .1765.
② 明英宗实录：第96卷，正统七年九月庚辰条 [M] .1925.
③ 明英宗实录：第96卷，正统七年九月庚辰条 [M] .1933-1934.
④ （清）张廷玉.明史：第328卷，瓦剌传 [M] .北京：中华书局，2011：8499.
⑤ （清）张廷玉.明史：第328卷，瓦剌传 [M] .北京：中华书局，2011：8500.
⑥ （清）谷应泰.明史记事本末：第33卷，景帝登极守御 [M] .北京：中华书局，1977：495.
⑦ （明）谢肇淛.五杂组：第4卷，地部二 [M] .上海：上海书店出版社，2001：81.
⑧ 明英宗实录：第180卷，正统十四年七月己卯条 [M] .3479-3480.

议对蒙古地区实行"烧荒",意图通过烧毁草料的方式促使蒙古各部远离明朝北疆地区。正统五年(1440)三月,巡抚大同都察院右佥都御史卢睿请奏:"大同、宣府俱临极边,每岁秋深,调拨军马出境烧荒。"① 明朝批准了卢睿的建议,并开始执行。这项政策的实施应该取得了较好的效果,因此,在正统七年(1442)十一月,锦衣卫指挥佥事王瑛又向朝廷上奏道:"御虏莫善于烧荒。盖虏之所恃者马,马之所资者草……乞敕边将遇秋深,率兵约日同出数百里外,纵火焚烧,使胡马无水草可恃。如此则在我虽有一行之劳,而一冬坐卧可安矣。"②

小　结

由此看来,面对瓦剌治下的蒙古诸部的朝贡贸易的无序化,明廷也采取了相应措施,一方面继续保持对于瓦剌等部的警戒,并采取烧荒等举措,阻止瓦剌等部的南下侵扰;另一方面希冀以劝谕、拒绝所请、降低赏赐的数量和质量、严核使团人数及重赏瓦剌首领等手段换来瓦剌诸部按照规定进行朝贡。但是这些举措并未起到应有的作用,反而逐渐将双方推向了对立面,双方的矛盾也在越来越频繁的朝贡活动中逐渐显现出来。明朝对于朝贡活动愈发显得力不从心,对于北部边疆地区的控制也逐渐失去了主动权,最终使得北部边疆地区的社会控制陷入了失序的境地,并延续了百余年之久。

第三节　明朝北疆社会控制的失序

面对瓦剌等蒙古诸部频繁的朝贡活动,明朝一味地妥协退让,对于朝贡使团的要求,往往一一满足。明朝边疆地区社会逐渐进入失序状态,明朝对于边疆社会的控制力开始逐渐减弱。利益方面,瓦剌在也先的统治之下,已经成为草原地区的霸主。史载:"瓦剌国政皆也先专之"③,"形成了元朝以后最大的蒙古帝国,对明朝所施的压力,日渐严重"④。明朝有识之士也逐渐感

---

① 明英宗实录:第65卷,正统五年三月庚戌条[M].1242.
② 明英宗实录:第98卷,正统七年十一月壬午条[M].1978.
③ (明)刘定之.否泰录[M]//王云五.丛书集成(初编).上海:商务印书馆,1937:21.
④ 李光璧.明朝史略[M].武汉:湖北人民出版社,1957:73.

受到了来自瓦剌的危险。尤其是面对瓦剌频繁的进贡,刘球、何文渊等朝臣,不断提出异议,要求明朝给予提防。他们认为瓦剌,"贡使日增,包藏祸心","终为边患"。① 事实上也是如此,也先统治瓦剌之后,明蒙之间"自此多事"②。主要表现如下。

一、瓦剌使臣不法行为有增无减

瓦剌使臣的不法行为严重威胁着明王朝边疆地区的安全。明英宗也指出瓦剌使团"遣人动以千计,其间宁无越分违理者乎?"③ 事实也正是如此。史载,瓦剌使臣"贪婪无厌,稍不足其欲,辄构衅生隙",④ "稍不足其意,辄凌侮驿夫,伤残市人。朝廷每曲法宥之,彼以我为可欺,而恣肆不止"⑤。在朝贡沿途,"纵酒越分"⑥、"迫狎妇女"⑦,严重扰乱了中原地区人民的正常生活。

另外,瓦剌使臣仗势欺人,经常稍不如意,便"搅扰官府、打伤军民"⑧。在朝贡名义的掩护下,朝贡使团多有不法行为,但是沿途官员却不敢管,出现了"总兵镇守等官略不谁何,一概放纵,所过凌辱驿传、骚扰军民,需索剽夺,其害非一"⑨ 的局面,明朝的边疆地区逐渐陷入混乱。

除此之外,也先每次遣使入贡,都向明廷索求各种奢侈品及人参等贵重药品,甚至出现虚报贡使人数,贡马数量,冒领赏赐。而且也出现了以"瘦小不堪"⑩ 之马冒充上等马,要求明朝按照上等马之例给值的情况。

二、明朝财政负担沉重

瓦剌朝贡活动的频繁,获得了丰厚的赏赐,却为明朝带来了沉重的财政

---

① (清)张廷玉.明史:第162卷,刘球传[M].北京:中华书局,2011:4405、4403.
② (明)严从简.殊域周咨录:第17卷,鞑靼[D].余思黎,点校.北京:中华书局,2000:560.
③ 明英宗实录:第96卷,正统七年九月庚辰条[M].1934.
④ 明英宗实录:第180卷,正统十四年七月己卯条[M].3479.
⑤ 明英宗实录:第98卷,正统七年十一月壬午条[M].1979.
⑥ 明英宗实录:第96卷,正统七年九月庚辰条[M].1934.
⑦ 明英宗实录:第88卷,正统七年正月癸未条[M].1770.
⑧ 明英宗实录:第133卷,正统十年九月壬辰条[M].2654.
⑨ 明英宗实录:第35卷,正统二年十月癸未条[M].692-693.
⑩ 明英宗实录:第109卷,正统八年十月庚戌条[M].2203.

<<< 第二章 明蒙朝贡贸易的失控及"土木之变"的发生

负担，并且已经发展到严重干扰了明朝社会正常运转的程度。明朝为了显示"天朝威仪"，对于朝贡活动，采取"厚往薄来"之策，朝贡使团进入明朝境内以后，所有的开销均由明朝负责。朝贡使团人员路途之中的所有的吃穿用度由贡道沿线州县卫负责，而进入京城之后，则入住会同馆，由光禄寺负担其吃穿用度。一方面是明廷丰厚的赏赐、巨额的招待费用带来的国库空虚，另一方面则是贡道沿途州县财政吃紧，为了招待朝贡使团，沿途百姓苦不堪言，严重影响了国家社会生活的正常运转。

　　在瓦剌朝贡不断，人数越来越多的情况下，明朝在招待朝贡使团上的花费越来越大。如正统六年（1441）十月，山西大同府知府栾瑄奏："瓦剌使臣朝贡，道经大同，递年宴劳、供馈所需米麦牛羊诸物，俱系山西行都司并本府给官钱市用。自正统四年以后，米麦于大有仓支给，牛羊诸物于山西粮货内折取，分送本府与卫收贮。然牛羊有瘦损者，卫常勒民养肥，然后肯收。今岁使臣至者二千四百人，在府约六十余日，通费羊五千有奇，他勿称是。臣恐折粮储物，远不能至。"① 正统七年（1442），"瓦剌也先遣使脱木思哈等二千二百余人赴京朝贡，经过大同，往来支应，并护送官军，行粮、刍豆共费三十一万有奇。"② 正统十年（1445）十月，山西大同府推官孙睿奏："瓦剌使臣每年经过大同，所费甚多，比奉旨以本处军民税粮备筵宴饮食之费，甚便军民，其进贡马匹所用水嚼、草笼、麻铁，常不下千百余斤，犹出府卫聚敛。缘本地累年霜旱薄收，衣食诚艰，乞敕该部，将该所用麻铁亦如饮食之例折办。"③ 十二月，大同镇抚官员又奏："比年，瓦剌朝贡使臣动二千余，往来接送及延住弥月，供牛羊三千余只，酒三千余坛，米麦一百余石，鸡鹅花果诸物，莫计其数。取给官粮不敷，每卫助银完办。其桌凳釜瓮之类，皆军民应用。毕日，所存无几。宰过牛羊等皮，亦系折粮之物，递年销费无存。"④

　　京城负责接待的光禄寺则更是疲于应付，为弥补供馈牲酒俱不足，明廷只好减免内外官员、国师、禅师、僧官、医士等的酒肉，以供招待瓦剌朝贡

---

① 明英宗实录：第84卷，正统六年十月癸酉条［M］.1670.
② 明英宗实录：第89卷，正统七年二月乙卯条［M］.1799.
③ 明英宗实录：第134卷，正统十年十月庚戌条［M］.2666.
④ 明英宗实录：第136卷，正统十年十二月丙寅条［M］.2711-2712.

83

使臣的需要。①

三、羁縻卫所尽失陷于瓦剌

自明代永乐年间开始，明朝在东北设立兀良哈三卫，在西北设立哈密、赤斤等羁縻卫所，以"永为藩篱"。但是在正统时期，明朝在东北、西北所设立的兀良哈三卫和哈密卫逐渐为瓦剌所控制，不仅失去了藩篱的作用，反而成了瓦剌控制贸易通道、刺探明朝虚实、南下的向导。这一切，都与明朝正统时期，明廷君臣上下仅仅看到经济羁縻之下明蒙关系的暂时和平，而没有采取相关举措对于瓦剌做大进行制约有着重要的关系。最终给明朝带来了深重的灾难。

瓦剌在统一蒙古草原之后，便将势力向东北的兀良哈三卫，西北的哈密、赤斤蒙古等卫延伸。正统八年（1443），也先开展了对哈密的战争，对哈密地区攻城略地，杀人抢物，"取王母及妻北还，胁王往见"②。哈密王屡次遣使明朝求援，但是明朝未给予一兵一卒之援助，仅仅敕谕劝慰也先，哈密"与太师世为亲戚，当以大义正之，见其微弱，当体尔先人之志，厚加存恤"③。在得不到明朝庇护的情况下，正统十三年（1448），哈密最终投靠了瓦剌。与哈密类似，沙州、罕东、赤斤蒙古等羁縻卫也先后投靠瓦剌，明朝在西北经营的羁縻卫全部失陷。自此之后，"肃州遂多事"④，明朝西北边疆地区的防御压力陡然增大，然而，"瓦剌很快把哈密到嘉峪关一带进入中原的要道夺取到手中。瓦剌利用这条西域要道和东边大同一带贡道，分头向中原频繁入贡，并进行市马和其他私市"⑤。

同样的情况也出现在了东北地区。瓦剌在攻打兀良哈三卫之前，顾忌明朝的实力，因此，专门派人向当时镇守大同的太监郭敬索要军粮，以探明朝的态度。明朝明面上指示郭敬"毋见，毋予粮"⑥，随后却指示独石守将杨洪

---

① 明英宗实录：第221卷，废帝郕戾王附录第三十九，景泰三年闰九月丙戌条［M］. 4795-4796.
② （清）张廷玉. 明史：第329卷，西域传·哈密［M］. 北京：中华书局，2011：8514.
③ 明英宗实录：第109卷，正统八年十月条庚子条［M］. 2208-2209.
④ （清）张廷玉. 明史：第330卷，西域传·沙州卫［M］. 北京：中华书局，2011：8562.
⑤ 马曼丽. 明代瓦剌与西域［C］//中国蒙古史学会论文选集（1983），1983：200-207.
⑥ （清）张廷玉. 明史：第328卷，瓦剌传［M］. 北京：中华书局，2011：8499.

"毋严拒，失虏欢"①，听其自便。也先由此判断明朝一心求安，不会轻易动兵，因此，很快便以武力掌控了三卫。②

掌控三卫之后，也先又开始了兼并女真诸部的过程。史载，正统十二年（1447），瓦剌"于夏秋间，谋袭海西野人。野人畏慑，挈家登山"③。这样瓦剌先"攻破哈密……又结婚沙州、赤斤蒙古诸卫，破兀良哈，胁朝鲜"④，又谋取了女真。是时"西北一带戎夷被其驱胁，无不服从……北漠东西万里，无敢与之抗者"⑤。朝鲜国王李裪亦深感瓦剌"其势方张，如此其盛，将来之变，难以尽知"⑥。但是作为明朝最高统治者明英宗，仅仅是敕谕劝慰也先，而无任何具体的行动。史载"上皆不省，但戒敕防御而已"⑦。但是，对于瓦剌而言，实现对兀良哈三卫的控制，则意味着控制了兀良哈三卫的贡道，又为瓦剌开辟了一条通往明朝的贸易通道。

《明史》对此评价道："于是北部皆服属也先，脱脱不花具空名，不复相制。每入贡，主臣并使，朝廷亦两敕答之；赐赉甚厚，并及其妻子、部长。故事，瓦剌使不过五十人。利朝廷爵赏，岁增至二千余人。屡敕，不奉约。使往来多行杀掠，又挟他部与俱，邀索中国贵重难得之物。稍不餍，辄造衅端，所赐财物亦岁增。也先攻破哈密，执王及王母，既而归之。又结婚沙州、赤斤蒙古诸卫，破兀良哈，胁朝鲜。边将知必大为寇，屡疏闻，止敕戒防御而已。"⑧

通过一系列的战争，明朝北部地区的三条主要贡道悉被瓦剌控制，这便意味着明朝失去了对于哈密、兀良哈三卫的贡道的控制权。同时也表明，该时期的明蒙朝贡贸易的主动权已经完全转移到了瓦剌手中。通过这三条贡道，瓦剌不断遣使朝贡，更加加重了明朝的朝贡负担，扰乱了明朝北部边疆地区

---

① （明）叶向高．四夷考：第6卷，北虏考［M］．台北：华文书局，1968：595．

② 吴晗．朝鲜李朝实录中的中国史料（上编）：第6卷，世宗三［M］．北京：中华书局，1980：449．

③ ［日］学习院东洋文化研究所刊．李朝实录·世宗实录：第116卷，世宗二十九年（正统十二年）闰四月戊子条［M］．1957：565．

④ （清）张廷玉．明史：第328卷，瓦剌传［M］．北京：中华书局，2011：8499．

⑤ 明英宗实录：第149卷，正统十二年正月庚辰条［M］．2927．

⑥ 吴晗．朝鲜李朝实录中的中国史料（上编）：第6卷，世宗三［M］．北京：中华书局，1980：449．

⑦ （清）夏燮．明通鉴：第22卷，纪二十二·英宗睿皇帝前纪·正统二年［D］．王日根，李一平、李珽，等，校点．长沙：岳麓书社，1999：654．

⑧ （清）张廷玉．明史：第328卷，瓦剌传［M］．北京：中华书局，2011：8499．

的社会秩序，明朝对北部边疆地区的社会控制也随之减弱。明朝对北部边疆的控制权至此全部丧失，在明蒙关系中，明朝走上了被动的局面。

四、边政败坏，私市泛滥

正统时期，明朝与蒙古各部之间的贸易渠道逐渐打开，但是明朝对此也设有诸多限制，对于蒙古急需的铁器等物品严格管制，不得买卖。诏令不得与瓦剌贡使私语，不得货与兵器，违者谪边或处死。① 而蒙古使臣往往不顾禁令，在民间私相买卖。《明实录》记载，正统七年（1439），"瓦剌贡使至京，官军人等亡赖者，以弓易马，动以千数其贡使得弓，潜内衣箧，踰境始出"，明朝于是"于居庸关诘检"②。正统八年（1443年）十二月己亥，"敕宣府大同独石等处总兵官永宁伯谭广等曰：今岁瓦剌使臣行李内多有盔甲刀箭及诸违禁铁器，皆大同、宣府贪利之徒私与贸易者。尔等号令不严可知。其自今申明禁令，有踵前非一体治罪。"③ 随后，又于当月丙午"民有以铁器卖于瓦剌使臣规厚利者，诏锦衣卫擒获，监禁之"④。正统十年（1445），"瓦剌使臣多带兵甲弓矢铜铳诸物，询其所由，皆大同宣府一路贪利之徒，私与交易者。"⑤ 这反映了瓦剌朝贡使团在贡道贸易中私买兵器的情况。正统十三年，对于民间与蒙古私市兵器的现象，明廷发布了更为严厉的禁令，"禁口北一路，不许将弓箭军器与虏使交易。违者，处死"⑥。

然而，即便禁令如此严厉，私市兵器的现象仍然屡禁不绝，甚至官军及地方将士也参与到与瓦剌之间的军器走私活动中，从中牟利。《明实录》记载，正统十一年（1446），"在京口外官员军民人等，往往通诸匠作，私造军器等物，俟瓦剌使臣回日，于闲僻之地，私相交易，甚至将官给军器，俱卖出境。该管官司纵而不问。又所在头目，有假以送礼为名，将箭头贮于酒坛，弓张裹以他物，送与使臣"⑦。在利益的驱使下，就连明英宗所信任的大太监王振也参与到走私的行列，数次授意镇守大同的太监郭敬大造箭镞，以其名

---

① 明英宗实录：第59卷，正统四年九月乙丑条［M］．1137；明英宗实录：第162卷，正统十三年正月己亥条［M］．3145.
② 明英宗实录：第97卷，正统七年十月乙卯条［M］．1957.
③ 明英宗实录：第111卷，正统八年十二月己亥条［M］．2239-2240.
④ 明英宗实录：第111卷，正统八年十二月丙午条［M］．2243.
⑤ 明英宗实录：第135卷，正统十年十一月庚寅条［M］．2689.
⑥ 明英宗实录：第162卷，正统十三年正月庚子条［M］．3145.
⑦ 明英宗实录：第137卷，正统十一年正月戊子条［M］．2725-2726.

第二章 明蒙朝贡贸易的失控及"土木之变"的发生

义偷运至塞外，送给瓦剌。史载："郭敬镇大同，岁造箭镞数十瓮，以振命遗瓦剌，瓦剌辄报以良马。"①除此之外，瓦剌贡使也沿途私买盔甲、刀、箭、铜铳等大量武器出塞。②

明朝边军长期与瓦剌从事以箭易马的交易，明英宗"不之知，知亦不问也"。③正是明英宗的这种态度，更进一步加剧了"私市"贸易的发展，促使贡道沿线居民也相继加入与蒙古朝贡使团的走私贸易之中。正统十二年（1447）九月，明廷颁布禁令，"禁约两京并陕西、河南、湖广、甘肃、大同、辽东沿途驿递镇店，军民客商人等，不许私将白地青花瓷器皿卖与外夷使臣。"④其中专门提到"甘肃、大同、辽东""军民客商人等"，说明这些地区的走私贸易非常集中，明廷对于军民与蒙古之间的走私贸易是知道的，但是明朝允许了瓦剌朝贡使团的贡道贸易、边市贸易，这种走私行为可能掩饰在上述贸易形式之中。明廷怕启衅端，故一直置之不理。而明廷的这种掩耳盗铃的态度，又进一步催生了走私贸易的发展壮大。弘治年间，"北虏进贡多挟马入边私市，市者得之，皆以归势家，因取厚利"⑤。

在走私贸易中，蒙古人更多是为了获得其生产生活所需的必需品，蒙古使臣经常利用朝贡机会在边地集体走私。如弘治年间，虏使完者以一匹马贿赂大同提督使馆都指挥使李敬，"引边境外虏众入市"，既而"以迎归使为名，驱马入（大同）小边，诱贸铁器"⑥。而汉人在走私贸易中，则获得的经济利益更大，如以价值七八两的估衣一件可换儿马一匹，可卖银十余两。⑦弘治年间，"远近商贾多以铁货与虏人交易，村市居民亦相率犯禁"⑧，因此，明廷虽屡下禁令，也不能阻止私市的发展。⑨这也是私市——走私贸易在明朝屡禁

---

① （清）张廷玉. 明史：第304卷，宦官传 [M]. 北京：中华书局，2011：7773.
② 明英宗实录：第97卷，正统七年十月乙卯条 [M]. 1957；明英宗实录：第111卷，正统八年十二月己亥条 [M]. 2239-2240；明英宗实录：第135卷，正统十年十一月庚寅条 [M]. 2689.
③ （清）夏燮. 明通鉴：第23卷，纪二十三·英宗睿皇帝前纪·正统七年 [D]. 王日根，李一平，李斑，等，校点. 长沙：岳麓书社，1999：670.
④ 明英宗实录：第158卷，正统十二年九月戊戌条 [M]. 3074.
⑤ 明孝宗实录：第139卷，弘治十一年七月己亥条 [M]. 2405.
⑥ 李峰，张悼. 明实录大同史料汇编（上）[M]. 北京：北京燕山出版社，2008：535.
⑦ 邢野，王星明. 内蒙古十通·旅蒙商通览（下册）[M]. 呼和浩特：内蒙古人民出版社，2008：25.
⑧ 李峰，张悼. 明实录大同史料汇编（上）[M]. 北京：北京燕山出版社，2008：535.
⑨ 明英宗实录：第111卷，正统八年十二月己亥、丙午条 [M]. 2240、2243.

不止的重要因素。

走私贸易的发展，为明朝的社会治理带来了巨大的威胁，尤其是由此带来的边政腐败，更是将明初以来历代君王所构建的边防体系瓦解。

小 结

自仁宗、宣宗以来，明朝积极奉行和平边防政策。在此基础上，明朝逐渐形成了一套有效运行的朝贡体系。在朝贡体系中，核心内容是明朝以经济利益换取对周边诸族的政治羁縻。这一政策有两个突出的特点，其一是以朝贡为核心构建的朝贡贸易体系。在正统年间，这种贸易体系得到丰富，不仅包括政治含义浓厚的贡赏，明英宗还将其诸部扩展到"民市"贸易之中。在正统时期，在明朝的准许下，朝贡使团先后可以在会同馆、贡道沿途以及边境互市进行贸易，以换取其紧缺的生产生活物资。在蒙古各阶层的需求不断得到满足的情况下，明蒙之间的关系也出现了和平往来的景象。其二，便是以"不征"为核心的外交模式[①]。仁宗时期，放弃了对蒙古诸部的征伐，而转为积极推动内治，完备边防体系。正统朝可以说，完全继承了"不征"的思想，坐视瓦剌壮大，而不加干预。史载："脱欢内杀其贤义、安乐两王，尽有其众，欲自称可汗，众不可，乃共立脱脱不花，以先所并阿鲁台众归之。自为丞相，居漠北，哈喇慎等部俱属焉。已，袭破朵儿只伯，复胁诱朵颜诸卫窥伺塞下。"[②] 对于蒙古诸部的违制，明廷也多以劝慰为主，并给予丰厚的赏赐，明朝不仅放弃了对蒙古诸部的征讨，甚至，在其羁縻卫所受到瓦剌的攻击的时候，明朝也采取了"不征"的态度，仅仅对其进行劝告。这种无军事力量作为后盾的经济羁縻政策，在能够满足对方需求的情况下，还可以暂时维持和平的局面，一旦出现不能满足对方需求或者对方有意借口出兵的情况下，这种脆弱的和平局面便会很快被打破，进而兵戎相见。

正统朝的治蒙政策，恰恰体现了这一点。通过梳理史料，我们可以看出，明朝自正统年间开始，朝贡贸易已经完全演变成了明廷维持北部边境苟安的羁縻之术，根本缺乏积极性。于墨颖也鲜明地指出了这一点。[③] 薄音湖老师则

[①] 万明. 明代外交模式及其特征考论——兼论外交特征形成与北方游牧民族的关系 [J]. 中国史研究，2010（04）：27-57.

[②] （清）张廷玉. 明史：第328卷，瓦剌传 [M]. 北京：中华书局，2011：8499.

[③] 于墨颖. 明蒙关系研究——以明蒙双边政策及明朝对蒙古的防御为中心 [D]. 呼和浩特：内蒙古大学，2004：28.

说得更加明确，他指出对于明蒙贸易，从蒙古方面讲是积极主动一方，"蒙古封建主对外贸易的积极性，更多的来自生产的衰弱，产品的缺乏"；就明朝来说则是"羁縻之策，不过以财物换取边境的苟安而已"。①

瓦剌与明朝之间关系的建立和发展，始终建立在贸易的基础之上。瓦剌积极发展与明朝的关系，前期主要是借助明朝在政治、经济上的支持，打击阿鲁台为首的鞑靼部，以实现其争霸的目的。在完成草原地区的统一之后，瓦剌与明朝之间的关系，则发生了转化，即以获取明朝的赏赐和与明朝进行贸易为最终目的，而不再与明朝有任何政治上的臣属关系。自然，为了维持与明朝之间的贸易，瓦剌至少在表面上维持了与明朝之间的"臣属关系"。但是归根结底，该时期，瓦剌与明朝关系"主要是围绕控制朝贡通道，争夺畜产品销售市场，农产品、手工业品供应市场展开的，是以贡赐贸易为中心的。虽然北方游牧民族与中原农业民族时战时和、战守不定，政治、军事、经济上关系错综复杂，但这种从贡赐到战争，又从战争到贡赐的相互关系，却被视为我国历史上的一个典型"②。

该时期，明朝的对蒙政策，将贡市和贸易作为治理边疆和控驭蒙古的手段，以维护和蒙古之间的和平，可以说，正统时期，"经济羁縻"的手段几乎是其仅有的外交手段。但是，这种手段，不仅仅没有换来明朝所希冀的和平，反而为明朝带来了巨大的灾难。正统十四年（1449），瓦剌朝贡使团虚报冒领，被明朝查出，明朝依实际人数给予了赏赐，但是这招来了瓦剌的不满，也先以"削我马价，予帛多剪裂，前后使人往多不归，又减岁赐"③为借口，大举进攻中原。"土木之变"发生。乃至在"土木之变"发生后，也先也曾问明朝迎驾使臣鸿胪寺卿杨善"往日拘留使臣，克减马价之故"④。

对于此次事件的发生，明人对此也有分析，"虏酋索中国财物，岁有所增，又索其贵重无有者，朝廷但据有者与之。而我所遣使，阿媚虏酋，索无不许。既而所得仅十之四五，虏酋以是衔恚。"⑤ 由此，我们可以看出，明朝对于瓦剌无休止的索取而尽力满足的行为，是影响"土木之变"发生的重要

---

① 薄音湖. 评十五世纪也先对蒙古的统一及其与明朝的关系 [J]. 内蒙古社会科学，1985（02）：34-39.
② 李静. 瓦剌与明贡赐关系研究 [D]. 兰州：西北民族大学，2013：15.
③ （清）张廷玉. 明史：第171卷，杨善传 [M]. 北京：中华书局，2011：4566.
④ （明）严从简. 殊域周咨录：第18卷，鞑靼 [M]. 余思黎，点校. 北京：中华书局，2000：575.
⑤ 明英宗实录：第180卷，正统十四年七月己卯条 [M]. 3479.

因素。而"土木之变"发生的导火索，也是"减岁赐"的经济因素。由此可见，该时期，明蒙关系的核心内容已经演变为双方贸易的开展。这也是有自然和历史的原因在内的。澳大利亚学者费克光在分析明蒙之间蓬勃开展的朝贡贸易的时候，就指出："明朝的缔造者将蒙古人驱逐出长城，这不能不引起贸易网的破裂和作物耕种的紧缩。随后，蒙古领袖之间的交战又进一步妨碍了农业生产。"① 因此，朝贡贸易这一交易形式使双方互通有无，各取所需。这正揭示了正统年间明蒙之间朝贡贸易繁荣发展的原因。

首先，在朝贡体系之下，由于朝贡使团受到明朝的严格控制，瓦剌获取明朝物资的途径只有朝贡，因此，虽然明朝多次对瓦剌的朝贡活动进行了限制，并敕谕也先、脱脱不花减少朝贡次数和规模，但是瓦剌部根本不予理会，反而受明朝厚赏的刺激，朝贡规模越来越大，朝贡次数越来越频繁。明朝财力逐渐难以支撑，以至于明朝不得不通过其他手段对此进行了限制。然而，以明英宗为首的明朝统治集团，并没有拿出强有力的措施，保证限制条件的实施，明英宗以体恤为由带头破坏限制规定，更增加了瓦剌的有恃无恐，造成瓦剌虽然屡次受到敕谕，但是仍然"不奉约束"②。其次，从贸易的形式来看，正统时期已经由单一的朝贡拓展为边市贸易、会同馆贸易以及贡道贸易。但是，仔细看来，边市贸易、会同馆贸易、贡道贸易是依附于朝贡贸易而存在的，是朝贡贸易的衍生品。只有加入朝贡使团之中，才能获得与明朝贸易的资格，是该时期的主要特征，这也就刺激了瓦剌更多的人加入朝贡使团。开通多种贸易渠道本来是明廷为减轻蒙古朝贡所带来的财政压力的举措，在这个时期，却演变为了瓦剌频繁朝贡、贡使日增、贡物日丰的背后推动力。正是在这种事与愿违的情形之下，正统时期，瓦剌的朝贡进入了无序的状态之中。明朝疲于应付，而无良策以对。也正是从这个时间开始，瓦剌的朝贡愈来愈演变成带有一种近乎强行掠夺性质的交易。朝贡贸易的主动权，在此时发生了转换。

永乐时期一直到宣德年间，在明蒙关系中，明方一直处于主动，此时期的所谓贸易羁縻，其实更多显示出来的是明廷对蒙古诸部的怀柔之策。而随着明朝对蒙政策的调整，蒙古诸部的强盛，这种以贸易示怀柔的举措，反而

---

① 费克光，许敏．论嘉靖时期（1522～1567年）的明蒙关系［J］．民族译丛，1990（06）：38-45．
② （清）夏燮．明通鉴：第23卷，纪二十三·英宗睿皇帝前纪·正统七年［M］．王日根，李一平，李斑，等，校点．长沙：岳麓书社，1999：670．

被蒙古首领和权臣所利用，成为他们获取物资的重要手段，以至于原本由明廷主导的朝贡贸易反而不受其控，反受其累。

虽然说，游牧经济具有单一性和脆弱性，这决定了其对中原经济严重依赖。但是，这种依赖，也容易产生隔阂，尤其是在双方政治上的对立时期。作为依赖的一方，在其政治军事实力强盛的时期，依靠其强大的军事实力，对中原地区实行讹诈。也先治下的蒙古频繁的朝贡行为，即有一种讹诈之嫌。而明朝以此为羁縻之策，多听之任之。但是由于瓦剌胃口越来越大，所派使臣和朝贡物品越来越多，无疑加重了明廷的负担，因此，明廷不得不退而求其次，或设贡期以限，或设人数以限，或设道路以限，在设限不足以阻止瓦剌频繁的朝贡行为之时，只能以核验其真实人数、贡品数目质量等进行限制，甚至，采取以次充好的下下策。这其实也是明朝所采取的不得已的举措，瓦剌不按时朝贡，不按规定人数来朝，甚至虚报贡使、贡物，明廷核查也是必然的举措。同样，既然蒙方违约在先，明廷以次充好，也只是采取的对应措施而已。让瓦剌知道明廷已经知晓其伎俩，让其知难而退，按照规矩进行朝贡。

但是，毕竟双方的需求是不一致的。明朝希望通过贸易，维系双方的和平，瓦剌则希望通过贸易获取巨额的赏赐，以维持其统治。明朝更注重政治利益的实现，而瓦剌则更注重经济利益的实现。这种利益的不对等，必然引发双方的矛盾。在国力强盛时期，明朝能够通过军事手段，以维持朝贡活动的正常进行，这样，丰厚的赏赐必然也能起到羁縻远人的作用。但是，一旦明朝放弃军事手段，想仅仅依靠朝贡的政治经济手段达到羁縻远人的目的，矛盾就会逐渐暴露出来。因为，这种手段的核心是能够源源不断地满足索取方的要求，一旦无法满足或者降低赏赐标准，双方的矛盾就会暴露无遗。正统时期，明朝希冀通过经济手段维持与瓦剌之间的和平关系，反而终酿大祸，正印证了上述的论断。正统时期，瓦剌对明朝贡赏的需求已经超过了明朝所能给予的上限，也先无止境地索求最终导致了明蒙之间贡赐关系失去平衡，双方的冲突也一触即发。因此，"土木之变"发生的直接导火索便是明朝拆穿了瓦剌的谎言，而按照贡使实际人数给予赏赐。归根结底，还是经济利益上的冲突，是明蒙"利益双方的利益矛盾积累到一定程度所产生的一种激烈对抗态势"。① 巴菲尔德也从这个角度对"土木之变"的发生阐述了他的看法。"永乐帝死后以及在也先领导下草原实现统一后，明朝的态度发生了根本性转变。在也先派出越来越多的使臣时，汉人却失去了对这种体系的控制。一旦明朝反对这种体系，也先就发动战争，试图重组这种朝贡体系以增加向草原的货物输送量，从而换取与明朝的和平。"②

虽然，"土木之变"的发生，宣告了明朝以经济手段维持明蒙关系的失败，这是明朝一味强调对蒙经济厚待，坐视瓦剌做大做强而不加以干涉所引发的严重后果。③ 但是，在一些领域之内也取得了一定的成功。例如，明朝利用经济手段，成功离间了也先和脱脱不花君臣之间的关系。正统年间，统一的蒙古政权中，作为臣子的脱欢、也先先后为实际统治者，脱脱不花仅为名义上的蒙古大汗。脱欢父子大权在握，不断剥夺大汗的权力，而脱脱不花则极力捍卫自己应有的权力。为了壮大自己的势力，他们分别遣使明朝，进行朝贡。明朝抓住这个机会，以尊重脱脱不花汗位为由，加大对脱脱不花汗的"赏赐"并优待其来使。史载："脱脱不花岁来朝贡，天子皆厚报之，比诸蕃有加，书称之曰达达可汗，赐赉并及其妃。"④ 这势必引起瓦剌君臣之间的矛盾，对瓦剌形成一定的制约。这一举措，也起到了一定的成效，正统"十四年秋，也先谋大举入寇，脱脱不花侵止之曰：'吾侪服食，多资大明，何忍为此。'也先不听，曰：'可汗不为，吾当自为。'遂分道，俾脱脱不花辽东，而自拥众从大同入。"⑤ 在"土木之变"发生后，明朝关闭了明蒙之间所有的贸易通道，脱脱不花与也先之间的矛盾公开化。"土木之变"前后，脱脱不花的表现，不能不说有明朝经济羁縻的因素在其中。

"土木之变"的发生，明朝损兵折将，"盔甲、器械、金银、锦缎、牛羊骡马"⑥ 等数以万计的军需物资亦尽为瓦剌所获。史载："自古胡人得中国之

---

① 张玉堂.利益论：关于利益冲突与协调问题的研究［M］.武汉：武汉大学出版社，2001：30-31.
② ［美］巴菲尔德.危险的边疆：游牧帝国与中国［M］.袁剑，译.南京：江苏人民出版社，2011：32.
③ 杨艳秋.论明代洪熙宣德时期的蒙古政策［J］.中州学刊，1997（01）：123-127.
④ （清）张廷玉.明史：第327卷，鞑靼传［M］.北京：中华书局，2011：8470.
⑤ （清）张廷玉.明史：第327卷，鞑靼传［M］.北京：中华书局，2011：8470.
⑥ 明英宗实录：第182卷，正统十四年九月壬午条［M］.3544.

利未有盛于此举者。"① 然而，"土木之变"后，明朝关闭了大同马市。对于辽东马市，因朵颜三卫在"土木之变"中，曾为也先向导，所以在事件发生之后，明廷也将"三卫互市"革除。虽然，受瓦剌控制的东北兀良哈三卫贡道、北部瓦剌贡道、西北哈密贡道仍然开放，但是沿边市场全部关闭，代表着明蒙之间除官方贸易渠道之外，所有的贸易渠道的关闭，这给蒙古民众的生产生活带来了巨大的不便。"明朝用优厚的封赏笼络和羁縻那些愿意表示归顺和臣服的瓦剌首领，对反对自己的头目则用不让贡使前来、停止互市贸易的办法进行制裁。"② 这种经济羁縻的措施所带来的效力在此时凸显，关闭明蒙贸易通道对蒙古上下带来的影响可见一斑。

"土木之变"发生后，瓦剌君臣也一直谋求与明朝的和谈。"先是虏酋阿剌知院遣其参政完者脱欢等贡马请和，边将留于怀来以闻，文武大臣议，请往审其情伪。于是，命太常寺少卿许彬、锦衣卫都指挥同知马政往审虏使，言'欲朝廷差大头目去阿剌及也先脱脱不花讲和退军，如欲迎上皇就奉还京，若不讲和，我三家尽起人马来围大都，彼时毋悔。且言此非特阿剌意，凡我下人，皆欲讲和。如朝廷不信，留我一人为质。'奏至，召户部尚书兼翰林院学士陈循等于文华殿，谕之曰：'也先背逆天道，邀留上皇，不共戴天之仇，如何可和？'循等请敕谕阿剌并赏来使，令回以缓其谲诈之情，仍敕在京各营及各边关整搠军马以备。从之。敕阿剌曰：'自我祖宗以来，与尔瓦剌和好，尝加恩意，相待不意。也先违背天理，去年率领军马犯边，朕兄太上皇帝兴师问罪，也先背义，邀留大驾，毒我生灵，残我边境。赖天佑我国家，命朕嗣承大统，宗室臣民咸请兴兵复仇。朕以也先屡奏欲送大驾回京，是以遣人赍书给赏，乃知也先谲诈，终无实情。今阿剌使至，又奏要朝廷遣使讲和，朕欲从之。但闻也先军马尚在边上，似有挟制之意，恐违天道，难以讲和。盖天下者，天所与之天下，朕不敢违天。阿剌若欲讲和，必待瓦剌军马退还原地之后，异日和好如旧，未为晚也。若在边久住，往来寇掠中国人民，朕决不惜战斗！也先后悔，恐无及矣。使回，朕加恩赏赉，并颁赐阿剌礼物以

---

① （明）李贤撰. 天顺目录［M］//（明）邓士龙. 国朝典故. 许大龄，王大有，点校. 北京：北京大学出版社，1993：1146.
② 牛海桢，李晓英. 论明王朝对蒙古族的政策［J］. 甘肃教育学院学报（社会科学版），2002（03）：16-20.

答来意。至可领之'。"①

　　而据前往瓦剌商议英宗还朝的明朝使臣李实的记载来看，蒙古民众更希望明蒙之间保持和平。李实在《北使录》中记载"臣入番境，彼处虏人举皆喜悦，夹道讴歌。沿途乳酪劝臣等饮之，咸愿和好"②。此时，瓦剌君臣与民众"咸愿和好"，应该与明朝关闭明蒙之间贸易通道有着直接原因。牲畜是草原上的主要物产，构成了瓦剌部众的主要财富，史称"问富强者，数牲畜多寡以对"③。除牲畜之外无他产，基本的生产生活资料全部仰仗与中原地区的物资交换。因此，"瓦剌与鞑靼及周围诸族，特别是中原汉族地区的关系往往是以经济问题——控制贸易通道，争夺畜产品销售市场及农产品、手工业品供应市场为转移的"④。贸易通道的关闭，为蒙古上下带来了诸多的不便，对于也先的怨恨在草原上不断增长，这也为也先的败亡埋下了伏笔。

　　与此同时，明英宗在留居瓦剌期间，也得知了瓦剌内部的真实意图。他对前来探视的明朝使臣李实说"也先要者，非要土地，惟要蟒龙织金彩段等物"。⑤ 而非为了"求大元一统天下"⑥。这一认识，对于英宗再次登上帝位之后，所推行的消极应对蒙古朝贡不无关系。

---

① 明英宗实录：第192卷，废帝郕戾王附录第十，景泰元年五月辛未条［M］．4020-4022．
② （明）李实．北使录［M］//薄音湖，王雄．明代蒙古汉籍史料汇编（第一辑）．呼和浩特：内蒙古大学出版社，2006：82．
③ 钟兴麟，王豪，韩慧．西域图志校注：第39卷，风俗［M］．乌鲁木齐：新疆人民出版社，2002：512
④ 杜荣坤，白翠琴．西蒙古史研究［M］．桂林：广西师范大学出版社，2008：82．
⑤ （明）李实．北使录［M］//薄音湖，王雄．明代蒙古汉籍史料汇编（第一辑）．呼和浩特：内蒙古大学出版社，2006：81．
⑥ （明）佚名．正统北狩事迹［M］//薄音湖，王雄．明代蒙古汉籍史料汇编（第一辑）．呼和浩特：内蒙古大学出版社，2006：110．

第三章

明代中期明蒙朝贡关系的逆转及明朝北疆社会治理的完全失控

正统十四年（1449）发生的"土木之变"，对于明蒙之间的关系产生了深远的影响。"土木之变"不仅是明王朝由盛而衰的转折点，也是明朝与蒙古（瓦剌）关系的转折点。"土木之变"发生在明朝与瓦剌之间朝贡关系发展的顶峰期，瓦剌通过不断的对外战争，相继控制了东北、北部、西北三条朝贡贸易通道，通过频繁的朝贡，明朝的物资源源不断地被运入草原地区，加之大同马市的开辟和对东北、西北边市的控制，瓦剌从明朝所获得的物质财富也达到了历史的高峰。该时期的瓦剌，势力强盛，相比之下，明王朝在处理对蒙关系方面却缺乏战略眼光，对于瓦剌一味地进行劝谕并给予丰厚的赏赐，意图通过经济羁縻的手段，实现对瓦剌的控制，而没有切实可行的治驭措施。在瓦剌吞并了兀良哈三卫、哈密等羁縻卫所的时候，明廷也仅仅进行了口头劝谕，而没有任何其他举措。明朝的这些行为表现，无疑给瓦剌一个明确的信号，即明朝有丰厚的物资，只要瓦剌等部进行朝贡，明廷则对其所作所为不予干涉。这更加刺激了瓦剌的贪欲。也先统治瓦剌之后，瓦剌的朝贡已经演变成近乎强迫性的索取。这种索取一旦不能满足，那么，双方便会兵戎相见。"土木之变"的发生便是在这种经济利益未得到满足的情况下发生的。

"土木之变"发生后，英宗北狩，明朝另立新君，在于谦等大臣的强力支撑下，明朝度过了这次建国以来最大的危机。不过，明朝的对蒙政策也进行了重大调整，明蒙关系进入了一个新的时期。明朝由前期的主动转为被动，在处理与蒙古的关系上逐渐陷入了政策的失控期。"土木之变"的发生标志着力图依靠丰厚的物质赏赐羁縻瓦剌的政策的失败。明廷上下也没有形成对蒙切实可行的任何政策，明朝对蒙关系逐渐陷入消极，政策日趋保守，随之明朝则完全失去了对于北疆的控制权，北疆治理陷入了困境。

第一节　景泰至正德年间明蒙贸易的发展与明朝的边疆控制

景泰至正德年间，明朝国力逐渐下降，政治腐败、边防散漫。相比之下，蒙古诸部在也先被杀之后，散而无统，各自为雄。之后，经历了"中兴之主"达延汗的短暂统一，又重归了各自为战的局面。但是无论哪一个部落强大，都争取与明朝保持朝贡关系，以期通过此种方式获得明朝的生产生活物资。该时期也是明朝对蒙政策的调整期，一方面延续前朝的政策，另一方面也开始对其中的一些政策进行调整，乃至取消。

一、明蒙间朝贡活动的继续开展及中断

"土木之变"发生后，明朝关闭了除朝贡之外的贸易通道。在英宗北狩期间，瓦剌与明朝的朝贡往来也不曾中断。"土木之变"发生后不久，瓦剌便"遣使讲和，朝贡如旧"①。景泰元年（1450），阿剌知院又遣参政完者脱欢等贡马请和，且言："欲朝廷差大头目去阿剌及也先、脱脱不花讲和退军。如欲迎上皇，就奉还京。若不讲和，我三家尽起人马来围大都。彼时毋悔。""此非特阿剌意，凡我下人，皆欲讲和。如朝廷不信，留我一人为质。"② 完者脱欢的这一番话，在有威胁之意的同时，也表现出十足的讲和诚意。但明朝君臣认为蒙古"谲诈"，提出"若遇讲和，必待瓦剌军马退还原地之后，异日和好如旧，未为晚也"③。最终仅仅给予使臣及阿剌知院严厉的敕谕训诫和赏赐，以答来意。④

从史料记载来看，该时期，明蒙之间虽未有正式的官方讲和，但是蒙古诸部前来明朝进行朝贡的活动一直都未停止。在景泰元年，瓦剌送回英宗之后，瓦剌的朝贡活动依旧进行，而且在朝贡次数、贡使人数及所贡物品上，大有超越正统朝的趋势。该时期，瓦剌每次所派使臣都在两三千人以上，贡马驼达万匹。但是，自也先被杀，瓦剌势衰，鞑靼崛起之后，明蒙之间的朝

---

① 明英宗实录：第198卷，废帝郕戾王附录第十六，景泰元年十一月己巳条 [M] .4217.
② 明英宗实录：第192卷，废帝郕戾王附录第十，景泰元年五月辛未条 [M] .4020.
③ 明英宗实录：第192卷，废帝郕戾王附录第十，景泰元年五月辛未条 [M] .4021.
④ 明英宗实录：第192卷，废帝郕戾王附录第十，景泰元年五月辛未条 [M] .4022.

贡逐渐平静下来，朝贡次数、朝贡规模也逐渐降低。尤其在天顺年间，复位后的英宗对于蒙古的朝贡持消极态度，方式一如正统朝，明朝对于蒙古诸部的朝贡兴趣不大，态度不温不火。在达延汗再次统一蒙古之后，明蒙间的朝贡活动便彻底终止了。现将景泰至正德年间各时期明蒙之间的朝贡情况列举如下。

（一）景泰年间蒙古朝贡情况

景泰元年（1450）五月"虏酋阿剌知院遣其参政完者脱欢等贡马请和"①，明朝"颁赐阿剌礼物以答来意"②。九月，瓦剌脱脱不花遣使皮儿马黑麻"以马三匹贡，太上皇礼部官乞送御马监交收，命给价如例，仍加赏彩币六表里"③；十月，也先太师遣使"来朝贡马驼四千四百，貂银鼠皮五百"④；十一月，瓦剌脱脱不花王遣使臣苦秃不花等来朝"贡马，赐宴并彩段、织金袭衣、靴袜、毡帽等物有差"⑤。

景泰二年（1451）五月壬子，礼部尚书杨宁奏："脱脱不花王遣使入贡。近访知，也先亦有人在内，切惟丑虏猜忌最重，彼也先未必不致疑于脱脱不花王，乞将脱脱不花王使迟留数日，宴劳赐与比也先使加厚。若此，则脱脱不花王与也先互生猜忌，而扰边之患，缓矣。帝曰：'柔远之道，宜待以诚。况脱脱不花王奏来，欲令使臣速回，不可羁留，致彼有疑。'"⑥

景泰二年（1451），也先为了加强与明朝之间的贸易关系，在黑松林一带制造牛车三千余辆。"与脱脱不花王议令，秋，差使臣三千人来京贡马。"⑦十月，瓦剌使臣皮儿马黑麻等一千六百五十二人来朝"贡马三千三百六十三匹"⑧。

景泰三年（1452）闰九月甲申，"迤北差来使臣纳哈赤等三千余名，所带马驼等畜四万余匹"⑨，自宣府入贡。明廷择其良者进贡，"其次堪骑操者，

---

① 明英宗实录：第192卷，废帝郕戾王附录第十，景泰元年五月辛未条［M］．4020．
② 明英宗实录：第192卷，废帝郕戾王附录第十，景泰元年五月辛未条［M］．4022．
③ 明英宗实录：第196卷，废帝郕戾王附录第十四，景泰元年九月甲子条［M］．4165．
④ 明英宗实录：第197卷，废帝郕戾王附录第十五，景泰元年十月甲午条［M］．4192．
⑤ 明英宗实录：第198卷，废帝郕戾王附录第十六，景泰元年十一月庚午条［M］．4218．
⑥ 明英宗实录：第204卷，废帝郕戾王附录第二十二，景泰二年五月壬子条［M］．4368．
⑦ 明英宗实录：第207卷，废帝郕戾王附录第二十五，景泰二年八月己卯条［M］．4451．
⑧ 明英宗实录：第209卷，废帝郕戾王附录第二十七，景泰二年十月丙戌条［M］．4501．
⑨ 明英宗实录：第221卷，废帝郕戾王附录第三十九，景泰三年闰九月甲申条［M］．4792．

就给各卫缺马官军；又其次损瘦者，散与军卫有司牧养，以备供亿使臣之费"①。一个月后，也先派使臣察占等二千九百四十五人②"来朝贡马，且奏求中国使臣往来和好"③。十一月，"瓦剌也先使臣察占等续进马匹、貂鼠皮、玉石等物"④。

以上两次遣使进贡，明廷均给予了丰厚的赏赐。史载，景泰四年（1453）正月丙戌日，景泰帝"敕瓦剌太师淮王也先曰：'近得太师两遣使臣察占等远来朝贡正旦，足见太师忠勤之心，已命厚加宴赏使臣，赐太师诸人物并所贡马匹、貂鼠皮价及所求物，一一付使臣领回。其使臣买卖，悉听两平交易，与车辆送出境外。太师所言求差使臣，朕以为，遣使臣去，则恐交构是非，致令彼此怀疑，是以不遣，实欲保全和好，故也。今者，太师遣人来多，两次共三千余人，边关守将不肯放入。朕念太师忠诚，姑令俱放。今后太师只可少着人来，且与总数文书为凭，庶免边关阻当，如此虽千万年和好，可不坏也。太师并各人共差正副使臣二十二人已升都督都指挥、指挥、千户等官，各照品级赏金厢犀带九条、钑花金带九条、素金带三条、花银带一条，其三千余人所贡马及貂鼠皮通赏各色织金彩素纻丝二万六千四百三十二疋，本色并各色阔绢九万一百二十七疋，衣服三千八十八袭，靴袜毡帽等件全。并谕太师知之'"⑤。《罪惟录》的记载显示此次赏赐衣靴帽达一万份，⑥赏赐不可谓不厚！

景泰四年（1453），也先战败脱脱不花之后，自称"大元田盛大可汗"，建号"添元"⑦，同时"遣使臣哈只等赍书来朝贡马及貂鼠银鼠皮"。并于书中言"宜顺天道，遣使臣和好。庶两家共享太平且致殷勤意于太上皇帝"⑧。

---

① 明英宗实录：第221卷，废帝郕戾王附录第三十九，景泰三年闰九月甲申条［M］. 4793.
② 明英宗实录：第223卷，废帝郕戾王附录第四十一，景泰三年十一月甲子条［M］. 4820.
③ 明英宗实录：第222卷，废帝郕戾王附录第四十，景泰三年十月甲寅条［M］.4812.
④ 明英宗实录：第223卷，废帝郕戾王附录第四十一，景泰三年十一月己巳条［M］. 4826.
⑤ 明英宗实录：第225卷，废帝郕戾王第四十三，景泰四年正月丙戌条［M］.4918-4919.
⑥ （清）查继佐.罪惟录：第35卷，瓦剌也先列传［M］.杭州：浙江古籍出版社，1986：2829.
⑦ （清）张廷玉.明史：第328卷，瓦剌传［M］.北京：中华书局，2011：8502.
⑧ 明英宗实录：第234卷，废帝郕戾王第五十二，景泰四年戊戌条［M］.5110.

但是，也先自称可汗一事，引发了包括瓦剌部在内的蒙古各部的强烈不满。景泰六年（1455），阿剌知院杀死也先。之后，鞑靼部的孛来又杀死阿剌知院。瓦剌自此衰落，鞑靼从此崛起。因此，明蒙之间的关系由明朝与瓦剌演变成了明朝与鞑靼。鞑靼崛起后，延续了蒙古草原政权的惯例，继续遣使明朝进行朝贡。因此，在景泰六年（1455）四月，由孛来、毛里孩把持政事的马可古儿吉思汗廷向明朝派出第一个使团："迤北王子麻儿可儿遣正副使皮儿马黑麻、锁鲁檀，平章昂克、卯那孩、孛罗遣使臣可可宛者赤、板达阿里等进贡马驼至京，言孛罗以阿剌知院杀死也先，率兵攻之，杀败阿剌，夺得玉宝并也先母妻。"① 这里的"麻儿可儿"即马儿古儿吉思，而"卯那孩"可能是毛里孩。

由此可见，景泰年间，明朝对蒙继续执行"厚往薄来"的朝贡政策，对于瓦剌的朝贡给予更加丰厚的赏赐。对于贡使，明廷照例盛宴招待，厚礼相赠，授予官职，并派医生至瓦剌进行治疗，等等②。

（二）天顺年间蒙古朝贡情况

景泰八年（1457），明英宗复位，改元天顺，是为天顺元年。鞑靼继续遣使朝贡。经历了"土木之变"的明英宗此时已经了解蒙古诸部朝贡的根本目的是获得明朝的赏赐，而非有图中土之意，因此继续推行以厚赏羁縻蒙古诸部的政策。英宗复位之初，孛来并阿哈喇忽知院便向明廷派来使臣，欲将宝玺献于明朝。但鉴于之前孛来扣留明使，劫杀明朝官军之事，英宗未允。③ 天顺五年（1461）七月，孛来以"太师淮王"衔三次通过凉州总兵致书明廷，表示要"爱惜多人性命，要相和好"之后，明英宗敕谕孛来说："我朝廷与尔北边国土，遣使往来，和好最久。其后，背约构怨，常在北边。其中是非得失，朕与太师各自知之。上天神明所共鉴也。事在已往，彼此不必深究。……今太师文书中累累以爱惜多人性命，要相和好为言，似此言语方能上顺天道下合人心，虽古之大丈夫不过如此。朕一览之，再三嘉悦，特遣正使都指挥詹昇、副使都指挥同知窦显赍敕前来谕以朕意。若太师果有和好诚心，宜即晓谕部下人马散归北边，差遣使臣照旧往来。朕厚以礼物赏赐，决不追咎前失。且世间道理，莫大于顺天恤民，自古以来，奉顺天道，爱惜民命者，

---

① 明英宗实录：第252卷，废帝郕戾王第七十，景泰六年四月戊戌条［M］.5453.
② 明英宗实录：第199卷，废帝郕戾王附录第十七，景泰元年十二月丙子条［M］.4222.
③ 明英宗实录：第278卷，天顺元年五月丙寅条［M］.5938-5940.

无不久远享福；背逆天道，伤害民命者，无不立见灾祸。太师宜深体此意弃细，故行大道，永远和好，使南北人民各安享太平之福。使臣行间，念太师在外劳苦，特赐织金彩段表里，用表朕怀。是日，又赐孛来下大头目阿罗出等十余人织金彩段五十表里。皆命遣去使臣赍与之"①。

天顺六年（1462）五月壬戌，孛来遣察占等三百余人来朝。明英宗敕令，"将紧要使臣带领来京，其余从人俱留大同安歇，给予口粮。下程有货物交易者，听其就彼交易"②。一个月后的六月癸未，孛来又遣使臣察占等"四百五名口来朝，贡马一百二十九匹，赐宴于礼部，并赐衣帽彩币等物"③。并升"右都督察占为左都督，都督同知兀马儿，指挥同知把速剌母鲁土罕，指挥佥事克马力丁等俱升一级，其余未有官职者，授官有差"④。但是，这次并未允许全部人员来京，只是"依正统年间例，止将紧要使臣五十余人接取来京，其余俱留大同馆待，衣服表里与来京者一例赏赐"⑤。

针对以上两次遣使，孛来认为赏赐太少，故于当年十二月，又遣使来奏，说"己乃鞑靼国之为首者，而朝廷赐物与众略同，心实不甘"。⑥ 礼部答说："旧年赏赐，孛来已尝额外加厚，唯其王子与之同。"⑦ 并认为孛来"丑虏贪求无厌，不复存君臣之迹"，最后，"加织金彩币一表里以塞其怏怏。"⑧

天顺七年（1463）五月癸丑，"迤北马可古儿吉思王子遣头目阿哈剌忽平章伯忽等来朝贡马"，明朝赐"彩币表里金织纻丝袭衣等物"⑨。

天顺七年（1463）六月，"迤北马可古儿吉思王、满剌楚王、孛罗乃西王、右都督兀研帖木儿等头目，哈答不花等各遣头目阿老出等二百人来朝贡马。赐宴并彩币表里纻丝袭衣有差。仍命阿老出等赍敕并彩币表里各归赐马可古儿吉思王等"⑩。

天顺七年（1463）十二月，"迤北使臣平章朵罗秃等来朝贡马三千有奇。

---

① 明英宗实录：第331卷，天顺五年八月己巳条［M］.6801-6802.
② 明英宗实录：第340卷，天顺六年五月壬戌条［M］.6915.
③ 明英宗实录：第341卷，天顺六年六月癸未条［M］.6924.
④ 明英宗实录：第342卷，天顺六年七月甲辰条［M］.6937.
⑤ 明英宗实录：第342卷，天顺六年七月壬子条［M］.6940.
⑥ 明英宗实录：第347卷，天顺六年十二月癸酉条［M］.6996.
⑦ 明英宗实录：第347卷，天顺六年十二月癸酉条［M］.6996.
⑧ 明英宗实录：第347卷，天顺六年十二月癸酉条［M］.6996.
⑨ 明英宗实录：第352卷，天顺七年五月癸丑条［M］.7062.
⑩ 明英宗实录：第353卷，天顺七年六月丁亥条［M］.7076.

其使臣留大同者，八百有余；馆于乌蛮驿者，凡千人。"① 但是，此次朝贡使团中有"朵颜三卫使臣四十人"，明廷随后将其安置于会同馆。②

（三）成化年间蒙古朝贡情况

天顺八年（1464）正月丁丑"迤北马可古儿吉思王子及其太师孛来，遣知院满都、平章朵罗秃等来朝，凡千人，贡马三千有奇。满都等七十九人乞授官职。兵部言，使臣名称有三等。其称知院者，如朝廷指挥使；右丞，如指挥佥事；余悉具名，议拟以闻。上（明宪宗——笔者注）命一等未授职者，正使授指挥使，副使授指挥同知；已授职者，升一级，余各量其等，升授有差"③。

成化元年（1465）正月，马可古儿吉思王子及其太师孛来等差使臣"平章孛罗赤等二千一百九十四名来朝贡马，至大同境"④。明廷敕太监叶达等到大同迎接，"辨验入境"⑤ 并"存留十之七，给与口粮，下程在边牧放，仍命守臣严防护之"。⑥ 五天之后，验放入关的使臣孛罗赤等六百六十余人到达京师，进行朝贡。⑦

成化二年（1466）十二月丁未，"迤北瓦剌太师阿失帖木儿遣使臣平章哈三帖木儿等来朝贡马及银鼠皮等物，赐宴并赐衣服彩段等物有差"⑧。只是此次"迤北使臣既混同三卫来"，明朝"只以三卫尝礼待之"。哈三帖木儿等人"见待之薄，意不平，形于言。通事谕之故，始大悟。自上番书服罪"⑨。明宪宗认为"虏使既服罪，仍以本等礼待之。求讨官职者，并给以冠带。惟过分求讨如蟒龙等物，不与"⑩。

成化三年（1467），毛里孩开始遣使明朝入贡。史载："虏酋毛里孩遣使求入贡，且言孛来太师近杀死马儿苦儿吉思可汗，毛里孩又杀死孛来，后又新立一可汗。有斡罗出少师者与毛里孩相仇杀，毛里孩又杀死新立可汗，逐

---

① 明英宗实录：第360卷，天顺七年十二月戊申条［M］.7161.
② 明英宗实录：第360卷，天顺七年十二月戊申条［M］.7161-7162.
③ 明宪宗实录：第1卷，天顺八年正月丁丑条［M］.23-24.
④ 明宪宗实录：第13卷，成化元年正月庚申条［M］.278.
⑤ 明宪宗实录：第13卷，成化元年正月庚申条［M］.278.
⑥ 明宪宗实录：第13卷，成化元年正月庚申条［M］.278.
⑦ 明宪宗实录：第13卷，成化元年正月乙丑条［M］.282.
⑧ 明宪宗实录：第37卷，成化二年十二月丁未条［M］.726.
⑨ 明宪宗实录：第37卷，成化二年十二月丁未条［M］.726.
⑩ 明宪宗实录：第37卷，成化二年十二月丁未条［M］.726.

斡罗出。今国中无事，欲求通好。"① 明宪宗认为"夷情险谲，未可轻信。恐彼假辞以缓我边备"，因此"来朝则纳之，入寇则御之"②。二月，"毛里孩三上书求入贡"③。宪宗皇帝因其多次扰边，遣使敕谕，要求其"率领部落退处边外，戒令守法安静住牧"④。并答应了其遣使朝贡的请求，但要求"所遣朝贡使臣无得过三百人"，且"须戒令遵依我边将约束，毋得在途恣肆"⑤。三月，"迤北齐王孛鲁乃黄岑、王毛里孩遣使臣哔勒平章等二百八十一人来朝。……例赐衣帽。"⑥ 四月，毛里孩等又"遣使臣哔勒平章等来朝贡马。赐宴并衣服彩段等物有差。其回赐，加赐毛里孩等金织衣彩段等件，并敕付哔勒等领回。仍以彩段表里酬其自贡马价。其存留大同使臣，人等赏赐。令伴送指挥景春等赍付，镇守总兵等官给与之"⑦。并给赐来使官职。⑧ 十余天之后，孛鲁乃、毛里孩等"因遣使朝贡，奏欲遣报使"，要求明朝遣使偕行，明宪宗直接给予拒绝。⑨

成化四年（1468），毛里孩等"等久不朝贡"，虽有"窥伺边境往来宣府大同"之举，但"自前岁朝贡后不复犯边"⑩。

成化五年（1469）十月己卯，"哈密王母并吐鲁番速檀阿力王及瓦剌拜亦撒哈遣使二百余人入贡。……礼部覆奏请，每物入十之一，以安远人之心"⑪。

成化六年（1470）二月壬戌，"虏酋脱脱罕、阿剌忽知院遣使打兰帖木儿等二百五十人贡马骡七百余匹。谕令，止许二十余人来朝，余留彼处，只待上等马选进，次等给军骑操，余听军民互市"⑫。十一月己卯，"哈密忠顺王母弩温答失力等遣使来朝贡，而瓦剌平章拜亦撒哈亦遣使与之偕来。缘迤北

---

① 明宪宗实录：第38卷，成化三年正月丙子条 [M] .754-755.
② 明宪宗实录：第38卷，成化三年正月丙子条 [M] .755.
③ 明宪宗实录：第39卷，成化三年二月丁酉条 [M] .772.
④ 明宪宗实录：第39卷，成化三年二月丁酉条 [M] .773.
⑤ 明宪宗实录：第39卷，成化三年二月丁酉条 [M] .773.
⑥ 明宪宗实录：第40卷，成化三年三月己丑条 [M] .822-823.
⑦ 明宪宗实录：第41卷，成化三年四月丙午条 [M] .838.
⑧ 明宪宗实录：第41卷，成化三年四月庚申条 [M] .848-849.
⑨ 明宪宗实录：第41卷，成化三年四月戊午条 [M] .844.
⑩ 明宪宗实录：第58卷，成化四年九月甲戌条 [M] .1190.
⑪ 明宪宗实录：第72卷，成化五年十月己卯条 [M] .1406-1407.
⑫ 明宪宗实录：第76卷，成化六年二月壬戌条 [M] .1461.

地面常年进贡,当从大同路入。今却与迤西哈密之使同来,宜从哈密例赏。诏可"①。

成化七年(1471)五月甲午,"迤北乩加思兰同字罗太子共遣使臣兀马儿平章等三十人,备马四百三十匹入贡到边。兵部覆奏。上曰:'头目内令三十人来京,余皆留款大同;马验堪中者,进;不堪者,就彼给军骑操。仍遣通事指挥杨铭往大同审录馆伴赴京。'"②

成化九年(1473),"北虏入贡。虏酋脱脱遣使打兰帖木儿等四十余人贡马,许之"③。

成化十三年(1477)二月丁丑,"迤北虏酋满都鲁、乩加思兰各遣使入贡"④。《三云筹俎考》详细记载了此次入贡的情况。"北虏入贡。虏酋满都鲁、乩加思兰遣使桶哈剌河忽平章等三千余人贡马驼,诏许一千七百人,余省,谕令还巢。虏告饥,镇抚官廪之而去。"⑤

上述材料显示,成化年间,蒙古鞑靼、瓦剌等部的朝贡次数逐渐减少,频率逐渐降低,出现了多年不入贡的情况。与此同时,史料中关于蒙古诸部犯边抢掠明境的记载开始逐渐增多,并多次出现蒙古诸部"欲大举"的记载。

(四)弘治年间蒙古朝贡情况

在这个时期,鞑靼部每次入贡多达数千人。弘治元年(1488)达延汗遣使至明通好,此后"三年三贡,每贡多至三千人,少不下二千"⑥。

史载,弘治元年(1488)五月,达延汗首次遣使明朝:"先是北虏小王子率部落潜住大同近边,营亘三十余里,势将入寇。至是奉书求贡,书辞悖慢,自称大元可汗。……兵部覆奏,谓北虏虽有入贡之意,然以敌国自居,欲与敕书,称呼之间似难为言,一言之间,彼之臣否,顺逆遂见。"⑦ 在得到明朝的允许后,六月癸卯,达延汗派遣的庞大使团到达明朝边境。史载:"来贡夷

---

① 明宪宗实录:第85卷,成化六年十一月己卯条[M].1646.
② 明宪宗实录:第91卷,成化七年五月甲午条[M].1770.
③ (明)王士琦.三云筹俎考:第1卷,安攘考[M]//薄音湖,王雄.明代蒙古汉籍史料汇编(第二辑).呼和浩特:内蒙古大学出版社,2006:387.
④ 明宪宗实录:第162卷,成化十三年二月丁丑条[M].2957.
⑤ (明)王士琦.三云筹俎考:第1卷,安攘考[M]//薄音湖,王雄.明代蒙古汉籍史料汇编(第二辑).呼和浩特:内蒙古大学出版社,2006:387.
⑥ (明)严从简.殊域周咨录:第18卷,鞑靼[M].余思黎,点校.北京:中华书局,2000:611.
⑦ 明孝宗实录:第14卷,弘治元年五月乙酉条[M].349.

人一千五百三十九，马骡四千九百三十。"明廷令"大监金辅、大通事杨铭往彼议审正使副使头目从人若干及分为等第赴京，其余俱留大同，以礼馆待，候给赏赐，仍令户礼工三部各差官沿途馆伴，上是之使臣令五百人来京"。① 通观达延汗与明朝之间的通贡，规模庞大，贡使人数均达到甚至超过了英宗时期。《明会典》详细记载了弘治年间达延汗派遣的朝贡使臣人数。弘治"元年，贡使六千余人，准放一千五百余人；三年，三千五百人，准放一千五百人；四年，五千人，准放一千七百人；九年，三千人，准放一千人；十年，六千人，准放二千人"，然"至京者，以五百人为率"②，余均留大同。

弘治十一年（1498）二月，达延汗再次"遣使臣人等六千人至边求入贡"。明廷许"入关者二千。入京者五百人。敕太监邓容、大通事王英往视之"。③

弘治十七年（1504）三月，达延汗遣使求贡。④"先是大同守臣奏，迤北小王子遣使臣阿黑麻等六千人赍书求贡，而番文年月称号不类。会官议，下大同守臣勘报，因遣通事往谕，令归语房主易书以来，阿黑麻不可具言，往年谋入贡书已成，以事不果，番地纸难得，故仍旧书，无他意。守臣以闻且言和好之利用兵之害。命复会官议处，佥谓虏拥众在边，且已有先入境者，势不可已。请准（弘治）十一年例，令二千人入贡。上从之，命大同、延绥、偏头关三镇移兵严备。"⑤

弘治年间，达延汗与明朝之间的通贡往来，也展现出了与以往不同的特点。首先，达延汗强势要求平等往来。这一点从弘治元年（1488）达延汗首次奉书求贡所刊之词即可见一斑。其次，从通贡的频次上来看，基本维持了一年一次或者两年一次，但是通贡规模史无前例的庞大，贡使人数少则三千，多则六千。针对此种现象，明朝对蒙古朝贡人数进行了极大的限制，除了恩准正副使等一部分人入京外，其余贡使俱留大同馆待交易，等候赏赐。这引起了达延汗的严重不满。《治世余闻》记载："（弘治三年，1490）庚戌，（达延汗）又欲一年两次入贡……番文自称'大元可汗，及称去年差了三千余人

---

① 明孝宗实录：第15卷，弘治元年六月癸卯条 [M] . 369.
② （明）申时行. 明会典：第107卷，礼部·朝贡三·北狄 [M] // 《续修四库全书》编委会. 续修四库全书（791）. 上海：上海古籍出版社，2002：90.
③ 明孝宗实录：第134卷，弘治十一年二月己巳条 [M] . 2353.
④ （明）王士琦. 三云筹俎考：第1卷，安攘考 [M] // 薄音湖，王雄. 明代蒙古汉籍史料汇编（第二辑），呼和浩特：内蒙古大学出版社，2006：387.
⑤ 明孝宗实录：第209卷，弘治十七年三月壬午条 [M] . 3893.

<<< 第三章 明代中期明蒙朝贡关系的逆转及明朝北疆社会治理的完全失控

进贡，止准一半，阻回一半，都生歹心有。小王子死生定了。今再差四千人进贡，若都准了便罢，若只准一二千呵，也不进贡，都生起歹心了。王子那时也主张不得。你也难怪我们'等语。"① 对此，时任兵部尚书的马文升查议："宜以容彼进贡为权，以饰我战守为正。且近年例，止许一千五百人进贡，虽成化年间，亦不过一千七百人。于是止许照成化年间例，仍行大同镇巡官，差人伴送一千五百名进京。其余存留大同，听候给赏。"② 但是，在朝贡之后，达延汗多次表示明朝"宴赏薄恶"③，不愿来朝。弘治之后，完全中断了与明朝之间的朝贡往来。史载："虏自弘治后，不入贡且四十年。"④ 尚书马文升曾说"今迤北大虏，亦不遣使通好"⑤，当指此事。自此之后，达延汗治下的蒙古诸部彻底放弃了朝贡换取明朝物资的渠道，全面转入了依靠抢掠获取物资的方式，明朝的北疆治理彻底失控。

二、明蒙之间多种渠道贸易的恢复

天顺六年（1463），明朝恢复大同马市，允许蒙古封建主在大同市易。史载，天顺六年（1463）五月壬戌，孛来遣使来贡，明廷下令"将紧要使臣带领来京，其余从人俱留大同安歇，给予口粮，下程有货物交易者，听其就彼交易"⑥。这可以看作大同马市恢复的标志。自此之后，面对蒙古人数众多的朝贡使团，明朝往往只允许"五百人"或者"一千人"等前往京师进行朝贡，"余俱留大同"，"听其就彼交易"。自此之后，这一安排基本成为定制。例如，在成化六年（1470）二月"壬戌，大同总兵官彰武伯杨信奏：虏酋脱脱罕阿剌忽知院遣使打兰帖木儿等二百五十人贡马骡七百余匹。谕令止许二十余人来朝，余留彼处，只待上等马选进，次等给军骑操，余听军民互市"⑦。此次"军民互市"之处应该就是在大同边外设置的马市。

大同马市的这次开设，时间较长，直到弘治十一年（1498），达延汗因"入贡时，宴赏薄恶"⑧ 中断了与明朝之间的朝贡，之后，南下劫掠愈演愈

---

① （明）陈洪谟. 治世余闻（上篇）：第1卷［M］. 北京：中华书局，1985：6.
② （明）陈洪谟. 治世余闻（上篇）：第1卷［M］. 北京：中华书局，1985：6-7.
③ 明孝宗实录：第179卷，弘治十四年九月甲申条［M］. 3298.
④ 明世宗实录：第251卷，嘉靖二十年七月丁酉条［M］. 5030.
⑤ （明）陈洪谟. 治世余闻（上篇）：第1卷［M］. 北京：中华书局，1985：4.
⑥ 明英宗实录：第340卷，天顺六年五月壬戌条［M］. 6915.
⑦ 明宪宗实录：第76卷，成化六年二月壬戌条［M］. 1461.
⑧ 明孝宗实录：第179卷，弘治十四年九月甲申条［M］. 3298.

烈，加之蒙古诸部与大同等边军大量市易违禁物品——铁器、兵器等，明朝于次年便关闭了大同马市①。

而辽东马市，在正统十四年（1449），随着"土木之变"的发生，明朝关闭大同马市的同时，也将辽东"朵颜三卫互市"革除②。之后，三卫多次请求复开马市，都未得到明朝的批准。史载，天顺三年（1459），"泰宁等三卫达子奏乞复开广宁城交易，下辽东镇守总兵等官议，以为不便，诏勿许"③。成化十一年（1475），三卫再次请求恢复辽东马市的开设，明朝以"马市久罢"为由直接拒绝。④ 直到成化十四年（1478），明朝才允许重开辽东马市。⑤ 时年，明宪宗诏令辽东马市，"许令海西并朵颜等三卫夷人买卖。开原，每月初一日至初五日间一次；广宁，每月初一日至初五日、十六日至二十日开二次。"⑥ 并初步制定了马市的基本规则："各夷止将马匹并土产物货赴彼处，委官验放入市，许赍有物货之人入市，与彼两平交易。不许通事、交易人等将各夷欺侮愚弄，亏少马价及偷盗货物，亦不许拨置夷人，指以失物为由，扶同诈骗财物分用。敢有擅放夷人入城及纵容官军人等，无货者任意入市，有货者在内过宿，规取小利，透漏边情，事发，问拟明白，俱发两广烟瘴地面充军，遇赦并不原宥。"⑦

原本在正统年间允许贡使沿途贸易，"土木之变"发生后，明朝直接取消了贡道贸易。史载，景泰四年（1453），明廷"命都察院出榜禁约各布政司，外夷经过处所，务要严加体察，不许官员军民铺店之家私与交易物货，夹带回还，及通同卫所多索车杠人夫。违者，全家发海南卫分克军。其该用人夫车辆以十分为率，军卫三分，有司七分，永为定例"⑧。但是，不到一年的时间，明朝君臣认为"昔尝待之（蒙古诸部——笔者注）以宽，今遽太严，恐

---

① 明孝宗实录：第150卷，弘治十二年五月壬午条 [M]．2652-2655.
② （明）申时行．明会典：第153卷，兵部·马政四·收买（贡马附）[M] //《续修四库全书》编委会．续修四库全书（791）．上海：上海古籍出版社，2002：587.
③ 明英宗实录：第309卷，天顺三年十一月丙午条 [M]．6503.
④ 明宪宗实录：第143卷，成化十一年七月戊申条 [M]．2650-2651.
⑤ （清）张廷玉．明史：第81卷，食货志 [M]．北京：中华书局，2011：1982.
⑥ （明）官修．大明律"附录"：问刑条例·户律七·市场·把持行市条例 [M]．怀效锋，点校．北京：法律出版社，1999：387.
⑦ （明）官修．大明律"附录"：问刑条例·户律七·市廛·把持行市条例 [M]．怀效锋，点校．北京：法律出版社，1999：387.
⑧ （明）徐学聚．国朝典汇：第107卷，朝贡 [M]．台北：学生书局，1986：1347.

起猜疑之心，失柔远之道"，便于景泰五年（1454）十月重新开放了贡道贸易。①

在朝贡贸易、贡道贸易恢复的同时，会同馆贸易至迟在景泰四年（1453）便得到了恢复，②之后一直沿用。如弘治元年（1488）六月丁酉，兵科给事中夏祚等"以北虏将入贡，上疏言：'今逆虏外称纳贡，而内蓄奸谋，恐译字通事官并虏中走回人等贪其贿赂，以中国事情告之，为害非浅。乞敕兵部榜谕。'从之。兵部尚书余子俊复奏，以为虏使来京，中间未必无人恐彼窥知所奏全文，以为待之欠厚而伤其向化之心，但乞榜示京师军民不许欺侮，且听其公平贸易为便，已得旨。祚等遂劾子俊柔懦不振，故违前旨，偏执自用。上曰，虏情叵测，固宜防范，而开市贸易亦是旧例，但毋令私交漏泄事情而已。即行禁约，所司其知之"③。其中说到"乞榜示京师军民不许欺侮，且听其公平贸易为便"，交易地点应该是会同馆。

三、明朝北疆治理的全面失控
（一）蒙古诸部南下劫掠愈演愈烈

"土木之变"发生之后，蒙古诸部小规模的南下抢掠愈演愈烈，逐渐成为常态。兹列举部分如下：

正统十四年（1449年）十一月戊寅，直隶保定府安平县人郭弘等曾"斩获达贼七人，并盔甲器械"④。与此同时，"达贼屡犯甘肃"⑤。庚辰，"丑虏自鹞儿岭得志以来……越关而来，直抵都城。后虽遁去，然闻其党藏易州涞水诸山中，遣人四出劫掠"⑥。同时，"昌平至保定一路被贼杀掠，军民逃匿，无以自存"，并已经影响到河间以南人民，至其逃窜。⑦"丁亥，宣府右参将都督佥事纪广击败达贼二百余骑于神峪口，获其所掠人畜而还。"⑧己亥，顺

---

① 明英宗实录：第246卷，废帝郕戾王附录第六十四，景泰五年十月甲午条［M］.5340.
② 明英宗实录：第225卷，废帝郕戾王附录第四十三，景泰四年正月丙戌条［M］.4918-4919.
③ 明孝宗实录：第15卷，弘治元年六月丁酉条［M］.365-366.
④ 明英宗实录：第185卷，废帝郕戾王附录第三，正统十四年十一月戊寅条［M］.3666.
⑤ 明英宗实录：第185卷，废帝郕戾王附录第三，正统十四年十一月戊寅条［M］.3666.
⑥ 明英宗实录：第185卷，废帝郕戾王附录第三，正统十四年十一月戊寅条［M］.3671.
⑦ 明英宗实录：第185卷，废帝郕戾王附录第三，正统十四年十一月戊寅条［M］.3673-3674.
⑧ 明英宗实录：第185卷，废帝郕戾王附录第三，正统十四年十一月丁亥条［M］.3680.

天府都县民奏："送纳粮米至密云木家峪，尽被达贼劫掠，乞除豁。"① 壬寅，"达贼三千余骑北行，……剽掠繁峙诸县"②。

正统十四年（1449年）十二月癸酉，"达贼数十骑犯驴鞍岭，杀伤官军"③。丙子，"虏寇陕西镇。……人畜为虏所杀掠者，万余"④。

进入景泰年间之后，在明朝漫长的北部边境上，瓦剌数次犯边，甚至深入内地。史载，景泰元年（1450年）正月己卯："倒马关瞭见达贼临墙，随放信炮，各贼遁去，恐声东击西，不可无备。"且保定真定地区亦有达贼出没。⑤ 癸未，大同参将都督同知方善奏："达贼累次临城，其势众大。"⑥ 己亥，"威远卫达贼三百余骑，临城四散到掠，砍伤军人"⑦。闰正月己酉，"也先人马俱往宁夏犯边"⑧。甲寅，"达贼入宁夏境，抢掠人口及中护等卫军屯、驿递、王府苑马寺马、牛、羊不计其数"⑨。庚午，"达贼从顺圣川入寇"⑩。顺圣川在今河北怀来境内，明时属于宣府与大同的交界地区，是大同入京的重要通道。瓦剌部众突破大同防守，进入顺圣川，对京师产生了巨大的威胁。对于山西地区的劫掠，已到达山西南部黄河岸边的平陆县。⑪ 遍览史籍，该时期蒙古分道南下劫掠的记载比比皆是，但是规模都不大，兹不一一列举。

天顺年间，蒙古诸部南掠的规模不断加大，频率逐渐提高，对明朝北疆地区的危害越来越大。天顺元年（1457）二月，"榆林庄神木等处达贼入境"⑫。四月，"大同各边报，境外达贼千余骑近边牧放，（宣）府又报，达贼五百骑犯猫儿庄墩，坏边墙入屯海子"⑬。时隔一天，"达贼二十骑犯甘肃放

---

① 明英宗实录：第185卷，废帝郕戾王附录第三，正统十四年十一月己亥条 [M].3701.
② 明英宗实录：第185卷，废帝郕戾王附录第三，正统十四年十一月壬寅条 [M].3703.
③ 明英宗实录：第186卷，废帝郕戾王附录第四，正统十四年十二月癸酉条 [M].3764.
④ 明英宗实录：第186卷，废帝郕戾王附录第四，正统十四年十二月丙子条 [M].3765-3766.
⑤ 明英宗实录：第187卷，废帝郕戾王附录第五，景泰元年正月己卯条 [M].3771.
⑥ 明英宗实录：第187卷，废帝郕戾王附录第五，景泰元年正月癸未条 [M].3776.
⑦ 明英宗实录：第187卷，废帝郕戾王附录第五，景泰元年正月己亥条 [M].3797.
⑧ 明英宗实录：第188卷，废帝郕戾王附录第六，景泰元年闰正月己酉条 [M].3818.
⑨ 明英宗实录：第188卷，废帝郕戾王附录第六，景泰元年闰正月甲寅条 [M].3828-3829.
⑩ 明英宗实录：第188卷，废帝郕戾王附录第六，景泰元年闰正月庚午条 [M].3851.
⑪ 明英宗实录：第273卷，废帝郕戾王附录第九十一，景泰七年十二月戊申条 [M].5766.
⑫ 明英宗实录：第275卷，天顺元年二月辛亥条 [M].5851.
⑬ 明英宗实录：第277卷，天顺元年四月庚申条 [M].5929.

羊台，杀樵者二人"①。

天顺二年（1458）八月丁丑，甘肃总兵官宣城伯卫颖奏："虏酋孛来等自今岁五月以来，从镇番抹山儿入境，至凉州、永昌，延及山丹、黑城子等处，往来剽掠，官私畜产俱以罄尽。"②

天顺二年（1458）十月己未，"鞑靼把鲁速来归，言：'虏酋孛来杀马祭天，欲来宁夏、延绥诸处剽掠。'"③丁丑，甘肃总兵官宣城伯卫颖等奏："达贼自五月及今，屡寇凉州、永昌、古浪、庄浪、山丹、甘州诸处，杀官军男妇一千四百有奇，掠男妇五百余，马、骡、牛、羊八万二千，仓粮七百余石，焚毁草二万束，及驿站、屯堡、墩台数处。"④

至成化年间，蒙古入寇的规模更加庞大，"达贼拥众入境"的记载比比皆是，对明朝的危害越来越大。史载，成化二年（1466）十二月庚戌，陕西右参政朱英奏："陕西自近年以来，虏酋孛来西寇甘凉，毛里孩南侵延庆，军民被害，财畜一空。"⑤弘治、正德年间，蒙古诸部对明境劫掠亦不止。如弘治十三年（1500）夏，北虏入寇。先是北虏小王子数求入贡，而虏酋火筛及脱罗干之子大节颇雄黠，为部众所服。小王子不能制。至是火筛、大节分道自大同入寇。以至于明武宗在正德十二年（1517）亲征蒙古诸部，但是仅以惨重的损失换取了一点小小的战绩。史载："斩虏首十六级，而我军死者五十二人，重伤者五百六十三人，乘舆几陷。"⑥

通过上述材料的梳理，我们可以发现，自景泰年间开始，蒙古诸部南下劫掠的频率逐渐增加，规模逐渐加大，对明朝边疆的危害越来越大，明朝对此几无对策，几乎失去了对边疆地区的控制，更不要说对蒙古诸部的羁縻了。

（二）明朝边政日趋败坏

与蒙古诸部频繁南下劫掠形成鲜明对比的则是明朝边政的日益败坏。

边政败坏首先表现在对于蒙古诸部的劫掠，明朝边军不能进行有效的抵御。蒙古骑兵"动辄长驱深入"⑦，深入京畿重地及华北腹地进行劫掠，极大

---

① 明英宗实录：第277卷，天顺元年四月壬戌条［M］.5929.
② 明英宗实录：第294卷，天顺二年八月丁丑条［M］.6280.
③ 明英宗实录：第296卷，天顺二年十月己未条［M］.6301.
④ 明英宗实录：第296卷，天顺二年十月丁丑条［M］.6308-6309.
⑤ 明宪宗实录：第37卷，成化二年十二月庚戌条［M］.731.
⑥ 明武宗实录：第154卷，正德十二年十月丁未条［M］.2970.
⑦ 明宪宗实录：第40卷，成化三年三月丙寅条［M］.799.

地威胁着明朝的统治秩序。如前所述，正统十四年（1449）十一月己亥，蒙古部众劫掠了顺天府都县民运至密云木家峪的粮米。① 景泰元年（1450）正月己卯，蒙古部众深入到了涿州及倒马关等地。② 倒马关在明朝时期与居庸关、紫荆关并称"内三关"，是守卫京畿的最后一道防线，蒙古部众能突破明军在大同一带的布防，深入腹地，可见明朝边防败坏之程度。之后，蒙古民众又于景泰元年（1450）闰正月庚午深入京畿之地的顺圣川进行劫掠。③ 顺圣川位于大同通往京师的要道之上，这严重危及了明朝京师的安全。因此，自景泰年间始，明朝方面真切地感受到了"意外不测之患"④ 的危险。⑤

其次，明朝的边防供给匮乏。景泰元年（1450）七月丙寅，大同总兵等官言："自遭兵燹以来，道路不通，商旅断绝，供馈所需一切匮乏。"⑥ 明朝边军的这种窘境，到正德时期更加严重了。史载，明朝"沿边兵食俱乏，攻守无具"⑦。边备虚弱到了此种程度。相对于明朝守边将士供给匮乏，"鞑贼累至边墙索羊酒，且言来看南朝墩台"⑧。明军对此也无力阻止。

最后，守边将士邀功冒赏严重。这与明朝最高统治者不无关系。其恶例之开端便是上文所述的正德十二年明武宗亲征蒙古诸部之事。此次亲征，明朝"斩虏首十六级，而我军死者五十二人，重伤者五百六十三人，乘舆几陷"⑨。就是这样一个"得失相较实为悬绝"⑩ 的地地道道的败仗，却被武宗粉饰渲染为"应州之捷"，⑪ 进而对征战官军大行封赏，上自镇守太监、总兵，下至官旗、军舍，共9555人获得升赏，"军功之滥未有甚于此者"。⑫ 正是在最高统治者的"表率"和纵容下，一种自上而下的邀功冒赏的恶劣风气

---

① 明英宗实录：第185卷，正统十四年十一月己亥条［M］.3701.
② 明英宗实录：第187卷，废帝郕戾王附录第五，景泰元年正月己卯条［M］.3770.
③ 明英宗实录：第188卷，废帝郕戾王附录第六，景泰元年闰正月庚午条［M］.3851.
④ 明英宗实录：第238卷，废帝郕戾王附录第五十六，景泰五年二月丁亥条［M］.5179.
⑤ 曹永年.蒙古民族通史（第三卷）［M］.呼和浩特：内蒙古大学出版社，2002：144-147.
⑥ 明英宗实录：第194卷，废帝郕戾王附录第十二，景泰元年七月丙寅条［M］.4095.
⑦ 明武宗实录：第153卷，正德十二年九月甲戌条［M］.2954.
⑧ 明英宗实录：第235卷，废帝郕戾王附录第五十三，景泰四年十一月丙子条［M］.5132.
⑨ 明武宗实录：第154卷，正德十二年十月丁未条［M］.2970.
⑩ 明武宗实录：第158卷，正德十三年正月壬戌条［M］.3042.
⑪ （清）张廷玉.明史：第203卷，汪元锡传［M］.北京：中华书局，2011：5355.
⑫ 明武宗实录：第164卷，正德十三年秋七月己亥条［M］.3153.

滋长盛行起来，进一步导致边防形势大坏。

除此之外，明朝官军与蒙古诸部之间的走私贸易有禁无止，越发频繁。将官、守军、商人、边民均参与其中。守边官军多次以丝织品、铁器、衣服等物，甚至兵器，与蒙古部众交换马匹。例如，在该时期，大同守臣就曾多次纵令"官军势家用彩段、衣服、铁器等物易达马"。① 尤其是弘治十一年（1498）大同镇发生的走私大案，大同镇总兵、副总兵、参将、游击等各级官吏均牵涉其中。史载："先是大同开市易马。左副总兵都指挥佥事赵昶与总兵神英，都督宋澄、马仪，参将李玙、秦恭，奉御侯能及游击将军刘淮，皆令家人以段布市马。而英、昶家人因以违禁花云段与虏交易，提督使馆都指挥李敬亦因而市马自入。顷之，虏使完者欲引境外虏众入市，托言在馆虏众多染疾，欲往牧马所避之，而私以马一遗敬，敬为请于守臣而许之。由是虏众纵横出入，居民苦之。既而虏复以迎归使为名，驱马入小边诱贸铁器。太监孙振、都御史刘璟及英不为防制，故远近商贾多以铁货与虏交易，村市居民亦相率犯禁。既而，虏使回，令昶以奇兵三千防水口堡，英及昶等复以货易马，前后所得各九十余匹。"② 官军如此大规模的走私行为在边境地区尽人皆知，以至于"时，边民喧传，总兵以下用铁器易马"③。在官军的带动下，大量的行商坐贾、边境居民也参与到了走私贸易当中。明朝北疆边政之败坏已经到了无以复加的地步。

（三）边人外逃，引导蒙古部众南掠

自成化年间开始，明朝境内的边人外逃逐渐成为一种常态。早在成化年间就有一些塞内穷困百姓逃奔草原，"边人告饥，又苦于朘削，往往投入虏中"④。虽为求一生存，但是也有部分边民开始充当"奸细"，为蒙古刺探明朝虚实。在正德年间，达延汗统一蒙古诸部，势力大盛，其战略战术也有了很大进步。明人对此记载说："丑虏之谋之势殊非昔日，如架梁哨高台、营布阵皆效中国，至如盔甲旗牌，彼亦得诸抢夺而用之，奸细探访又或过我，我军之虚实强弱无有不先知者。"⑤

---

① 明孝宗实录：第140卷，弘治十一年八月辛巳条［M］.2431.
② 明孝宗实录：第150卷，弘治十二年五月壬午条［M］.2652-2653.
③ 明孝宗实录：第150卷，弘治十二年五月壬午条［M］.2653.
④ 明武宗实录：第183卷，正德十五年二月庚申条［M］.3533.
⑤ 明武宗实录：第3卷，弘治十八年七月乙酉条［M］.89.

小　结

随着瓦剌部的衰落，鞑靼部逐渐崛起，但是，此时的鞑靼部内部也形成了多个互不统辖的小的部落。这些部落各自为战、迭为雄长，与明廷开展朝贡活动。在景泰、天顺年间，蒙古诸部相对统一，基本上维持了朝贡贸易的正常开展。但是在天顺末年，尤其是自成化年间开始，散而无统、互相攻杀的蒙古各部，此起彼兴，虽然诸部仍然派遣使团前往明廷朝贡，但时常南掠明境则成为该时期的一大特征，以至于明廷的北部边疆地区愈发紧张，相继出现了明朝官军叛入蒙古草原、边人外逃蒙古草原的情况，并且，随着蒙古诸部南扰的不断加剧，边人外逃愈演愈烈，并且多次出现外逃边民引领蒙古部众前来抢掠的情形。反观此时明朝北部的边防，则是日益败坏。守边军士不能按时得到补给，官军邀功冒赏现象突出，尤其是作为一线防御力量，在面对蒙古诸部侵扰的时候，不能组织有效的抵抗，此时明朝边政之坏，由此可见一斑。明廷北部边疆地区的失序，也引起了明廷的高度警觉，明廷也采取了多种方式力图稳定北疆地区的社会秩序。

第二节　明朝的应对措施

面对日趋紧张的北部边防形势，明朝采取了一系列的维护边疆安全与稳定的举措，以期稳固边防，实现对边疆的控制。

一、终止遣使偕行之制

永乐年间，随着明蒙之间朝贡关系的确立，明朝便与蒙古诸部之间建立了遣使偕行之制。史料显示，早在永乐七年（1409）明朝就已经开始派遣使臣伴随瓦剌朝贡使团往返于明蒙之间，"偕行"之制初步形成。[①] 至正统年间，明使"偕行"已经成为惯例。史载："正统初，瓦剌遣使臣赴京朝贡，朝廷亦遣使送至瓦剌。因留至明年，仍与虏使同来，岁以为常。"[②] 景泰元年（1450），明英宗自瓦剌回京，景泰帝以"土木之变"为由，顶住多方压力，

[①] 明太宗实录：第93卷，永乐七年六月癸丑条［M］.1235.
[②] 明英宗实录：第180卷，正统十四年七月己卯条［M］.3479.

断然拒绝了向蒙古诸部（包括兀良哈三卫）派遣使臣。标志着偕行制度的终止。此后，蒙古诸部虽多次请求派遣使臣，但明廷态度坚决，均给予拒绝。

史载，景泰二年（1451）三月乙巳，也先遣使"奏文，皆欲朝廷遣使如正统中故事"①。但景泰帝以"永乐年间未尝遣使，彼亦不废朝贡。正统中使币往来，乃多为所拘执"为由，决定"使臣不须遣"②。七天之后，瓦剌使臣"苏克帖木儿陛辞"之时，又"欲朝廷遣使偕往"，明景泰帝明确表示："所云欲朝廷遣使偕往，朕再三思之，曩者正以去人，不能体彼此之意，往往取怒于太师，以致和好不终，利归于一下，朕与太师徒自结怨。今惩前弊，不欲复遣人去。如太师欲令人朝贡买卖，听从所便。但来使必须识达大体，不喜生事之人，且只以文书往来通意足矣。"③再次明确告知来使明廷不遣使偕往，且说明了原因。

景泰三年（1452）正月丙辰，景泰帝致书瓦剌可汗再次申明了不遣使臣的原因。景泰帝说："我国家自祖宗以来，与可汗初无嫌疑。彼此使臣往来，间谍生隙。前事以往，不必留意。今可汗能敬顺天道，复遣使臣皮儿马黑麻等远来朝贡，良可嘉赏。已令厚加升赏，宴待来使，并酬所贡马匹等物价，及所索一应器物皆如数付来。但所言要使臣同往一事，前者已有书报，恐小人不知利害，言语生嫌，有伤和好，徒使归下人，怨结于上，非但中国不便，实瓦剌之大不便也。但瓦剌人来朝贡者，听从其便。"④

景泰三年（1452）十月，"瓦剌太师也先遣使臣察占等来朝贡马且奏求中国使臣往来和好"，景泰帝再次给予拒绝："正统年间，因使臣往来，以致宗社顷危，今只听其自来朝贡，以礼待之可也。"⑤当年十二月，礼部奏瓦剌太师也先等累乞"遣使通和"，明景泰帝告诫"虏言未可信，遣使之说不许"⑥。这样也先的多次遣使奏请，都以明景帝明确回绝作罢。

对于脱脱不花的奏请遣使，明朝也给予了明确拒绝。景泰二年（1451）

---

① 明英宗实录：第202卷，废帝郕戾王附录第二十，景泰二年三月乙巳条［M］.4321-4322.
② 明英宗实录：第202卷，废帝郕戾王附录第二十，景泰二年三月乙巳条［M］.4322.
③ 明英宗实录：第202卷，废帝郕戾王附录第二十，景泰二年三月壬子条［M］.4326-4327.
④ 明英宗实录：第212卷，废帝郕戾王附录第三十，景泰三年正月丙辰条［M］.4569.
⑤ 明英宗实录：第222卷，废帝郕戾王附录第四十，景泰三年十月甲寅条［M］.4812.
⑥ 明英宗实录：第224卷，废帝郕戾王附录第四十二，景泰三年十二月丙辰条［M］.4882.

五月庚申，明景泰帝利用脱脱不花"差太尉完者帖木儿、知院失连帖木儿等赍书并人事马，及送辽东差往海西人员高能等还京，朕甚嘉。以礼厚加宴待赏赐来使升其官职给与冠带遣回，并备马价礼物"之机，"致书迤北脱脱不花可汗曰：'我国家自祖宗以来，四方万国，每来朝贡，止加恩遣回，并不遣使至彼，以此四方一和好，永远保全如旧。近年，瓦剌累差使臣赴京朝贡，朝廷嘉其诚意，往往遣使回答。岂期所遣之使不体朝廷厚待瓦剌之意，多有在彼贪功贪利，激怒可汗与太师，致使前年暂失中国之和好，两国人民多致伤害，此朕与可汗所共知者也。尚赖天佑人民，使两国仍和好如旧。朕与可汗不可不思保守'。"① 对瓦剌脱脱不花汗表明了不复遣使的态度，并说明了原因。

当时，明朝以于谦为首的主战派大臣也坚决反对遣使。最终，偕行制度终止，同时，明朝也不再主动往蒙古派遣使臣了。明蒙双方互派使臣传统变成了蒙古单方面遣使朝贡。总体而言，"土木之变"后至"隆庆和议"前，明蒙双方互遣使臣一事基本处于停滞状态。当然中间也曾有恢复。英宗复位之后，即于天顺元年（1457）正月庚寅"升锦衣卫带俸都指挥使马政为后军都督佥事、哈铭为指挥佥事，俱带俸，仍为通事，出使瓦剌"②。当年二月庚申，又命其二人"偕皮儿马黑麻等，使迤北，赍敕并彩段表里等物，赐孛来、阿哈剌忽知院等"③。但是，当年四月发生瓦剌使团截杀明朝护卫官军之事后，明英宗也停止了向瓦剌派遣使臣的行为。史载，天顺元年五月，明英宗敕谕孛来："向为多遣使臣生事，今不再遣。"④ 天顺五年（1461），孛来又通过凉州总兵前后三次对其拘留使臣一事进行辩解，明英宗对其晓之以理，进行敕谕，并特赐孛来及阿罗出等十余人织金彩段五十表里，"皆命遣去使臣赍与之"⑤。之后，史籍中再无明朝遣使蒙古诸部的记载了。

其实，早在景泰元年（1450），肃府仪卫司馀丁聊让在上书五事中便指出了通贡遣使中存在的问题。他说："近年以来，土木屡兴，异端并起，太监番僧进贡，络绎于道途；污吏贪官残虐，纵横于郡邑；相臣不正其非，御史不

---

① 明英宗实录：第204卷，废帝郕戾王附录第二十二，景泰二年五月庚申条 [M]．4376.
② 明英宗实录：第274卷，天顺元年正月庚寅 [M]．5820.
③ 明英宗实录：第275卷，天顺元年二月庚申 [M]．5859.
④ 明英宗实录：第278卷，天顺元年五月丙寅条 [M]．5940.
⑤ 明英宗实录：第331卷，天顺五年八月己巳条 [M]．6801-6802.

劾其罪；遂至上下蒙蔽，民生凋瘵，胡虏侵犯边疆，上皇躬罹不测。"① 进而提出，"先王御戎狄之道，叛则振之以威，服则怀之以德。未闻使夷虏与中国杂处也。夫夷虏生于沙漠，今而徙居中国，譬诸樊笼之鸟，野性常存，稍有不密，则逸去矣。昔五胡乱华，刘渊为首职，此故也。为今之计，凡夷虏有寇边者，则严兵攻守之；而不必穷其所往；来归者，则宴赏遣去之，而不可留居中国。如是则夷夏有辨，而国家可保无虞矣"②。

户科给事中路璧对于遣使偕行的弊端可谓一语中的："遣使之无益有五：盖丑虏谲诈百端，彼之犯边，遣使亦来，不遣使亦来。正统间非不遣使？夫何使臣未归，而边报已急，终成土木之祸，此一也；且使者至彼，为其狎侮，或求土地，或索金币，使归告之朝廷。一有不许，彼即以为口实而启衅矣，此二也；又使臣之往，必重有所赍，是以中国有限之钱财，填夷狄无穷之渊海，傥可以止其贪暴，犹之可也。况万万不足以塞其祸乎，此三也；今日彼求使臣既应之矣，他日又求大如使臣者，将何以却之乎？况前年未遣使，而今年遣使，彼必谓我中国无备而谋为后患，可胜言哉？此四也；又内外将卒一闻朝廷遣使议和，必将侈然怠惰，无复训练，异日岂不坐受虏患？此五也。"③ 最终指出，"使固不可遣"④。

这表明，明朝的最高统治集团并未看清"土木之变"发生的内在经济原因，"而只是简单归咎于往来使者的个人行为，这也反映出明朝对明蒙关系中的根本性问题——政治经济利益不平衡问题缺乏认识"⑤。

二、劝谕瓦剌不法行为

对于瓦剌的不法行为，明朝也没有拿出切实可行的办法给予阻止，仅仅进行了多次劝谕。这一点在天顺朝尤其明显。英宗复位之后，又继续执行其在正统年间的政策，由于其已知晓瓦剌更多的是希望得到汉地的大量物资，

---

① 明英宗实录：第193卷，废帝郕戾王附录第十一，景泰元年六月庚子条 [M]．4063-4064．
② 明英宗实录：第193卷，废帝郕戾王附录第十一，景泰元年六月庚子条 [M]．4066．
③ 明英宗实录：第225卷，废帝郕戾王附录第四十三，景泰四年正月甲戌条 [M]．4904-4905．
④ 明英宗实录：第225卷，废帝郕戾王附录第四十三，景泰四年正月甲戌条 [M]．4905．
⑤ 于墨颖．明蒙关系研究——以明蒙双边政策及明朝对蒙古的防御为中心 [D]．呼和浩特：内蒙古大学，2004：46．

而非政权，因此，又使出了以厚赏换取边境安宁的手段。

天顺元年（1457）四月发生了孛来使臣杀伤护卫官军，"尽掠其马匹兵甲而去"① 之事，英宗也仅仅要求兵部"会文武大臣计画制御方略以闻"，并未对鞑靼部采取任何举措。五月，孛来及阿剌忽以英宗复位，遣使欲献宝玺，英宗借此机会，对四月发生的鞑靼贡使杀伤护卫官军一事敕谕孛来曰：

> 先有尔处遣使臣进贡，以通诚款，朝廷宠信，特命都督马政等赍敕并彩段表里重赐尔等。岂期尔重信小人之言，变诈不一，辄将马政等四十九人拘留在彼，及遣哈塔不花送哈铭等回，又从中途杀抢官军器械马匹，似此逆天道，背朝廷，法不可容。因此，朕内外将校咸奏，欲整饬军士声罪致讨。朕体上天好生之心，不忍遽加杀伐。今尔又遣使臣来奏说，尔等念我朝太宗皇帝恩德，欲将传国宝来献，此意可嘉。但此宝已失其真，虽真亦是秦始王所造不祥之物，非尧舜之所传，况我朝自有祖宗所传真正之宝，亦不用此，其进来与否，任从尔便。即今朝廷良将健卒林立，其马政等留之何损于我，但益生尔速祸之衅尔，尔处送至作孽者三人。想同恶之徒不止此，今姑还送尔处自杀之。盖朝廷惟体天道行，尔等敬顺朝廷之心，其诚与伪并所言之事，或是与非，无不洞察。已敕沿边总兵等官按兵不动，各守信地。今后尔等部落宜各自管束，于境外荒远水草去处，自在牧放存活。其来进贡者，毋滥率人众；愿投降者，循例抚安之；无故入境虏掠为害者，即加剿杀。特敕令尔知之。②

并在最后，强调了不再派遣使臣偕行。明英宗说："向为多遣使臣生事，今不再遣。就令原来使臣赍领彩段表里赐尔。故敕。"③

针对孛来等部屡次抢掠明境，明英宗再次劝谕孛来严格约束部下。天顺五年（1461）七月，明英宗敕谕孛来说："我朝廷与尔北国遣使往来，和好最久，其后背约构怨常在北边。其中是非得失，朕与太师各自知之。上天神明所共鉴也。事在已往，彼此不必深究。今年以来，太师部下人马深入庄浪等处抢掠财畜，残害人民，边将出兵追捕，两有所伤，在朝臣宰屡请动调天下大军并力攻剿，朕体上天好生之德，爱惜生灵，不曾动调大军。今太师文书中累累以爱惜多人性命，要相和好为言，似此言语方能上顺天道下合人心，

---

① 明英宗实录：第277卷，天顺元年四月甲寅条 [M] .5920.
② 明英宗实录：第278卷，天顺元年五月丙寅条 [M] .5938-5940.
③ 明英宗实录：第278卷，天顺元年五月丙寅条 [M] .5938-5940.

第三章 明代中期明蒙朝贡关系的逆转及明朝北疆社会治理的完全失控

虽古之大丈夫不过如此。朕一览之，再三嘉悦，特遣正使都指挥詹昇、副使都指挥同知窦显赍敕前来谕以朕意。若太师果有和好诚心，宜即晓谕部下人马散归北边，差遣使臣照旧往来，朕厚以礼物赏赐，决不追咎前失，且世间道理，莫大于顺天恤民。自古以来，奉顺天道，爱惜民命者，无不久远享福；背逆天道，伤害民命者，无不立见灾祸。太师宜深体此意弃细故行大道，永远和好，使南北人民各安享太平之福。使臣行间，念太师在外劳苦，特赐织金彩段表里用表朕怀。"① 同日，"又赐孛来下大头目阿罗出等十余人织金彩段五十表里。皆命遣去使臣赍与之"②。

三、严格朝贡秩序

在正统时期，面对瓦剌无序的朝贡，明朝就一再要求瓦剌按照规定进行朝贡。对其贡道、贡时、贡使人数、贡品数量等都做了规定。但是，瓦剌等蒙古诸部并未严格遵守，明朝对此也没有采取严厉措施给予阻止。景泰年间开始，明廷对于朝贡的限制要求逐渐增多。最初规定派遣使臣不得超过三四十人。随后又劝谕瓦剌脱脱不花可汗："使臣往来，只可一二岁一次，所遣止百十人。"③ 但是从记载来看，这项规定并没有严格执行。景泰时期，瓦剌朝贡使团人数往往在两三千人以上，一年多次来朝，也是常事。

弘治年间，达延汗遣使进贡，使臣人数少则千余人，多则近万人。因此，在弘治三年（1489）二月，明朝议定："迤及瓦剌进贡使臣人等，迤北许一千一百名入关，四百名入朝。瓦剌许四百名入关，一百五十名入朝。"④ 此后，针对达延汗使臣又有了"以五百人为率"⑤ 的规定。但是多数情况下，照成化旧例，遣"一千五百人"进京朝贡，余俱留大同馆待，进行交易，听候赏赐。显然，明朝对于朝贡使团人数的限制自始至终都没有强力措施保证实施，也未严格执行。明朝关于贡期的规定，也被视如废纸，无人遵守。

相比之下，对于贡道的规定，在蒙古诸部则得到了较好的执行。瓦剌、

---

① 明英宗实录：第331卷，天顺五年八月己巳条 [M].6801-6802.
② 明英宗实录：第331卷，天顺五年八月己巳条 [M].6802.
③ 明英宗实录：第200卷，废帝郕戾王附录第十八，景泰二年正月乙丑条 [M].4265.
④ 明孝宗实录：第35卷，弘治三年二月癸巳条 [M].757.
⑤ （明）申时行.明会典：第107卷，礼部·朝贡三·北狄 [M]//《续修四库全书》编委会.续修四库全书（791）.上海：上海古籍出版社，2002：90.

鞑靼等部的朝贡使团一般是从大同入境。① 景泰年间，贡使也有从宣府、甘肃入境的②。成化间，由于瓦剌使臣未从大同入境，明朝不予正式接待。史载："大同猫儿庄，本北国入贡正路。成化初，北使有从他路入者，上因守臣之奏，许之。时姚文敏公夔为礼书，奏请筵宴赏赐一切杀礼。北使有后言，姚令通事谕旨云：'故事，迤北使臣进贡，俱从正路入境，朝廷有大筵宴相待。今尔从小路来，疑非迤北头目，故只照他处使臣相待耳。'北使不复有言，人以为得驭夷之体。"③

针对兀良哈三卫不遵贡道、不守贡时的现象，明朝也采取了相应的措施。景泰七年（1456），朵颜、泰宁等卫进贡，肆改贡道，明廷禁止，诏令"今后进贡只从旧路"，并要求各边总兵官"谨守关隘，勿令往道"④。天顺七年（1463），针对兀良哈三卫无视明廷的"不得无故遣使"禁令，又欺蒙镇守边臣不识番字奏文，而遣人进贡不绝的现象，明廷特遣通事序班一员，"专验其番字奏文，若非时进贡及非奏报声息者，毋令入境"⑤。对兀良哈三卫的违制行为给予严厉禁止。

明朝之所以严格限定贡道，并要求贡使严格执行，主要是考虑到边防安全的需要。而且，瓦剌使团若不按规定的贡道前来，则拒绝他们的朝贡，禁止他们的贡使入境或者借口降低宴赏标准。例如，成化二年（1466），鞑靼使臣混同三卫来贡，明朝便借口降低了宴赏标准。"旧例，迤北使臣入贡，必由大同路，其赏赉宴劳比他夷为优。"当时"迤北使臣既混同三卫来"，明朝"只以三卫常例待之"⑥。成化二十三年（1487）十一月戊戌，瓦剌养罕王欲遣使随哈密使臣从甘肃入贡，明朝令其从"旧路（大同——笔者注）而进"⑦。

四、开市有禁继续执行

明朝对于交易物品的限制一直就存在。早在洪武年间制定的《大明律》

---

① 明宪宗实录：第37卷，成化二年十二月丁未条 [M]．726.
② 明英宗实录：第234卷，废帝郕戾王附录第五十二，景泰四年十月丁未条 [M]．5115.
③ （明）陆容．菽园杂记 [M]．佚之，点校．北京：中华书局，1985；43.
④ 明英宗实录：第262卷，废帝郕戾王附录第八十一，景泰七年春正月丙戌条 [M]．5597.
⑤ 明英宗实录：第359卷，天顺七年十一月乙丑条 [M]．7141.
⑥ 明宪宗实录：第37卷，成化二年十二月丁未条 [M]．726.
⑦ 明孝宗实录：第6卷，成化二十三年十一月戊戌 [M]．98.

中，就有相关条款。"凡军人关给衣甲、鎗刀、旗帜，一应军器，私下货卖者，杖一百，发边远充军；军官卖者，罪同，罢职充军。买者，笞四十。一应禁物，以私有论罪。军器、价钱并入官。军官、军人买者勿论。"①"土木之变"发生后，明朝对于市易之禁的要求更加严格，加强官方对于双方交换物资的管制。尤其严禁铁制品、兵器、硝黄等与军事用途有关的物品进入明蒙交易活动中。景泰年间，也先抱怨："我每去的使臣故买卖的锅、鞍子等物都不肯着买了。"②直到景泰元年（1450），明朝才放松了管制，"许买铜汤瓶、锅、红缨、鞍辔、剪子等物"③。弘治初年，小王子遣使至大同求贡，"奏乞比旧加赐表里，并货买弓、锅、鞍子、织金膝襕之类"，"上从其请"④。

弘治十六年（1503）邹文盛上奏："窃闻虏所易锅铧，出关后尽毁碎融液。"⑤自此之后，明朝开始对铁锅等铁制品进行限制，准许蒙古各部"二年、三年许买锅铧一次，其进贡夷人回有买锅铧者，亦照此例"⑥。并要求马市交易中严格遵守该禁令。弘治十六年（1503）规定："如遇开市之日，止许以布帛米盐等物入市交易，不得私带锅铧铁器。俟各夷后此有求买锅、铧者，然后定为年限，许令三年一买。"⑦

对于采买农器，明廷是允许的。景泰年间，泰宁卫都督佥事革干帖木儿奏，兀良哈三卫"尝被瓦剌胁从附被，今已得归朝廷，但日给艰难，乞赐犁铧、种粮，耕地养赡"⑧。景泰帝命"边仓给以种粮三十石"⑨。明廷也允许朵颜三卫使臣朝贡毕，回到蓟州遵化等处后，"听令两平交易。每人许收买牛一只，犁铧桦一副，锅一口"⑩。但是，采买过多，明朝也会严加审验。成化五

---

① （明）官修．大明律：第14卷，兵律二·军政，"私卖军器"条［M］．怀效锋，点校．北京：法律出版社，1999：111．
② （明）杨铭．正统临戎录［M］//薄音湖，王雄．明代蒙古汉籍史料汇编（第一辑）．呼和浩特：内蒙古大学出版社，2006：93．
③ （明）申时行．明会典：第111卷，礼部·给赐二·外夷上［M］//《续修四库全书》编委会．续修四库全书（791）．上海：上海古籍出版社，2002：131．
④ 明孝宗实录：第47卷，弘治四年正月乙酉条［M］．944．
⑤ 明孝宗实录：第195卷，弘治十六年正月甲午条［M］．3601．
⑥ 明孝宗实录：第195卷，弘治十六年正月甲午条［M］．3601．
⑦ 明孝宗实录：第200卷，弘治十六年六月甲辰条［M］．3704．
⑧ 明英宗实录：第249卷，废帝郕戾王附录第六十七，景泰六年正月乙丑条［M］．5392．
⑨ 明英宗实录：第249卷，废帝郕戾王附录第六十七，景泰六年正月乙丑条［M］．5392．
⑩ （明）申时行．明会典：第111卷，礼部·给赐二·外夷上［M］．《续修四库全书》编委会．续修四库全书（791）．上海：上海古籍出版社，2002：133．

年（1469），朵颜三卫贡回，于蓟州等处收买耕牛农具诸物过多，总兵巡抚等官对此严加审验禁约。①

成化时期，为防夷人私买违禁器物出关，明朝添差行人防送。因贡道迂回一千余里，各驿站应付艰难，巡抚辽东右副御史陈钺上言明廷"止差通事为便，仍预差行人一员同分巡佥事于开原、抚顺等关搜验放出，如有违禁器物，即追究所从来通行参问"②。如针对东北诸夷的市易禁物行为，明宪宗也不得不令所司禁约"军民人等辄以弓材、箭镞与凡铁器私相贸易"，为此，明廷"以行人带领通事伴送，沿边防禁之"，并规定："京师并诸边军民违者，谪戍边远；会同馆及沿边伴送官吏人等有纵之者，概治其罪。若夷人挟带出关，事觉，拘入官，给还原直，仍追究所鬻之人。"③弘治十三年（1500年），明朝明确了边臣与通事等伴送人员的权责：

> 今后进贡夷人到边，镇巡等官收其兵器，不许藏带，仍选差通事伴送，务要谨慎约束，不许拨置各夷生事及索取有司财物。到京之后，伴送人员与同通事俱要用心钤束其。礼部原委主事遵依原拟职掌事宜逐一举行，大通事每五日一次到馆戒谕夷人，各令守分所有。礼部等衙门各年事例会议斟酌，逐一开陈：
>
> 一、兵部委官点闸夫牌戒谕，伴送仍巡察一应奸毙；工部委官点视器用、房屋，毋容损失。
>
> 一、今后但遇夷人筵宴，光禄寺堂上官提调，务在礼洁齐整。其朔望见辞酒饭行，该日侍班监察御史巡视，但有菲薄，听其举奏。
>
> 一、今后夷人进贡到京，军民人等敢有在街聚观、嬉戏、抛掷瓦砾打伤夷人者，枷号示众。
>
> 一、礼部主事令专一在馆提督。凡遇夷人到馆，务俾舍止得宜，出入有节，钤束下人，无致侵盗。贸迁日期，估计时价，无令奸诈之徒，巧取夷人财物。
>
> 一、今后有违例将军器货与夷人者，问拟斩罪。在京在外军民人等与朝贡夷人私通往来、投托买卖及拨置害人因而透漏事情者，俱发边卫充军。军职调边卫、通事伴送人等有犯，系军职者，如例；系文职者，

---

① 明宪宗实录：第74卷，成化五年十二月己未条[M].1422.
② 明宪宗实录：第169卷，成化十三年八月戊午条[M].3067-3068.
③ 明宪宗实录：第159卷，成化十二年十一月癸亥条[M].2915.

<<< 第三章 明代中期明蒙朝贡关系的逆转及明朝北疆社会治理的完全失控

除名。

一、夷人朝贡到京，例许贸易五日。有司拘集铺行，令将带不系违禁货物，两平交易。若原来伴送及馆夫、通事人等引领各夷潜入人家私相交易者，没入价值；私货夷人，未给赏者，量为递减；通行守边官员不许将曾经违犯夷人起送。若夫牌铺行人等违例，私相买卖，枷号示众。

一、在京及沿途官吏一应人等，敢有将引夷人收买违禁之物及引诱宿娼，就于各该地方枷号示众。其夷人回还，礼兵二部各委官盘点行李，验无夹带违禁之物，方许起程。①

此规定议定之后，明孝宗要求将其"通行榜谕"，并规定，对于违背者，"重罪不宥"②。明朝的律法对于私售军器与进贡夷人的处罚也是非常重的。同年整理修订完成的《问刑条例》就规定："凡官员军民人等，私将应禁军器卖与进贡夷人图利者，比依将军器出境因而走泄事情者律，斩；为从者，问发边卫充军。"③

此外，硝黄也是被明廷纳入禁物之中的，不得市易。弘治十一年（1498年），规定："私自贩卖硫磺五十斤，焰硝一百斤以上者，问罪，硝黄入官。卖与外夷及边海贼寇者，不拘多寡，比照私将军器出境因而走泄事情律，为首者，处斩；为从者，俱发边卫充军；若合成火药卖与监徒者，亦问发边卫充军。"④

弘治十六年（1504），明朝又对边境贸易的管理进一步强化。"当夷人互市之日，遣通事传谕其众，令今后宜远边墙百里之外住牧。如欲来市，须先期三日，令二三人传箭答话；欲传报夷情，亦先期一日。若非答话而擅入百里之内者，许官军袭踪扑杀"⑤，此外令边方军民监市官，"如遇开市之日，止许布帛米盐等物入市交易，不得私带锅铧铁器，俟各夷后，此有求买锅铧者，然后定为年限，许令三年一买"⑥。并且规定："今中国之人有交通夷人、

---

① 明孝宗实录：第159卷，弘治十三年二月己巳条［M］. 2858-2860.
② 明孝宗实录：第159卷，弘治十三年二月己巳条［M］. 2860.
③ （明）官修. 大明律"附录"：问刑条例·兵律三·关津·私出外境及违禁下海条例［M］. 怀效锋，点校. 北京：法律出版社，1999：401.
④ （明）官修. 大明律"附录"：问刑条例·兵律三·关津·私出外境及违禁下海条例［M］. 怀效锋，点校. 北京：法律出版社，1999：400-401.
⑤ 明孝宗实录：第200卷，弘治十六年六月甲辰条［M］. 3704.
⑥ 明孝宗实录：第200卷，弘治十六年六月甲辰条［M］. 3704.

盗卖军器、泄漏军情者，依律处决。"①

但是，总体而言，明朝的这些规定，仅仅对双方的交易物品进行了限制，与永年、宣德年间禁止官军私自出境市马、不准在马市交易中侵扰"外夷"、严禁马市途中的私下交易②的规定没有大的区别。

该时期最显著的一个特征就是对于辽东马市的规范。明朝在成化年间恢复辽东马市的同时，也制定了一套系统的马市管理规则。正如林延清所述："十五世纪初辽东马市建立时，明政府对交易地点和市场价格作了规定，但是对于市场的交易和管理却没有一套完备的制度，马市制度的出现是成化年间的事情。"③

《全辽志》记载了成化年间辽东马市的有关规定："开原，每月初一日至初五日开一次；广宁，每月初一日至初五日，十六日至二十日开一次。听巡抚官定委，布按二司、管粮官分投，亲临监督。仍差拨官军，用心防护。省谕各夷，不许身带弓箭器械，止将马匹并土产物货赴役处，委官验放入境。开市本处亦不许将有违禁物货之人与彼交易。市毕，即日打发出境，不许通事并交易人等专一与夷欺侮出入、贪多马价及偷盗货物；亦不许拨置夷人，指以货物为由，符同诈骗，取财分用。敢有擅放夷人入境，及纵容官军人等无货者任意入市，有货者在内过宿，窥取小利，透漏边情者，许审问明白，俱发两广烟瘴地面充军，遇赦并不原宥。或本处通事，俱不许有所求索，或因而受害，就彼查处。其镇守总兵等官，尤专心体察，并一应势豪之家，俱不许私将货物假充家人伴当，时常在市出名买卖，俾所司畏势，纵容无法。关防如有，听彼处巡按御史缉访拏问，具招发遣，罪不轻贷，敢有容情，一体治罪，不许故违。"④ 正德八年（1513），明武宗对辽东马市又进行了补充规定，委官"验放夷人入市，务依期出境，禁其夹带弓箭之类，非互市日，不许辄近塞垣"⑤。

此外，明朝对于走私贸易处罚更加严厉。明朝规定，违犯官员，轻则降

---

① 明孝宗实录：第195卷，弘治十六年正月甲午条 [M]．3602．
② 明太宗实录：第204卷，永乐十六年九月戊申条 [M]．2103；明宣宗实录：第113卷，宣德九年十月丁巳条 [M]．2550．
③ 林延清．明代辽东马市性质的演变 [J]．南开史学，1981（02）：135-159．
④ （明）李辅．全辽志：第1卷，山川志·关梁 [M]//辽海丛书．沈阳：辽沈书社，1985：538．
⑤ 明武宗实录：第103卷，正德八年八月乙丑条 [M]．2134．

职惩处，重则革职查办。正德八年（1513），明武宗敕谕边官人员："有诱取夷货，纵令入境及私交通漏泄者，罪不赦。"① 第二年，明武宗又诏令甘肃镇守臣申明禁例："凡经过处所，敢有私与夷人贸易者，货物入官，仍枷号一月拟罪。"②

由此看来，明朝有关与外夷交易违禁物品的规定，限制的主体局限在明朝境内，主要是针对"国人"的，对于"外夷"并未有具体的处罚措施。明朝希望通过加强境内管理来防范外夷、稳定边防的意图是十分明显的。

五、明朝边防策略的整体调整

"土木之变"的发生直接催生了明朝边防策略的调整。"土木之变"后，明朝的一些官员提出了防御为主的方针政策。认为："中国之御夷狄无所事乎攻，惟守与战而已。盖寇在外，则据险而守；寇在内，则提兵而战。守为策之善，而战非吾之利也。"③ 这样，明朝形成了"固守边疆"④ 的全面防御政策，构建了以长城为依托的庞大防御体系。然而，这"不过使蒙古人的入侵更加困难和代价更大，但它们不能消除蒙古人入侵的原因"⑤。

小　结

"土木之变"之后，明蒙之间的力量发生了倒转，在明蒙关系中，明朝由积极主动的一方转化为被动的一方，而蒙古一方则掌握了明蒙关系的主动权。"也先之后蒙古再度分裂，群雄迭起，蒙古与明朝比较稳定的关系逐渐中断，进入时战时和状态，蒙古或掠边或朝贡，都不再是出于政治上的深思熟虑，而不过是一种获取物资的手段。"⑥ 景泰至正德年间的明蒙关系就是在这个背景之下逐渐演化发展的。

---

① 明武宗实录：第103卷，正德八年八月乙丑条 [M]．2134．
② 明武宗实录：第116卷，正德九年九月辛酉条 [M]．2343．
③ （明）刘斌．复仇疏 [M] // （明）陈子龙．明经世文编：第23卷，张刘二公疏．北京：中华书局，1962：181．
④ （明）孙原贞．大戒 [M] // （明）陈子龙．明经世文编：第24卷，孙司马奏议．北京：中华书局，1962：184．
⑤ （美）牟复礼，（英）崔瑞德．剑桥中国明代史 [M]．张书生，等译．谢亮生，校．北京：中国社会科学出版社，1992：514．
⑥ 于墨颖．明蒙关系研究——以明蒙双边政策及明朝对蒙古的防御为中心 [D]．呼和浩特：内蒙古大学，2004：26．

景泰年间，瓦剌与明朝之间的朝贡进行得如火如荼。相比于正统时期，瓦剌的朝贡在规模、频次上都达到了历史的高峰期。由于可以依靠朝贡源源不断地获得明朝的物资，以维持瓦剌贵族的奢侈生活，同时，越来越多的人加入朝贡使团中，他们也从中获益匪浅，朝贡所得到的大量物资，基本满足了瓦剌统治阶层的需要，明蒙双方暂时维持了和平的局面，明朝的北疆地区也基本维持了稳定。

然而，也就是从这个时期开始，史料显示，蒙古地区的气候逐渐变干，水草供给下降，牲畜死亡增多，经济基础受到严重威胁。相对于蒙古贵族的奢侈生活，蒙古普通民众显然没有那么幸运，他们没有通过物资交换获得生活必需品的渠道，而"土木之变"所获物资甚重，则为蒙古普通民众获取生活必需品提供了一条渠道，那就是"掠夺"。为了生存，自景泰年间开始，蒙古部众不断有小规模的南掠之举，或三五人，或百余人，但是并未形成气候，加之明朝边军的大力打击，对明朝也没有形成威胁。

如果我们仔细翻阅史料，可以发现，该时期的明蒙关系中也出现了新的特征，主要是蒙古的策略发生转变。"射猎以为生，水草以为居，无仇敌之扰，有寇窃之利。"① 即蒙古对明采取了亦贡亦掠的政策。贡，是蒙古贵族从明朝获取物资的主要方式；掠，则是蒙古普通民众从明朝获取物资的重要方式。这显示，蒙古诸部民众在这个时期产生分化，即与明朝通贡的蒙古上层贵族和对明朝劫掠的下层民众。在也先之后，这种现象便逐渐显现出来。蒙古也先之后的瓦剌及东蒙古孛来、毛里孩直至满都鲁汗、乜加思兰时期，都执行的是亦贡亦掠政策。武力与和平手段交替使用，而"其最终目的主要是获取明朝的物资，以解决内部不能满足的基本生活消费品问题，同时也有在内部斗争中求得明朝支持的政治考虑"②。那么从经济角度而言，"大抵房寇则利归于部曲，房款则利归酋长"③。这也是在该时期的史料中，我们仅仅能看到达贼入掠明境的记载，而几乎看不到蒙古贵族率众南掠的记载的重要原因。

对于蒙古的"南扰"，明朝也有一部分人的认识发生了转变，最显著的便

---

① 明宪宗实录：第86卷，成化六年十二月癸酉条 [M]．1680．
② 于墨颖．明蒙关系研究——以明蒙双边政策及明朝对蒙古的防御为中心 [D]．呼和浩特：内蒙古大学，2004：31．
③ （明）瞿九思．万历武功录：第8卷，中三边二·俺答列传下 [M] //薄音湖．明代蒙古汉籍史料汇编（第四辑）．呼和浩特：内蒙古大学出版社，2007：98．

<<< 第三章 明代中期明蒙朝贡关系的逆转及明朝北疆社会治理的完全失控

是明英宗。早在正统年间，明英宗就对于蒙古南扰是为了获取汉地物资有了认识。因此，在正统年间英宗曾敕大同宣府等处总兵等官、都督方政等曰："近得延安绥德守备官奏，达贼二千余人入寇神木县，我师奋勇追剿出境。朕以此贼迫于饥寒，虑必复来侵优（原文如此，疑应为"扰"——笔者注），卿等其皆伤兵严备，相机行事，朕不中制。"① "土木之变"，英宗北狩，让英宗再次认识到了他的判断是正确的。因此，在重登大宝之后，继续推行对蒙古的厚赏政策。与此同时，天顺年间，朝臣中也出现了此种看法，认为蒙古"侵扰"明边主要是迫于"饥寒"。时任吏部尚书兼翰林院学士李贤对此论述颇清，其言："胡虏为中国患，不过苟图衣食而已。……衣食充足不来侵犯。……衣食无所仰赖，遂至穷困，所以数来犯边。"② 因此，明朝一直维持着对蒙的朝贡及厚赏。

然而，这一切随着达延汗治下的蒙古再度统一而发生转折。成化十五年（1479），把秃猛可被立为汗，即中兴之主达延汗。他于十六世纪初完成蒙古诸部的统一，重新整顿了蒙古社会的统治秩序，建立了稳定的六万户制，并分封诸子为各万户的首领。"瓦剌无法与强大的蒙古本部抗衡，逐渐西徙。"③ 自此，瓦剌基本退出了与明朝之间的往来，明蒙关系的重点转向明朝与蒙古大汗所在的鞑靼部的关系。在弘治年间，达延汗也派出了庞大的朝贡使团前往明朝，其目的非常明确，即获取明朝的物资。常常一次三千人入贡，最多达六千余人④的贡使队伍，给明朝带来沉重的负担，明朝往往采取限制朝贡人数的办法予以缓解。这引起了达延汗的强烈不满，因此，对明朝采取亦贡亦掠的政策，史载："往年小王子部落，冰冻则西入河套，河开则东过大同，或间来朝贡，或时有侵犯。"⑤ 但"未敢大肆猖獗。自弘治九年朝贡回，以赏薄生怨，频来侵掠"⑥。弘治十三年（1500）春，"遂入西路，大获而归，意犹未满。冬初，复来剽掠，幸我军声势联络，御之出境"⑦。此次大规模入犯明境之后，达延汗虽仍有朝贡之举，但是，最终在弘治末年，以"宴赏薄恶"为由，中断了与明朝之前的通贡。明蒙之间进行了百余年的朝贡优赏贸易自

---

① 明英宗实录：第24卷，正统元年十一月丙午条[M]．478．
② 明英宗实录：第302卷，天顺三年四月辛酉条[M]．6397-6398．
③ 曹永年．蒙古民族通史（第三卷）[M]．呼和浩特：内蒙古大学出版社，2002：276．
④ 明孝宗实录：第134卷，弘治十一年二月己巳条[M]．2353．
⑤ 明孝宗实录：第169卷，弘治十三年十二月癸未条[M]．3057．
⑥ 明孝宗实录：第169卷，弘治十三年十二月癸未条[M]．3057．
⑦ 明孝宗实录：第169卷，弘治十三年十二月癸未条[M]．3057．

此中断。从此之后，蒙古进入了对明朝的"战争掠夺贸易"① 时期。达延汗连年对宣大、山西、庄浪等处的大举入犯，即是明证。而南掠频率也逐渐频繁。从《三云筹俎考·安攘考》的记载来看，自弘治十三年始，北虏南掠的频率逐渐加大；自正德九年开始，北虏基本上维持了两年一次南掠的频率，而嘉靖年间，基本上出现了每年一次，甚至一年两次以上的南掠。

我们也要注意到另一个问题，达延汗中断与明朝的通贡，除了经济因素之外，还有重要的政治因素，即达延汗要求与明朝皇帝之间在政治上处于完全平等的地位。这在明人的记载中展示得非常明确。弘治元年（1488）达延汗驻牧大同近边，"营亘三千余里，势将入寇。至是奉番书求贡，书辞悖慢，自称大元大可汗……兵部覆奏，谓北虏虽有入贡之意，然以敌国自居，欲与敕书，称呼之间似难为言，一言之间，彼之臣否顺逆遂见"②。对此，明人就指出，达延汗"称与书而不表，与我抗也；称我以南朝，是将北等我也"③。这表明达延汗公然要求与明廷平起平坐，分庭抗礼，打破了明朝建立的蒙古以名义上的政治臣属换取的与明朝开展的贸易活动的朝贡体系，双边的朝贡关系也逐渐演化为通贡关系。这是明朝所不能答应的。因此，弘治时期，明朝对于蒙古的"朝贡"一直持消极态度。达延汗以"宴赏薄恶"终止了明蒙之间的朝贡，也意味着自永乐时期建立起来的明蒙之间的朝贡体系的彻底崩溃。这显示，明朝以经济羁縻蒙古诸部的手段，至少采取官方主导的带有浓厚政治色彩的朝贡贸易的方式行不通了。明朝也就不可能通过这种手段实现对边疆的有效控驭。

第三节 嘉靖年间的"绝贡"政策与明朝北疆的失控

正德十六年（1521年），明武宗驾崩。因武宗无子嗣，以"兄终弟及"之制，迎立武宗之堂弟、明孝宗之弟兴献王朱祐杬之子朱厚熜为帝，是为明世宗，年号嘉靖。由于弘治末期，达延汗中断了与明朝之间的朝贡，也就意味着明蒙之间的官方往来中断。由于蒙古诸部不断南下劫掠，已经成为明朝

---

① 余同元. 明后期长城沿线的民族贸易市场 [J]. 历史研究, 1995 (05): 55-70.
② 明孝宗实录: 第14卷, 弘治元年五月乙酉条 [M]. 349.
③ （明）何孟春. 上大司马相公疏（北虏）[M] // （明）陈子龙. 明经世文编: 第126卷, 何文简公集. 北京: 中华书局, 1962: 1204.

<<< 第三章 明代中期明蒙朝贡关系的逆转及明朝北疆社会治理的完全失控

的心头大患。双方官方往来的中断，也中断了双方之间的互相了解。因此，在嘉靖皇帝登基之时，明蒙双方已然是对立状态。

而此时的蒙古内部也发生了变化。正德十二年（1517），达延汗病逝，其后蒙古左右翼逐渐分裂，达延汗第三子巴尔斯博罗特及其长子衮必里克济农（明人称为吉囊——笔者注）、次子俺答等控制右翼，与大汗（达延汗之长孙卜赤，博迪汗——笔者注）所在的左翼相颉颃，"数失小王子贡约，亦相侵伐"①。蒙古内部的力量对比发生了变化。至嘉靖年间，蒙古右翼为吉囊、俺答和老把都三大部，各拥众十余万，定居在河套地区和宣府大同边外。而又以俺答部最为强盛。史载："虏中小王子者，俺答之侄也。俺答桀骜，钤制漠北诸部落，渐不听小王子约束，然亦一部落之雄耳。"② 通过一系列的军事行动，俺答成为蒙古右翼实际上的首领，"自上谷抵甘、凉，穹庐万里，东服土、速，西奴吉、丙"③，称雄右翼。嘉靖中期后，"俺答独盛"④。这也奠定了嘉靖年间，明蒙关系的主要对象是明朝与蒙古俺答部之间关系的演变。

随着各部社会经济的发展和人口的增长，对农业物资需求日益增大，"锅釜针线之具，缯絮米蘖之用，咸仰给汉"。⑤ 因此，在嘉靖十一年（1532），小王子卜赤便由延绥求通贡市。⑥ 但明朝对此疑虑重重，认为"小王子进贡，虽有成化弘治年间事例，但其情多诈，难以轻信"，未予足够的重视，而蒙古"以不得请为憾，遂拥众十余万入寇"⑦。"上（嘉靖皇帝——笔者注）怒其黠骜，命兵部亟命征剿。于是兵部尚书王宪等集廷臣议，上平戎十一事。诏皆依拟行之。仍谕总制唐龙严明号令，激发忠义，务使远近并力，相机剿杀，以靖地方。虏退之日，即便班师。不许疲众靡财，有负委托。"⑧ 这更加重了明朝对蒙古诸部的不信任感，而且贯穿整个嘉靖朝，为俺答汗的屡次求贡带

---

① （明）赵时春. 北虏纪略［M］//（明）陈子龙. 明经世文编：第258卷，赵浚谷集. 北京：中华书局，1962：2732.
② （明）苏祐. 接报夷情疏（北虏开市）［M］//（明）陈子龙. 明经世文编：第216卷，苏司马奏议. 北京：中华书局，1962：2257.
③ （明）瞿九思. 万历武功录：第8卷，中三边二·俺答列传下［M］//薄音湖. 明代蒙古汉籍史料汇编（第四辑）. 呼和浩特：内蒙古大学出版社，2007：83.
④ （清）张廷玉. 明史：第327卷，鞑靼传［M］. 北京：中华书局，2011：8479.
⑤ （明）瞿九思. 万历武功录：第8卷，中三边二·俺答列传下［M］//薄音湖. 明代蒙古汉籍史料汇编（第四辑）. 呼和浩特：内蒙古大学出版社，2007：87.
⑥ 明世宗实录：第136卷，嘉靖十一年三月癸亥条［M］. 3209.
⑦ 明世宗实录：第136卷，嘉靖十一年三月癸亥条［M］. 3209.
⑧ 明世宗实录：第136卷，嘉靖十一年三月癸亥条［M］. 3209-3210.

来了严重的影响。

一、俺答求贡与明朝应对

嘉靖二十年（1541），俺答汗首次遣使石天爵、肯切到大同阳和塞求贡，曰："其父諲阿郎在先朝常入贡，蒙赏赉，且许市易，汉达两利。近以贡道不通，每岁入掠，因人畜多灾疾，卜之神官，谓：'入贡吉。'天爵，原中国人掠居房中者；肯切，系真夷，遣之同来，果许贡，当趣令一人归报。伊即约束其下，令边民垦田塞中，夷众牧马塞外，永不相犯。当饮血为盟誓。否，即徙帐北鄙而纵精骑南掠去。"① 大同镇官员接待了俺答的使者，巡抚大同都御史史道认为："房自弘治后不入贡且四十年，而我边岁苦侵暴。今果诚心归款，其为中国利殆不可言。第房势方炽，戎心叵测，防御机宜，臣等未敢少懈，乞亟下廷臣议所待之者。"②

长期兵戎相见，明朝已经失去了对蒙古诸部的信任，而且随着遣使偕行制度在景泰年间的终止，明朝对于蒙古诸部也缺乏应有的了解，再加上根深蒂固的民族歧视观念，明朝的最高统治者嘉靖皇帝根本不相信俺答的诚意，对于求贡之举断然拒绝。他说："丑房绎骚，迄无宁岁，各边总兵、巡抚官殊负委任，宣大近畿重镇尤宜谨备，乃往往失事，大启戎心。今却假词求贡。房情叵测，差去大臣不许循习常格，虚文塞责，务选将练兵，出边追剿。数其侵犯大罪，绝彼通贡。"③ 并且发布赏谕："果能擒斩俺答阿不孩者，总兵、总督，官俱加异，擢部下获功将士升五级，赏银五百两。户部即发帑银四十万两，兵部发马价银二十万两，各选廉勤郎中随军调度。仍推选科道官各一员，前往纪功。如无破房奇绩，大臣不许回京，并镇巡官一体坐罪。"④

与此同时，"小王子以石天爵等愆期不返，拥众并塞而南。遣谍来告，若贡事不谐，必三道并入，尽蹂秋稼"⑤。明边将扣留肯切等人，放石天爵回报消息。得到明朝不允贡市的消息，蒙古右翼诸部率兵大掠山西。《明实录》记载："天爵与肯切至，约以十日返报，比朝议久不决，房索天爵等急。都御史史道乃留肯切，遣天爵先返，并贻以布帛，房亦以马报之。既而贡议不允，

---

① 明世宗实录：第251卷，嘉靖二十年七月丁酉条 [M]．5030.
② 明世宗实录：第251卷，嘉靖二十年七月丁酉条 [M]．5030.
③ 明世宗实录：第251卷，嘉靖二十年七月丁酉条 [M]．5032.
④ 明世宗实录：第251卷，嘉靖二十年七月丁酉条 [M]．5032-5033.
⑤ 明世宗实录：第251卷，嘉靖二十年七月丁酉条 [M]．5033.

<<< 第三章 明代中期明蒙朝贡关系的逆转及明朝北疆社会治理的完全失控

虏乃大掠三关而去。"① 这更加剧了明朝对蒙古的不信任。自此之后，俺答累岁求贡，而明朝屡次加以拒绝。

嘉靖二十一年（1542）闰五月，俺答再遣使石天爵、满受秃、满客汉至大同求贡，向明朝进一步陈述了蒙古首领开设贡市的意愿，说："虏酋小王子等九部咸住牧青山，艳中国纱段。计所以得之者，唯抢掠与贡市二端。抢掠虽获有人畜，而纱缎绝少，且亦自有损失，计不如贡市完。因遣天爵等持令箭二枝，牌一面为信，誓请贡市。一请不得则再请，再请不得则三请，三请不得则纠众三十万，一循黄河东堧南下，一自太原向东南大城无堡寨地方，而以劲兵屯大同、三关待战。"② 明大同巡抚龙大有却擅自"斫天爵及肯切于市，传首九边枭示"③。明廷不仅没有追究龙大有擅杀使臣的行为，反而升其为兵部右侍郎兼右副都御史。④ 明廷拒贡杀使，使双方关系进一步恶化。不过，这也清楚地表明了嘉靖皇帝拒绝开市的坚定态度。

嘉靖二十五年（1546），俺答再次遣使大同。史载："虏酋俺答阿不孩遣夷使堡儿塞等三人款大同左卫塞求贡。虏自（嘉靖）二十年⑤石天爵诛后，信使遂绝。是岁，玉林卫百户杨威为零骑所掠，驱之种艺。虏乃为威言，节年入抢。为中国害虽大，在虏亦鲜利，且言，求贡市不可得。威自诡，能集事，虏乃归；威及同掠者数人，令先传意中国，然后令堡儿塞等款变庙山墩，投番文，言：'俺答选有白骆驼九头、白马九匹、白牛九只及金银锅各一，求进贡讲和。自后民种田塞内，虏牧马塞外，各守信誓，不许出入行窃。'大段如曩时石天爵所称者。墩卒纳之，会总兵官巡边家丁董宝等狙石天爵前事，遂杀三人者，以首功报。"⑥ 这次遣使，俺答表现出了极大的诚意，尤其是要送上"白骆驼九头、白马九匹、白牛九只及金银锅各一"的大礼，已经达到蒙古民族最高礼节。但是，换来的又是使臣的被杀。

不过，面对使臣被杀，求贡心切的俺答，仍表现出了极大的耐心。于当年七月，再次遣使大同。总督宣大侍郎翁万达将此次求贡详情上奏明廷："虏

---

① 明世宗实录：第262卷，嘉靖二十一年闰五月戊辰条［M］.5208.
② 明世宗实录：第262卷，嘉靖二十一年闰五月戊辰条［M］.5209-5210.
③ 明世宗实录：第262卷，嘉靖二十一年闰五月戊辰条［M］.5209.
④ 明世宗实录：第262卷，嘉靖二十一年闰五月戊辰条［M］.5209.
⑤ 明世宗实录：第262卷，嘉靖二十一年闰五月戊辰条记载，嘉靖二十一年（1542）石天爵等三人受俺答所遣至大同边外求贡，明朝官军将其诱杀，而非嘉靖二十年，疑该记载有误。
⑥ 明世宗实录：第311卷，嘉靖二十五年五月戊辰条［M］.5835-5836.

129

酋俺答阿不该递至有印番文一纸，且言欲自到边陈款。及据降人供报虏中消息称，俺答知打卦看数，见把都台吉、满官填等龙年抢广昌、蛇年抢阳和不利，说羊马年乃彼旺相进贡时候。又称，进贡事若迟，恐把都出其东，吉能出其西，有坏大事。臣怀夷人所称龙蛇马羊年即辰巳午未年也。所称出其西则陕西，出其东则蓟辽。"①

翁万达认为这是改善明蒙关系的重要机会。他说，俺答部"种类繁多，凶焰日炽。秋期已届，草茂马壮，正彼狂逞之时，乃遣使求通，虽已被杀，犹屡请不已。或谓虏性贪利，入寇则利在部落，通贡则利在酋长，即其所请之急，意在利吾赏赐耳。使处之当，而不拂其情，虏众虽狂或可抚定。不为之处，则旦夕之变，不无可虞处之少，迟则机会毫发之间，恐又难待万一，词涉不逊，亦当姑示羁縻，以观其动，而随机应之，不宜遽尔峻拒也"②。结果明廷以"今次番文似是诈伪"③为由，要求总督翁万达再加审诘。不久，俺答"又遣夷使李天爵持番文至，谓吉能欲犯河西，渠差人往谕，谓且入贡南朝，止令勿抢"④。总督翁万达据实上报，但兵部认为"虏大营不动以牵我师，求贡不绝以缓我备"，嘉靖皇帝因此做出决定，严令边将"整兵严备，相机出塞剿杀"⑤。

俺答三次"卑词求贡"⑥，均表现出了极大的诚意，但是明廷仍不为所动，反而斩杀来使，整顿军备，相机剿杀，遂"大失夷心"⑦。然而，即便如此，俺答仍然没有放弃求贡。为了争取与明廷建立贡市关系，嘉靖二十六年（1547），俺答特地召集蒙古右翼首领，进行会商，并制定互市盟约。之后，俺答又于当年四月，派李天爵等四人持"番文"求贡，并表达了与明和好的愿望。言："其先祖父俱进贡，今虏中大神言羊年利于取和。俺答会集保只王子、吉囊台吉、把都台吉四大头目商议求贡。若准，彼进黑头白马一匹，白骆驼七只，骟马三千匹，求朝廷白段一匹与大神，裼袍麒麟蟒段等件各头目穿用。边内种田，边外放马，夷汉不相害。东起辽东，西至甘凉，俱不入犯。今与中国约，若达子入边墙作贼，中国执以付彼，彼尽夺其人所畜马以偿中

---

① 明世宗实录：第313卷，嘉靖二十五年七月戊辰条［M］.5862-5863.
② 明世宗实录：第313卷，嘉靖二十五年七月戊辰条［M］.5863.
③ 明世宗实录：第313卷，嘉靖二十五年七月戊辰条［M］.5864.
④ 明世宗实录：第313卷，嘉靖二十五年七月戊辰条［M］.5865.
⑤ 明世宗实录：第313卷，嘉靖二十五年七月戊辰条［M］.5865.
⑥ 明世宗实录：第311卷，嘉靖二十五年五月戊辰条［M］.5836.
⑦ 明世宗实录：第311卷，嘉靖二十五年五月戊辰条［M］.5836.

国,不服则杀之。若汉人出草地作贼,彼执以付中国治罪,不服亦杀之,永远为好,递年一、二次入贡。若大师每许代奏,即传谕部落,禁其生事。"①宣大总督翁万达、巡抚詹荣、总兵周尚文联名将这一情况上奏明廷,并婉转地表示了三人的意见:

> 虏自冬春来游骑信使款塞求贡,不下数十余次,词额恭顺。臣等以夷情叵测,未敢轻议也。将原来夷使省谕回营,责取印信封诰,期以今秋西不犯延、宁、耳(应为"甘"——笔者注)、固,东不犯辽、蓟。以取信者,不难于印信番文之必来,而难于东西各边之不犯。设虏果如约而至,而犹复终绝之,则彼之构怨可待,而其鼓众也,有词;其报我也,必专而力,即我受彼之诈而中变焉,则虏负不义之名,而举无名之寇,其为患亦终。弱且缓此曲直老壮之所攸分也。
>
> 况边臣职守之,常贡亦备,不贡亦备。初,不因是以为增损,如或虑其入贡为窥伺中国、为困扰我边、为反覆窃发也,则当伏机而审待之,或限之以地,受方物于边城之外;或限之以人,质其亲族头目百十人于镇城;或限之以时,俟踰秋及冬,然后须赏。如是,则虏诚也,固在吾羁縻之中。诈也,亦得免冲决之害矣。
>
> 夫不揆理之曲直、事之利害,以虏求贡为决不可许者,非虞衒者也;以虏之纳贡为定情而懈其防闲一任所请者,非量敌者也。臣等夙夜兢兢敢不熟思审处,幸惟庙谟速决,俾边臣得从事焉。②

不过,由于明世宗一直对蒙古诸部心存芥蒂,此次请求,也毫无悬念地被其拒绝了。之后,明世宗又斥责翁万达等人"乃敢听信求贡诡言,辄浮词代为闻奏,殊为渎罔"③。并命令总督官申饬镇巡诸臣"协心弹殚力,通事人役违法启衅者,处以重典"④。

明朝大臣对嘉靖皇帝的做法表示支持。巡按御史黄汝桂对此上奏道:"北边自火筛为梗,贡礼寖废,迄今四十余年。自嘉靖辛丑,北边诸部怀叵测之谋,石天爵倡入贡之请。去岁至今,又复踵行前诈,岂可轻信,堕其计中。盖诸寇自庚子以来,连年蹂大同,深入潞、泽、宣府,抵紫荆,西掠延绥,东寇辽阳,涂炭我疆宇,杀掠我人民。凡我臣工,皆思剸此以雪愤。但时未

---

① 明世宗实录:第322卷,嘉靖二十六年四月己酉条 [M].5983.
② 明世宗实录:第322卷,嘉靖二十六年四月己酉条 [M].5983-5984.
③ 明世宗实录:第322卷,嘉靖二十六年四月己酉条 [M].5985.
④ 明世宗实录:第322卷,嘉靖二十六年四月己酉条 [M].5985.

可乘，势当徐图耳。故贡亦寇，不贡亦寇者，外寇之故习也；贡亦备，不贡亦备者，边臣之至计也。事机贵乎先图，军令重于申命。乞严敕总督、镇、巡等官，加防御。"① 其意见基本与嘉靖皇帝一致。

而翁万达、张居正、杨一清等人对此却持反对意见。张居正认为开市有五大好处："虏既通贡，逻骑自稀，边鄙不耸，稿人成功，一利也。防守有暇，可以修复屯田，蓄吾士马之力。岁无调援，可省行粮数十百万，二利也。土蛮、吉能，每借俺答以为声势，俺酋既服，则二虏不敢轻动，东可以制土蛮，西可以服吉能，三利也。赵全等既戮，板升众心已离。吾因与虏约，有愿还者，必勿阻之。彼既无勾引之利，而又知虏之不足恃，则数万之众，皆可渐次招来，曹州之地可虚矣，四利也。彼父子祖孙，情乖意阻，虏运将衰，其兆已见。老酋死，家族必分：不死，必有冒顿、呼韩之变。我得其机而行吾之计，五利也。"②

兵部右侍郎杨守谦也支持开市。史载："壬寅（嘉靖二十一年，1542）夏，俺答叩边通款，杨职方博过谦曰：'俺答求贡，今当如何？'谦曰：'宜许。'杨意亦同。及兵部疏上，当道驳之。再上，而议论异矣。既而斩石天爵，又购斩俺答。夫兵交使在其间，况求贡乎？杀一天爵何武。借曰不许，亦当善其辞说，乃购斩之，此何理也？横挑强胡，涂炭百万，至今无一人知其非者。巡抚史道乃以交通外夷拟重罪，虽释不诛，当事者惧矣。夫今之以贡为疑者必曰宋以和议误国，不知此贡也，非和也。九夷八蛮皆许入贡，何独北虏而绝之？昔正统北狩，也先求贡，少保于肃愍公曰：'和则不可，入贡在所不拒。'不拒云者，圣王待夷狄之道也。或曰，贡使往返畿辅，窥我险易。不知此易防也，馆其人于大同，进其方物于京师，亦何不可？今朵颜诸夷不往返乎。或曰，虏初无诚心，假此启衅。不知虏利吾货，何有不诚？连岁入寇，岂待有衅？或曰，验放之时，大惧不虞。不知虏众入寇，我仓卒以孤军御之，验放有定期定处，我征兵为备反有虞耶？或曰，得货之后，彼将败盟。不知犬羊嗜利，贪汉财物，含哺于前，朵颐于后，肯自沮乎？纵使卖我，所失几何？或曰，通贡警息，我必怠于自治。不知怠不怠在我，不在贡不贡也。尝恨成化间不能及时设险，使虏复贡，我以其间暇尽筑宣大及花马

---

① （清）谷应泰．明史纪事本末：第60卷，俺答封贡［M］．北京：中华书局，1977：915．

② （明）张居正．答王鉴川计贡市利害［M］//张居正．张文忠公全集．上海：商务印书馆，1935：249．

池边，内多为大堡，募民尽耕其地，使谷贱如成、弘间，则何为而不可也。昔嘉靖初土鲁番求贡，当时皆有危言，及晋溪王公许之，今十数年西鄙少事。乃知当大事者非有真见不可，蓄疑者未始不败谋也。"①

翁万达则从俺答求贡的急切表现感受到了其真心求贡之意。为此，翁万达多次上疏向嘉靖皇帝表达此意。嘉靖二十六年（1547）翁万达上疏："自去冬及春，游房零骑，至墩讲说，年年求贡，奚啻数十余次，意亦勤恳。"② 嘉靖二十七年（1548年）三月，总督宣大翁万达又上言："俺答复投译书求贡。"帝命拒之。五月，俺答寇偏头关。

至嘉靖二十八年（1549年），俺答又使人求贡，再遭拒绝。史载，俺答"拥众寇宣府，束书矢端，射入军营中，及遣被掠人还，皆言，以求贡不得，故屡抢。许贡，当约束部落不犯边，否则秋且复入，过关抢京辅"③。嘉靖认为俺答"求贡诡言，屡诏阻格，边臣不能遵奉，辄为奏渎，姑不问，万达等务慎防守，毋致疏虞。其有家丁通事人等私通启衅者，廉寔以闻，重治之"④，再次给予拒绝。而宣大总督翁万达则感觉到了俺答的愤怒之意，他说俺答"言词桀骜，有要挟意，与数年前遣使时情状异矣"⑤。

俺答连年求贡，换来的却是明朝一而再，再而三的拒贡，甚至杀使。即使俺答为显求贡之诚意，表现出了极大的耐心，但是在这种情况下，也激起了俺答的愤怒，更激起了蒙古诸部的愤怒。这直接导致了嘉靖二十九年"庚戌之变"的发生。此即为俺答"无岁不求贡市"⑥，屡屡被拒的最直接的反映。

二、嘉靖三十年大同马市的开设与明朝"绝贡政策"的实施

"庚戌之变"的发生，是明朝屡屡拒绝俺答求贡的结果。从蒙古诸部的角度来看，"庚戌之变"是俺答以武力胁贡，是俺答求贡的一个构成方面。在事件发生后，俺答的态度非常明确，就是要求明朝通贡。

---

① （明）王士琦. 三云筹俎考：第1卷，安攘考［M］//薄音湖，王雄：明代蒙古汉籍史料汇编（第二辑）. 呼和浩特：内蒙古大学出版社，2006：393-394.
② （明）翁万达. 北房求贡疏（北房求贡）［M］//（明）陈子龙. 明经世文编：第224卷，翁东涯文集（二）. 北京：中华书局，1962：2350-2351.
③ 明世宗实录：第347卷，嘉靖二十八年四月丁巳条［M］.6292.
④ 明世宗实录：第347卷，嘉靖二十八年四月丁巳条［M］.6292.
⑤ 明世宗实录：第347卷，嘉靖二十八年四月丁巳条［M］.6292.
⑥ 明世宗实录：第364卷，嘉靖二十九年八月甲申条［M］.6500.

俺答在围困北京城的时候，便主动提出通贡的要求，"纵所掳马房内官杨增持书入城求贡"①。书信是用汉文书写的，说："予我币，通我贡，即解围，不者岁一虔尔郭。"② 明朝以其书皆汉文，疑而不信。礼部尚书徐阶在集廷臣议俺答求贡事时上言："虏酋悖逆天道，犯我郊畿，虔刘人民，蹂践上地，揆之大义，所当必诛。今虽称臣求贡，信使不入，表文不具，且其文书皆汉字，真伪不可知。臣等以为求贡必不可许，且遣通事赍敕谕虏酋，如悔罪求贡，则当敛兵出境，具表款塞，听朝廷处分。如驻兵境内，要求速赏，则惟有励将集兵，以大兵讨，必使匹马不返，以泄神人之怒。"③ 嘉靖皇帝则认为"不得轻信伪书，致堕虏计"，要"集兵剿杀"④。

在明朝答应其退兵即通贡之后，俺答随即引兵退去。同时派其子脱脱"率十余骑诣宣府宁远堡暗门，呼通事出，攒刀为誓，求通贡市，赠通事马二匹，留真夷虎刺记等四人为质而去。未几，复缚我叛卒朱锦、李宝以示诚恳"⑤。俺答再次表示了通贡的诚恳之意。因双方有约在先，嘉靖三十年（1551）初，明廷派史道与俺答议定马市，一年开两次，马市以缎布、米、麦易蒙古之牛、羊、马匹，但是只许开马市，决不许贡。⑥

嘉靖三十年（1551）春，明廷拨内帑库银十万两，在大同镇羌堡、宣府新开口堡以及延绥、宁夏开马市，准以马易布帛。对于此次马市的促成，俺答"喜甚"⑦，亲临大同，向明廷献九马，并告诫诸部首领"毋饮酒失事，毋予驽马，马必身腰长大，毛齿相应，然后入"。之后，又与其子脱脱"巡徼关市下"⑧，以维持市易秩序，表现出了极大的诚意。马市交易结束之后，俺答"得汉天子金币，喜扬扬，甚自得，以为持归是可以矜夸小王子矣"⑨。

---

① （清）张廷玉. 明史：第327卷，鞑靼传 [M]. 北京：中华书局，2011：8481.
② （明）叶向高. 四夷考：第7卷，北虏考 [M]. 台北：台湾华文书局，1968：615.
③ 明世宗实录：第364卷，嘉靖二十九年八月甲申条 [M]. 6499-6500.
④ 明世宗实录：第364卷，嘉靖二十九年八月甲申条 [M]. 6500.
⑤ 明世宗实录：第371卷，嘉靖三十年三月壬辰条 [M]. 6621.
⑥ （明）瞿九思. 万历武功录：第7卷，中三边一·俺答列传中 [M] //薄音湖. 明代蒙古汉籍史料汇编（第四辑）. 呼和浩特：内蒙古大学出版社，2007：57.
⑦ （明）冯时可. 俺答前志 [M] //薄音湖，王雄. 明代蒙古汉籍史料汇编（第二辑）. 呼和浩特：内蒙古大学出版社，2006：123.
⑧ （明）瞿九思. 万历武功录：第7卷，中三边一·俺答列传中 [M] //薄音湖. 明代蒙古汉籍史料汇编（第四辑）. 呼和浩特：内蒙古大学出版社，2007：58.
⑨ （明）瞿九思. 万历武功录：第7卷，中三边一·俺答列传中 [M] //薄音湖. 明代蒙古汉籍史料汇编（第四辑）. 呼和浩特：内蒙古大学出版社，2007：59.

第三章 明代中期明蒙朝贡关系的逆转及明朝北疆社会治理的完全失控

这次马市，宣、大、延、宁共市马一万余匹。主持大同马市的兵部侍郎史道"进虏谢恩马九匹，番表一通。道谓：'虏自四月二十五日入市至二十八日，虏马尚多，以我段布既竭而止。俺酋约束部落，终始无敢有一人喧哗者。南向黄帏香案叩头极恭，迹颇驯顺。其番奏所云，皆为悔罪自惩之言'。今秋或可无虞"①。明廷又大加赏赐俺答及其部下、使臣人等。② 七月，俺答又执明"妖叛萧芹、吕明镇及芹子萧得玉来献"③，再次表达其诚意。

嘉靖三十年（1551）的开市，俺答等蒙古诸部首领为了显示诚意，主动约束部众。互市结束之后，边疆地区也维持了相对和平的局面。嘉靖三十年（1551）十二月，总督陕西三边尚书王以旗就上报："延宁马市完，凡易马五千余匹。虏酋狼台吉等约束部落，终市无哗。涉秋及冬，三边绝警。"④ 明廷所希望的边疆地区的稳定出现了。兵部也认为"今岁九边功收不战，良以马市羁縻之故"⑤。因此，在马市结束后，明廷对明蒙双方参与互市管理的官员进行赏赐。⑥ 宣府也"以虏守约，互市不绝"⑦。嘉靖三十一年（1552）正月，俺答再遣使求市，"进马九匹，牵马三百余匹求互市，请饲牧弘赐堡"⑧。后又在宣府边外"数叩关求市"⑨。宣府抚臣刘玺上奏曰："自开互市，大同寇盗不为里止，而宣府晏然，今乘其效顺之机，抚之易耳，请无拘臣以一年两次之期，容令络绎开市，羁縻虏情，于国计甚便。"⑩ 意图趁机行羁縻之策，以安众蒙古。明廷表示同意，"但原限银无过五万，马无过五千，能守此，则虽一年数市，亦当听之"⑪。

然而，这种良好的局面并没有维持多久就被打破。在大同马市结束后，很快就发生了蒙古零骑犯边之事。史道对此记述道："虏欲以牛羊易谷豆者，候命不得，遂分散为盗无虚日。十一月间，人入边三次，抢掳人畜甚众。边

---

① 明世宗实录：第373卷，嘉靖三十年五月乙巳条 [M]．6660．
② 明世宗实录：第373卷，嘉靖三十年五月己巳条 [M]．6662．
③ 明世宗实录：第375卷，嘉靖三十年七月癸巳条 [M]．6681．
④ 明世宗实录：第380卷，嘉靖三十年十二月甲寅条 [M]．6731．
⑤ 明世宗实录：第380卷，嘉靖三十年十二月甲寅条 [M]．6731．
⑥ 明世宗实录：第380卷，嘉靖三十年十二月甲寅条 [M]．6731-6732；明世宗实录：第381卷，嘉靖三十一年正月乙未条、戊戌条 [M]．6745-6746、6747．
⑦ 明世宗实录：第389卷，嘉靖三十一年九月癸卯条 [M]．6845．
⑧ 明世宗实录：第381卷，嘉靖三十一年正月丁亥条 [M]．6742．
⑨ 明世宗实录：第381卷，嘉靖三十一年正月丁未条 [M]．6750．
⑩ 明世宗实录：第381卷，嘉靖三十一年正月丁未条 [M]．6751．
⑪ 明世宗实录：第381卷，嘉靖三十一年正月丁未条 [M]．6751．

臣遣人责问，俺答则谩应曰：'诸贫虏无从得食，禁不能止。如中国法虽严，民间岂尽无寇窃耶？我能自不入犯，不能禁部下之不盗也。'"① 引起了边臣的不满。

嘉靖三十年（1551）十二月，"俺答有妹夫卜吉哥者，以道远赴市后期，俺答虑分市利，令自山西求市。山西守臣不应，则复叩大同，与市于大沙沟。凡易马四百匹，进马十八匹。薄暮，虏潜众袭入，复夺其马匹及掠人口，儳其衣而去。事闻，诏以非时开市，又以无备纳侮，停巡抚何思及暂管总兵王怀邦俸"②。

嘉靖三十年（1551）设市，宣府亦奏"虏益骄，方张家口开市毕，次日即入常峪口肆掠"，边臣要求罢市。③ 嘉靖三十年（1551）八月，"俺答复请以牛马易粟豆，求职役诰敕"④，嘉靖皇帝据此认为："虏变诈，要求不可准。令大将及各总督镇巡官一意以战守为事。"⑤ 并斥责史道等官员，"虏乞请无厌，史道不思处置边备，乃为渎奏，其令即日回京"。"自是虏谓中国不足信，复时时剽掠境上。然嗜马市利，未肯公言大举。边臣亦与之互易不绝，以中其心，大段畏而陷之，无复前时制驭羁縻之略矣。既逾年。虏好复绝。"⑥ 同时，俺答"又潜约河西诸部内犯，堕诸边垣。帝恶之，诏罢马市"⑦。自此，各边马市于嘉靖三十一年（1552）全部关闭。

关闭互市之后，对于蒙古的求贡之举，明朝均不予理睬。嘉靖三十一年（1552），大同"自弘赐堡拒虏市后，日苦侵暴，虏屡传言，求开市如初，无敢应者，至是复遣前开市时夷使丫头智来求市，且云，不允则大举入寇"⑧。结果被明通事官林丛兰"诱入境，缚之"⑨。总督侍郎苏祐"斩丫头智于大同市，枭首各镇"⑩。第二年，俺答遣使"赏杓儿等六人贡马求市"⑪。嘉靖三十

---

① 明世宗实录：第381卷，嘉靖三十一年正月丁亥条［M］．6741.
② 明世宗实录：第381卷，嘉靖三十一年正月丁亥条［M］．6741-6742.
③ 明世宗实录：第389卷，嘉靖三十一年九月癸卯条［M］．6845.
④ （清）张廷玉．明史：第327卷，鞑靼传［M］．北京：中华书局，2011：8481.
⑤ 明世宗实录：第376卷，嘉靖三十年八月壬戌条［M］．6693.
⑥ 明世宗实录：第376卷，嘉靖三十年八月壬戌条［M］．6693.
⑦ （清）张廷玉．明史：第327卷，鞑靼传［M］．北京：中华书局，2011：8481.
⑧ 明世宗实录：第382卷，嘉靖三十一年二月庚辰条［M］．6767.
⑨ 明世宗实录：第382卷，嘉靖三十一年二月庚辰条［M］．6767.
⑩ 明世宗实录：第382卷，嘉靖三十一年二月庚辰条［M］．6768.
⑪ 明世宗实录：第394卷，嘉靖三十二年二月乙卯条［M］．6930.

三年（1554），"把总儿台吉射书宣府城中，乞开市"①。蒙古各部又多次遣使求贡开市，但明朝方面根本不正视这一问题，泛以"反覆多诈"②"奸谋叵测"③为由，不予理睬。

通观此次马市的开始，可以很清楚地看出此次马市废止的原因。一者，明朝在马市上所得马匹质量低劣。王世贞在《北虏始末志》中说："咸宁侯既为政，始议开马市以中虏欲，而宽其深入之谋。则命侍郎史道往莅之。俺答与其子贪中国赂，因互市不绝。然中国岁费以数十万计，所获马皆驽下，而贼亦小小为寇如恒时。"④ 二者，明朝以马市羁縻蒙古诸部的目的并没有达到。首先，马市的开设，并没有为明朝带来边境的安宁，蒙古依然寇盗不止。方孔炤在《全边略记》中说："初虏守我约，不之绝，近益骄，方市于张家口，越日而肆掠。"⑤ 蒙古"嗜马利，未肯公言大举，边吏亦与之互易，不绝其心，畏而啖之。逾年，虏好复绝。虏既不得易牛羊，分散为盗无虚日。冬三入，掠甚众。边人责之，俺答谩应曰：诸贫者乏食，禁不能止"⑥。其次，马市的开设还削弱了明朝的边疆防御能力。《全边略记》记载："时虏以羸马索厚值，弗予，辄大哗。同市则寇宣，宣市则寇同，甚者朝市暮寇，并掠羸马去。而虏众往来动称互市，将士不敢言，边垣营堡俱撤，无复藩屏"⑦。正因如此，在巡按蔡朴请求罢除马市时，嘉靖皇帝也下定决心："边市悉禁，敢有效逆建言者斩。"⑧

嘉靖三十一年（1552）马市的关闭，意味着明嘉靖时期对蒙古全面"绝贡"政策的实施，经济羁縻政策被全面抛弃。因此，自马市关闭后，明蒙重新陷入连绵不断的争战之中。一方面，明朝时常派边军深入蒙古草原捣巢杀

---

① 明世宗实录：第411卷，嘉靖三十三年六月丙戌条［M］.7165.
② 明世宗实录：第411卷，嘉靖三十三年六月丙戌条［M］.7165.
③ 明世宗实录：第473卷，嘉靖三十八年六月己酉条［M］.7941.
④ （明）王世贞.北虏始末志［M］//薄音湖，王雄.明代蒙古汉籍史料汇编（第二辑）.呼和浩特：内蒙古大学出版社，2006：24.
⑤ （明）方孔炤.全边略记：第3卷，宣府略［M］//王雄.明代蒙古汉籍史料汇编（第三辑）.呼和浩特：内蒙古大学出版社，2006：119.
⑥ （明）方孔炤.全边略记：第2卷，大同略 雁门、宁武、偏头三关略在内［M］//王雄.明代蒙古汉籍史料汇编（第三辑）.呼和浩特：内蒙古大学出版社，2006：75-76.
⑦ （明）方孔炤.全边略记：第2卷，大同略 雁门、宁武、偏头三关略在内［M］//王雄.明代蒙古汉籍史料汇编（第三辑）.呼和浩特：内蒙古大学出版社，2006：75.
⑧ （明）方孔炤.全边略记：第3卷，宣府略［M］//王雄.明代蒙古汉籍史料汇编（第三辑）.呼和浩特：内蒙古大学出版社，2006：119.

口、赶马烧草,使得俺答等部冬春人畜难过。另一方面,面对蒙古各部大规模地有组织南掠,明朝不得不加紧战备,增强守御,然而防守之策日见计穷而力绌。

三、明朝边疆社会的彻底失控

在马市彻底关闭之后,明蒙之间又成了完全对立的双方,至此,明蒙之间的战事不断,明朝的北部边疆地区社会治理完全失控。

(一)御边无策

与蒙古贸易通道的全面关闭,意味着明朝北疆防御的全面展开。但在该时期,明朝上下却没有切实可行的御虏之策。对于明蒙关系的处理,毫无头绪,既无整体的策略,又无具体的措施,明朝君臣上下基本采取的是"头疼医头,脚疼医脚"的方式。这是由于双方交流通道的关闭,明廷对于蒙古各方并不了解造成的。在嘉靖二十九年(1550),仇鸾就曾指出这个问题。美国汉学家亨利·赛瑞斯(Henry Serruys)也认为仇鸾的判断适用于明朝的大部分时期。他说:"仇鸾做出的关于蒙古人对中国的了解远远多于中国人对蒙古的了解的判断适用于明朝的大部分时期。"① 不知蒙古内情,当然不可能及时采取正确的对蒙政策。时人萧大亨就指出了明朝处理明蒙关系的这一特点,他说:"弘正以后,战绌议守,守绌议贡,贡绌而复议战,竭天下力以举之,无宁岁。"②

总督宣大的兵部尚书江东就曾上疏嘉靖皇帝说:"北虏自(嘉靖)二十九年深入之后,谋臣经略无虑数家。有为修边之说者,宣府东自开平西至洗马林,大同东自新平西至丫角山,山西则自偏头以至平刑,筑垣乘塞,延袤三千里,而一时中外翕然。谓可恃以无虞。及其虏之溃墙直下,曾无结草之固;又有为筑堡之说者,使人自为战,家自为守,棋布星罗,遍满山川。然虏一深入,望风瓦解,村落歼则掠及小堡,小堡空则祸延中堡,中堡尽而大堡存者仅十之一二;又有谓守无足恃倡为血战之说者,惟以战胜为功,不以败亡为罪,而不度彼已易于尝虏,良将劲兵销灭殆尽。凡此之计,臣已目见其困

---

① [美]赛瑞斯. 明代中蒙关系:贡赋制度和外交使臣(1400-1600).526,转引自于墨颖. 明蒙关系研究——以明蒙双边政策及明朝对蒙古的防御为中心[D]. 呼和浩特:内蒙古大学,2004:52.
② (明)萧大亨. 北虏风俗[M]//薄音湖,王雄. 明代蒙古汉籍史料汇编(第二辑),呼和浩特:内蒙古大学出版社,2006:236-237.

矣。万不得已，惟有保全边堡一策最为切要。"① 随后提出了边堡的十大优势，力主修筑边堡以加强北方长城一带的防御。②

而明朝的最高统治者嘉靖皇帝，不积极谋划御虏之策，而仅仅只是顽固奉行闭关绝贡政策。面对蒙古日益加重的南扰之举，嘉靖皇帝苦于蒙古诸部之扰，"最厌见夷狄字面"，某次，会试中见"夷狄"二字即"大怒"，对于考生则"欲置重典"，幸赖"徐华亭诡辞解之而止"③。晚年时期，则"每写夷狄字必极小，凡诏旨及章疏皆然，盖欲遵中国卑外夷也"，④ 根本没有解决危机的办法。"（嘉靖）四十年秋，俺答纠诸部深入云晋，攻陷石、隰，转掠汾、代……世宗皇帝屡降明诏，购能擒斩者爵通侯，赏万金，二十年无能应者。今上皇帝即位之初，大集廷议，申明赏格，严饬边臣，期在必获。"⑤

嘉靖皇帝的刚愎自用，又造成明廷在对待蒙古问题上时守时攻，态度摇摆，毫无章法可言，这让地方边臣无所适从，欲守无力，欲战不能，欲贡不允，最终只能"战守无策，专事蒙蔽"⑥。以至于针对蒙古诸部频频南下，明朝官军在多数情况下，往往坐视其掠，坚壁不出，任凭蒙古肆虐而去，以求自保。《筹边纂议》对此记载道："成化以来，火筛、小王子跳梁猖獗，大同、宣府、延、夏、甘肃疲于奔命，朝廷旰食，殆无宁岁。迄于今日，吉囊侵扰，尤异往时，控弦十万，长驱深入，蹂践疆场，残毁城堡，烽火通于秦渭，羽书飞乎京毂，挫衄不支，失亡相继，情见力屈，虏益得志。"⑦ 与此相对应，明朝"以债帅成风，骁将失职，盐法坏而弗修，屯田废而徒设，仓府空虚，衣粮不给。六边将士，枵腹荷戈，日不一饱，寒冬栗烈，衣不蔽体。虏至则丧胆褫魄，奔北不暇；虏退则上下相庆，谓且亡事"⑧。

---

① 明世宗实录：第510卷，嘉靖四十一年六月甲寅条［M］.8393-8394.
② 明世宗实录：第510卷，嘉靖四十一年六月甲寅条［M］.8394.
③ （明）沈德符.万历野获编：第2卷，列朝·触忌［M］.北京：中华书局，1959：57.
④ （明）沈德符.万历野获编：第2卷，列朝·触忌［M］.北京：中华书局，1959：57.
⑤ （明）方逢时.云中处降录［M］//薄音湖，王雄.明代蒙古汉籍史料汇编（第二辑）.呼和浩特：内蒙古大学出版社，2006：80.
⑥ （明）张瀚.松窗梦语：第3卷，北虏纪［M］.北京：中华书局，1985：52.
⑦ （明）郑文彬.筹边纂议：第1卷，惩胡论［M］//全国公共图书馆文献编委会.中国公共图书馆古籍文献珍本汇刊·史部.北京：中华全国图书馆文献缩微复制中心，1999：121.
⑧ （明）郑文彬.筹边纂议：第1卷，惩胡论［M］//全国公共图书馆文献编委会.中国公共图书馆古籍文献珍本汇刊·史部.北京：中华全国图书馆文献缩微复制中心，1999：121-122.

总之，嘉靖时期，明朝在对待蒙古问题上毫无策略可言，"其对蒙政策往往因帝王的好恶和权臣的起落而反复"①。杨一清对该时期的明朝北疆防御评价道："慎封疆守要害，设险自固，以逸待劳，斯得策也，又避而不为。"②可谓中的。

（二）走私贸易猖獗

明朝统治者对蒙古诸部实行"绝贡"政策，这意味着全面地对蒙经济封锁。明朝北部的边界全面封闭，双方的贸易通道全部关闭。无论官方的贸易还是民间贸易都无法开展，明蒙之间的经济联系彻底断绝。但是，双方的经济需求不以政治力为约束，因此，在长城沿线地区，走私贸易（为了叙述方便，下文仍使用"私市"一词）在此时反而逐渐发展起来，并呈现出繁荣发展的趋势。据研究，该时期，自官方贸易断绝之后，"东自辽东，西至山西、陕西、宁夏、甘肃的边境地带都出现了私市"③。"私市"成为这一时间民间民族贸易的主要形态。④

边兵、边民和牧民是该时期私市的主体。蒙古方面，牧民为换取生活必需品，每年春季，成群结队携帐驱畜络绎于塞下，以"一牛易米豆石余，一羊易杂粮数斗"，"无畜者"则"或驮盐数斗易米豆一二斗，挑柴一担易米二三升，或解脱皮衣，或执皮张马尾，各易杂粮充食"⑤。据学者研究，俺答汗也参与了私市贸易。"蒙文《俺答汗传》载，俺答在大同边地有食邑之地，这实际上是指沿边各堡同蒙古族的私市。"⑥

由于大量边民逃亡虏地，被俺答所用，私市已经蔓延至内地。史料记载，嘉靖四十五年（1566），赵全、李自馨等为了讨好俺答"驱赶掳去汉人，采打木植，于俺答前盖朝殿后盖寝殿七间，东南角建盖仓房三间，又于城上周围建盖两滴水楼五座"，还"密遣奸细窃入各城，易买金箔并各色颜料回营，将

---

① 于墨颖. 明蒙关系研究——以明蒙双边政策及明朝对蒙古的防御为中心[D]. 呼和浩特：内蒙古大学，2004：44.
② （明）杨一清. 东西涯先生（套房）[M]//（明）陈子龙. 明经世文编：第118卷：杨石淙文集五. 北京：中华书局，1962：1122.
③ 阿萨拉图. 明代蒙古地区和中原间的贸易关系[J]. 中国民族，1964（Z1）.
④ 许永峰. 明朝中前期北直山西长城沿线的明蒙贸易——兼论明蒙民族贸易的民间化趋势[J]. 山西档案，2016（01）：137-139.
⑤ （明）王崇古. 酌许虏王请乞四事疏（北虏封贡）[M]//（明）陈子龙. 明经世文编：第318卷，王鉴川文集（三）. 北京：中华书局，1962：3379.
⑥ 邢野，王星明. 内蒙古十通·旅蒙商通览（下册）[M]. 呼和浩特：内蒙古人民出版社，2008：26.

修完前后殿楼妆彩龙凤花样，耸动彼处汉夷"①。嘉靖年间，俺答患严重腿疾，赵全言："我善治，惜无药耳。"后隐匿在应州城，买了乳香、地黄、良姜诸药材。②

与此同时，朝贡使团往返沿线的走私贸易也很猖獗。为此明廷不得不三令五申，严禁沿途军民与朝贡使团进行贸易。嘉靖时期曾敕令陕西、河南、直隶等处，"各夷回还之日，但有与军民交通卖买在驿递延住一日之上者，住支廪给，军民枷号问罪，伴送人员不为钤束，从重治罪"③。可见私市贸易之猖獗。

明廷虽屡下禁令，但私市范围和规模却不断发展，东自辽东，西至山西、陕西、宁夏、甘肃的边境地带都出现了私市。私市的发展，使明蒙人民接触日频，出现了"虏代墩军瞭望，军代达虏牧马"④的现象。这说明，守边官军也参与到了与蒙古诸部的私市之中。据史料记载，嘉靖中期，大同总兵周尚文便"私使其部与虏市"⑤。大同镇边墩哨军则更加肆无忌惮。史载："大边墩哨军每二人贴一，全不坐哨，专事交通，时以粮银私买货物，深入分定虏帐，交结酋妇，辗转图利。"⑥ 私市贸易极为活跃，以至于"沿边各堡，有月钱之科派；大边墩哨，有分帐之买卖"⑦。这表明已经形成了主顾关系，交易人数和规模不会少。据学者研究，"仅大同墩哨军每月同牧民的交易额，约可达3000两银"⑧。其时"大同墩哨军约5000人，每人每月行粮2石，按照当时价格共合折银万两，每二人贴一，三人中即有一人的粮银完全用作私市货资。如果用这些银两购买布匹来交易，那就将有2万余匹梭布输入塞北，

---

① 佚名. 赵全谳牍 [M] //薄音湖、王雄. 明代蒙古汉籍史料汇编（第二辑）. 呼和浩特：内蒙古大学出版社，2006：112.

② （明）瞿九思. 万历武功录：第7卷，中三边一·俺答列传中 [M] //薄音湖. 明代蒙古汉籍史料汇编（第四辑）. 呼和浩特：内蒙古大学出版社，2007：65.

③ （明）严从简. 殊域周咨录：第15卷，撒马儿罕 [M]. 余思黎，点校. 北京：中华书局，2000：490.

④ 明世宗实录：第364卷，嘉靖二十九年八月丁丑条 [M]. 6483.

⑤ （明）瞿九思. 万历武功录：第7卷，中三边一·俺答列传上 [M] //薄音湖. 明代蒙古汉籍史料汇编（第四辑）. 呼和浩特：内蒙古大学出版社，2007：50.

⑥ （明）王崇古撰：《禁通虏酌边哨以惩夙玩疏（资哨行间）[M] // （明）陈子龙. 明经世文编：第316卷，王鉴川文集（一）. 北京：中华书局，1962：3348.

⑦ （明）王崇古撰：《禁通虏酌边哨以惩夙玩疏（资哨行间）[M] // （明）陈子龙. 明经世文编：第316卷，王鉴川文集（一）. 北京：中华书局，1962：3348.

⑧ 邢野，王星明. 内蒙古十通·旅蒙商通览（下册）[M]. 呼和浩特：内蒙古人民出版社，2008：26.

可换回牛约3000头牛，或羊万余只"①。

曾长时间在明朝北部边关经理防务与蒙古交涉诸事宜的苏志皋，在其所著的《译语》一书中对边境地区的走私活动也有记载。他说："边方夙弊不可胜言。其甚者寻与零贼交易，以斧得裘，铁得羊肘，钿耳坠得马尾，火石（出虞台岭，岭下有火葛，以铁击石，火出，承之以燥叶即燃）得羔皮（墩军利其所有，或畏其攻墩，反传递消息。入则佯为不知，去后方举放炮火），近则敛戢。"②

大同总兵仇鸾针对此种现象，曾言："各边房患惟宣大最急，盖由贼巢俱在大边之内，我之墩军夜不收往往出入房中，与之交易久，遂结为腹心。房酋俺答、脱脱、辛爱、兀慎四大贼营至，将我大边墩台割据分管，房代墩军瞭望，军代达房牧马，故内地虚实，房无不知者。"③

除此之外，甚至出现了军民勾结的情况，不仅贩卖物资获利，而且出现了"传泄边情"获利的情况。隆庆四年（1570），大同阳和军兵马西川与榆次人李孟阳出塞"与房私易马尾"，后又交结老营堡李义、韩龙冈等人，逃入房地。④"往来传泄边情与贩货图利。"⑤

总之，嘉靖年间，大同、宣府、蓟镇等地的走私贸易愈演愈烈，参与人员越来越广，边军、将领、边民、商人，乃至宗室人员⑥也参与其中。因此，时人将此种情况称之为"边人之积蠹"⑦。这更证明了该时期从事走私贸易的人员之广，贸易之兴盛，规模之庞大。

（三）边疆社会失控，人员外逃

随着明朝"绝贡"政策的实行，明蒙之间的对立加剧，战争频仍。这对延边地区的居民产生了巨大的影响。蒙古每次南下，都要掠夺大量人口至边

---

① 邢野，王星明. 内蒙古十通·旅蒙商通览（下册）[M]. 呼和浩特：内蒙古人民出版社，2008：26.
② （明）岷峨山人. 译语[M]//薄音湖，王雄. 明代蒙古汉籍史料汇编（第一辑）. 呼和浩特：内蒙古大学出版社，2006：230-231.
③ 明世宗实录：第364卷，嘉靖二十九年八月丁丑条[M]. 6483.
④ （明）瞿九思. 万历武功录：第7卷，中三边一·俺答列传中[M]//薄音湖. 明代蒙古汉籍史料汇编（第四辑）. 呼和浩特：内蒙古大学出版社，2007：75.
⑤ 佚名. 赵全谳牍[M]//薄音湖，王雄. 明代蒙古汉籍史料汇编（第二辑）. 呼和浩特：内蒙古大学出版社，2006：113.
⑥ 明穆宗实录：第36卷，隆庆三年八月癸亥条[M]. 923.
⑦ 明世宗实录：第527卷，嘉靖四十二年十一月甲申条[M]. 8596.

外。同时，由于边外生活安定，无被掠之忧，不少被掠之人返回内地招徕人口出边，同时也有大量人口主动出边谋生。此外，是大量边军逃入边外。边外蒙古之地成为明朝沿边军民避难之所。

首先是蒙古诸部的人口掳掠。《塞语·虏情》记载：蒙古诸部"始掠妇女。遇男子多褫其衣纵之。继则婴稚必掠，丁壮必戮。今乃妇老丑者亦戮，丁壮有艺能者亦掠，是渐知集众也"。"又其始获丁口，重役之，故不堪役者多谋归正。继则妻之妻，遗之畜。今乃拔尽力者，授之部曲使将，是渐知用长也。"① "又其始以攻墩，恐墩卒，求缓烽。继则有交馈。今乃易买柟具，是渐知广奸细也。又其始未尝用步兵，今则步骑杂至，始未尝用我人战，今则驱破堡之丁，攻不下之堡，或约言开门，皆大有变易也。"②

明人称俺答"岁掠华人以千、万计"③。蒙古史料中对此也有清晰的记载。《阿勒坦汗传》记载："神采奕奕的阿勒坦汗帅三万户出征，包围汉地苏布尔噶图城直抵卜隆吉尔河时，酩酊大醉之汉人自行前来投诚，使其鱼贯而走妇幼乘车而行。解归时俘虏之先头抵达乌兰木伦，而其后尾尚未离开长城。"④ 虽然该记载不无夸张之辞，但是这从另一个角度印证了明人的记载。

其次是沿边居民的外逃。伴随着明蒙双边的激烈对抗，九边地区的百姓开始大量逃亡至草原地区，而且这一现象愈演愈烈。从成化年间穷困百姓的零星逃亡，发展到了嘉靖时期的有组织有计划的外徙。嘉靖隆庆年间，逃往边外的沿边百姓数量更多，规模更大。嘉靖三十年（1551）山西白莲教起义失败后，有不少教徒也逃奔蒙古，吕鹤"叛投彼中，其党赵全、李自馨等率其徒千人从之"⑤。随后因种种原因进入草地的汉人越来越多，毛宪曾上疏说："臣又闻虏中多半汉人，此等或因饥馑困饿，或因官司剥削，或因失事避罪，故投彼中，以离此患。"⑥

杨一清说："访得丑虏近年掠我丁口，日繁月滋，择其狡者，与之妻室，

---

① （明）尹耕. 塞语[M]//王云五. 丛书集成（初编）. 上海：商务印书馆，1936：2.
② （明）尹耕. 塞语[M]//王云五. 丛书集成（初编）. 上海：商务印书馆，1936：3.
③ （明）方逢时. 大隐楼集：第16卷，杂著二·云中处降录[M]. 李勤璞，校注，沈阳：辽宁人民出版社，2009：266.
④ 珠荣嘎. 阿勒坦汗传[M]. 呼和浩特：内蒙古大学出版社，2014：54.
⑤ （明）方逢时. 大隐楼集：第16卷，杂著二·云中处降录[M]. 李勤璞，校注，沈阳：辽宁人民出版社，2009：266.
⑥ （明）毛宪. 陈言边患疏（边事）[M]//（明）陈子龙. 明经世文编：第190卷，毛给谏文集. 北京：中华书局，1962：1972-1973.

生长男女，以系其心。将欲内寇，遣之入境，觇我虚实，投我间隙，动辄获利。"① 曾铣也说蒙古"每一入寇，抢去之人在前以当先锋，不进者，以刀背击之，是以中国攻中国，而彼坐收其利，真可恶也"。② 《明实录》记载："初，虏入山西，生得汉人，辄降之，啗以厚赏，令诈为口外饥民行乞入边，侦我虚实，故虏入数得利去。"③ 嘉靖中，就曾有官员奏报告说："今山西郡县详得虏所遣谍，前后不下数十人，且言人人殊，大抵要非一时一部所遣，则其侪党之未获，散在京畿与山东、河北者，各不下千余人可知也。臣始窃怪区区丑虏，地既苦寒，百物稀少，何以遽能得人之死力若是？其后参互译问，乃知彼虽夷狄，然其赏罚信必，无爱锡予。诸边谍得实者，大之则使统部人马，次之亦不失有妻孥、牛马之奉。彼贫民无赖，安得不弃此而就彼，为之耳目以求利益哉？"④

对于边民的主动外逃，当时一些有见识的官吏已有深刻认识。正德、嘉靖间的王鏊就曾指出："今沿边之民，终年守障，辛苦万状。而上之人，又百方诛求。虽有屯田，而子粒不得入其口；虽有月粮，而升斗不得入其家。上虽有赏赐，而或不得给；战虽有首级，而不得为己功。今者又遭虏寇残破，父不得保其子，夫不得保其妻，兄不得保其弟，肝脑涂于郊原，哭声遍于城市。为将者尚不知恤，又从而朘削，其心安得不离乎？"⑤ 谢肇淛也注意到了这个现象，他在《五杂组》中记载："临边幸民，往往逃入虏地，盖其饮食、语言既已相通，而中国赋役之繁，文网之密，不及虏中简便也。虏法虽然有君臣上下，然劳逸起居，甘苦与共，每遇徙落移帐，则胡王与其妻妾子女皆亲力作，故其人亦自合心勇往，敢死不顾，干戈之暇，任其逐水草畜牧自便耳，真有上古结绳之意。一入中国，里胥执策而侵渔之矣，王荆公所谓'汉恩自浅胡自深'者，此类是也。"⑥ 万历年间的熊廷弼也说："尝密闻外间人言，向特怕虏杀我耳。今闻虏筑板升以居我，推衣食以养我，岁种地不过粟

---

① （明）杨一清. 为申明捉获奸细赏罚疏（获奸细赏罚）[M] // （明）陈子龙. 明经世文编：第115卷，杨石淙文集（二）. 北京：中华书局，1962：1081.
② （明）曾铣. 复套条议 [M] // （明）陈子龙. 明经世文编：第240卷，曾襄愍公复套条议. 北京：中华书局，1962：2506.
③ 明世宗实录：第433卷，嘉靖三十五年三月丁卯条 [M]. 7465.
④ （明）胡松. 陈愚忠效末议以保万世治安事（边备）[M] // （明）陈子龙. 明经世文编：第246卷，胡庄肃公奏议. 北京：中华书局，1962：2586.
⑤ （明）王鏊. 上边议八事（御虏方略）[M] // （明）陈子龙. 明经世文编：第120卷，王文恪公文集. 北京：中华书局，1962：1148.
⑥ （明）谢肇淛. 五杂组：第4卷，地部二 [M]. 上海：上海书店出版社，2001：80.

一囊、草数束,别无差役以扰我,而又旧时房去人口,有亲戚朋友以看顾我。我与其死于饥饿作桴腹鬼,死于兵刃作断头鬼,而无宁随房去,犹可得一活命也。"① 一方在积极吸引,另一方却仍旧残酷压迫剥削,在鲜明的对比情势下,边人铤而走险,纷纷进入丰州滩一带生活,甘心为蒙古各部做事成为一种现实的需求。可以说正是明朝的腐朽统治将一批又一批的汉人推向了蒙古。以至于山西巡按奏疏中多言"边人叛入虏中者甚众"。②

也有一些商贩违反禁令,同"虏私易",事发后为逃避官兵追捕而逃入草地。隆庆三年(1569)二月,西安人杨一休,以与虏私易马尾,事发后逃入土默特地区,"全送发李自馨"。③

再次,俺答主动招纳有知识或技能的人出边,为其所用。嘉靖三十四年(1555),俺答为"收奇伟倜傥士,县书穹庐外,孝廉诸生幸辱临胡中者,胡中善遇之,与富垺。于是边民黠知书者,诈称孝廉诸生,诣虏帐,趾相错。俺答令富试之,能者统众骑,不者给瓯脱地,令事锄耨"④。

最后是边军的外逃。边军外逃,在嘉靖初年就已经出现。嘉靖三年(1524)和十二年(1533),大同两次兵变,为免受明朝政府镇压,叛卒多逃避塞外,"初大同之变,诸叛卒多亡出塞,北走俺答诸部。俺答择其黠桀者,多与牛羊帐幕,令为僧道丐人侦诸边,或入京师,凡中国虚实,尽走告俺答。其有材智者李天章、高怀智等皆署为长"⑤。

嘉靖三十八年(1559),山西镇兵发动过兵变,"初,山西抚院募标下卒三千,设太原参将领之,类皆市井恶少。都御葛缙驭之生怨,参将高鹏复严以虐之。其魁李廷甫等遂夜聚杀鹏,焚公廨……然其众悉叛入虏中,居板升,大为边患"⑥。而"守臣姑以所获一二塞责,余俱不能问也"⑦。

---

① (明)熊廷弼. 务求战守长策疏[M]//(明)程开祜. 筹辽硕画:第1卷. 台北:新文丰出版公司,1988:55.
② (明)张居正. 张太岳集(中册):第8卷,与总督方金湖以奕谕处置边事[M]. 北京:中国书店,2019:171.
③ 佚名. 赵全谳牍[M]//薄音湖,王雄. 明代蒙古汉籍史料汇编(第二辑). 呼和浩特:内蒙古大学出版社,2006:111.
④ (明)瞿九思. 万历武功录:第7卷,中三边一·俺答列传中[M]//薄音湖. 明代蒙古汉籍史料汇编(第四辑). 呼和浩特:内蒙古大学出版社,2007年第68页.
⑤ (清)谷应泰. 明史记事本末:第60卷,俺答封贡[M]. 北京:中华书局,1977:912.
⑥ (明)方孔炤. 全边略记:第2卷,大同略 雁门、宁武、偏头在内[M]//王雄. 明代蒙古汉籍史料汇编(第三辑). 呼和浩特:内蒙古大学出版社,2006:83.
⑦ 明世宗实录:第478卷,嘉靖三十八年十一月丙申条[M]. 8003.

此外士兵的零星逃亡也有时发生。嘉靖三十年（1551），老营堡戍卒刘四"与其徒三百人戕其主帅而叛"①。嘉靖"四十一年（1562）十一月，张彦文从云中帅刘汉驰平虏汤西河，遂奔旗鼓，亡抵达俺答营，易夷名曰羊忽厂，转为酋长"②。每次叛逃都有成百上千的汉人来到塞外。

大量人员的外逃，对明朝的边防产生了严重的影响。嘉靖末期，赵炳然通过归降人了解到："虏地大半吾人，又闻择我华人住房年久、身有妻孥者，潜入内城，作为奸细。若欲南犯，又择华人精壮者先锋，幼小者牵马。及至堡下，尽呼富民之名，数之曰：'与我买卖，我贳汝堡。不者，合力攻之。'是以一堡之内，大小惊惶，富者捐财，贫者给草，如就熟路，如责乡人。此皆边城黎庶与虏为用，岂不大可忧哉？"③

由此可见，明廷嘉靖年间的绝贡政策不仅未起到稳定边疆，达到边疆社会治理的目的，反而加剧了边疆地区的不稳定。由于受到连年的掠夺，与蒙古接壤的边疆诸地甚至是内地，如山西中南部地区，都受到了蒙古各部不同程度的侵扰，轻者抢掠，重者掠杀，边地人民不堪其扰。而边地驻军又不能提供很好的保护，以至于大量边民被掠杀，甚至大量边民成群结队越过边墙，逃入虏中，以此表达对明廷的极大不满。

(四) 军备废弛，力不能战

首先，明蒙之间的对立，造成明朝北疆防御压力备增，除了日益庞大的士兵群体之外，本来已经十分庞大的官僚机构继续"岁增月益"，④特别是武职官员日渐膨胀，"洪武间，军职二万八千有奇。成化五年，军职八万二千有奇。由成化迄今（嘉靖初期——笔者注），不知又加几倍矣"⑤。加之"权臣行私，将吏风靡，以掊克为务，以营竞为能。致朝廷之上，用者不贤，贤者不用，赏不当功，罚不当罪。"⑥以至满朝上下，"政以贿成，士由幸进"⑦。

---

① （明）方逢时. 云中处降录 [M]//薄音湖，王雄. 明代蒙古汉籍史料汇编（第二辑）. 呼和浩特：内蒙古大学出版社，2006：80.
② （明）瞿九思. 万历武功录：第7卷，中三边一·俺答列传中 [M]//薄音湖. 明代蒙古汉籍史料汇编（第四辑）. 呼和浩特：内蒙古大学出版社，2007：70.
③ （明）赵炳然. 题为条陈边务以俾安攘事 [M]//（明）陈子龙. 明经世文编：第252卷，赵恭襄文集（一）. 北京：中华书局，1962：2646.
④ （清）张廷玉. 明史：第214卷，刘体乾传 [M]. 北京：中华书局，2011：5662.
⑤ 明世宗实录：第98卷，嘉靖八年二月庚午条 [M]. 2290.
⑥ （清）夏燮. 明通鉴：第60卷，纪六十·世宗肃皇帝·嘉靖三十二年 [M]. 王日根，李一平，李斑，等，校点. 长沙：岳麓书社，1999：1660.
⑦ 明世宗实录：第364卷，嘉靖二十九年八月甲申条 [M]. 6500-6501.

<<< 第三章 明代中期明蒙朝贡关系的逆转及明朝北疆社会治理的完全失控

  与此相对应的则是盐法坏、屯田废、城堡残破，士兵缺衣少粮，士气尤为低落，①"将军有生之乐，士卒无死之心"，②屠兵庸帅不敢迎战蒙古骑兵，勉强出师，也往往"一与之当，徒以七尺饱一镞耳"。③嘉靖二十九年（1550）的"庚戌之变"，俺答汗"传箭诸部大举"④，率兵"大掠怀柔，围顺义，抵通州，分兵四掠，焚湖渠马房。畿甸大震"⑤。而驻京明军将领"皆怯懦不敢战"，惟关闭城门严守，坐视蒙古军队在京畿周围"焚掠三日夜"⑥，"所残掠人畜二百万"⑦。此外，史载，嘉靖二十一年（1542），俺答汗长驱而入，大掠山西，"破卫十，破州县三十八，杀略二十余万人，马牛羊二百万，衣襆金钱称是，焚公私庐舍八万区"⑧。嘉靖三十二年（1553年）俺答等拥众二十万进攻宣大，"凡屠戮墩堡二十五座，杀伤军民及阵亡者几三千人，被卤者一千七百余人"⑨。嘉靖三十六年（1557）俺答汗攻山西平房、朔州等地，"杀略男妇万余，畜产亡算"⑩等。以上均未见到明军组织有效抵抗，可见明朝边军之腐败。

  其次，边将杀降冒功的恶习蔓延。朱国祯就曾对此批评说："边将杀平民报功，不必言矣。更有一弊，时有降虏至健，而审译无他者，留为家丁，束以帽服。其老弱言语可疑者，另置一处，高墙垣，严扃之，食以虏法，不改椎结，俟有失事，取斩之。或三五，或十余颗，报上。验之，真虏首也，因

---

① （明）郑文彬.筹边纂议：第1卷，惩胡论［M］//全国公共图书馆文献编委会编.中国公共图书馆古籍文献珍本汇刊·史部.北京：中华全国图书馆文献缩微复制中心，1999：121-122.
② （明）胡濙.论虏情疏（虏情）［M］//（明）陈子龙.明经世文编：第19卷，二胡文集.北京：中华书局，1962：148.
③ （明）冯时可.俺答前志［M］//薄音湖，王雄.明代蒙古汉籍史料汇编（第二辑）.呼和浩特：内蒙古大学出版社，2006：119.
④ （清）张廷玉.明史：第327卷，鞑靼传［M］.北京：中华书局，2011：8480.
⑤ （清）张廷玉.明史：第327卷，鞑靼传［M］.北京：中华书局，2011：8480-8481.
⑥ （清）张廷玉.明史：第327卷，鞑靼传［M］.北京：中华书局，2011：8481.
⑦ （明）冯时可.俺答前志［M］//薄音湖，王雄.明代蒙古汉籍史料汇编（第二辑）.呼和浩特：内蒙古大学出版社，2006：122.
⑧ （明）瞿九思.万历武功录：第7卷，中三边一·俺答列传上［M］//薄音湖.明代蒙古汉籍史料汇编（第四辑）.呼和浩特：内蒙古大学出版社，2007：44.
⑨ 明世宗实录：第414卷，嘉靖三十三年九月辛亥条［M］.7199.
⑩ （明）瞿九思.万历武功录：第7卷，中三边一·俺答列传中［M］//薄音湖.明代蒙古汉籍史料汇编（第四辑）.呼和浩特：内蒙古大学出版社，2007：69.

而免罪，且加赏，人皆不疑。"① 嘉靖间，明蒙战事频仍，边将无力抵御蒙古兵，为掩罪冒功，又滥杀自虏地返回之平民。史载："前此边城，大为欺罔。一遇降人，尽被屠戮，头充首级，马入私囊，官攘其功，军分其利；万一得命，马无所有，下无所依，上无所惜，惨毒剥害，控诉无门。遂使华人南向饮泣，至边而返，有往无归。夫岂不念族党、不恋故乡也？盖在虏或生，归来必死，孰肯捐生以赴必死之地哉！"② 对这种滥杀无辜的行为，时人作诗讽喻道："白草黄沙风雨夜，冤魂多少觅头颅。"③

除此之外，明朝边将擅杀贡使的行为，不仅未受到惩处，反而因此升官受赏，开了一个恶例。以至于之后又出现了将领家丁擅杀来使的情况，最终引发了俺答的大规模报复。学者胡凡对此评价说："前次是政府官员因杀使绝贡而受升赏，遂开了一个恶劣的先例，这次只是个总兵官的家丁，竟有如此胆量敢于杀使冒功，这定将引发蒙古军新的一番大规模入掠，明朝边事之坏于此可见一斑。"④

最后，日益庞大的军费开支，让明廷的中央财政捉襟见肘，入不敷出。至嘉靖时期太仓岁入银二百万两，尚不足岁出之半，财政困难极其严重，史称"是时边供繁费，加以土木祷祀之役，月无虚日，帑藏匮竭，司农百计生财，甚至变卖寺田，收赎军罪，犹不能给，乃遣部使者括逋赋，百姓嗷嗷，海内骚动"⑤。政府用尽一切取财之法搜刮天下，致使百姓不堪重负，结果是外患未靖而内变又堪虞，财政危机已经开始严重影响明朝的统治，明朝对腹地的社会控制逐渐减弱。

小 结

明朝所谓的"北虏之患"，从明初之嘉靖年间，已经延续近二百年。前期通过武力征讨、朝贡优赏等措施，明蒙之间基本维持了和平往来。但是自"土木之变"以后，明朝积极经略蒙古的政策，逐渐被最高统治者放弃，对蒙

---

① （明）朱国祯.涌幢小品：第30卷，报功之弊［M］.王根林，校点.上海：上海古籍出版社，2012：596-597.
② （明）赵炳然.题为条陈边务以俾安攘事［M］//（明）陈子龙.明经世文编：第252卷，赵恭襄文集（一）.北京：中华书局，1962：2646-2647.
③ 明穆宗实录：第13卷，隆庆元年十月辛丑条［M］.363.
④ 胡凡.论明世宗对蒙"绝贡"政策与嘉靖年间的农牧文化冲突［J］.中国边疆史地研究，2005（04）：43-55.
⑤ 明世宗实录：第351卷，嘉靖二十八年八月己亥条［M］.6339.

的态度逐渐转向消极。至弘治年间,达延汗中断朝贡之后,双方断绝了任何形式的官方往来,并且时常兵戎相见,"或在宣大,或在山西,或在蓟镇,或直抵京畿,三十余年迄无宁日"①。"百余年来,生聚既繁,侵噬渐近,开平、兴和、东胜、河套之地,皆为所据。自也先、火筛之后,益轻中国,恃其长技,往往深入,风雨飘忽,动辄数万。我军御之,不过依险扎营以防冲突,仅能不乱即为万全,视彼驱掠,莫敢谁何!"②给明朝造成严重的边防危机。

嘉靖年间的明蒙关系经历了俺答求贡、开放马市、闭关绝贡的起伏。整体而言,明朝基本关闭了对蒙古的所有贸易渠道。这引起了蒙古诸部的极大不满,对于明朝的军事劫掠更加猖獗,明朝疲于应付。而边疆地区的士兵和百姓为此也付出了沉重的代价。特别是"嘉靖十五年(1536)以后的31年是蒙古诸部侵扰的高峰时期"③。尤其在嘉靖绝贡之后的嘉靖三十二年至四十五年(1553—1566)的十四年间,明朝的高级将领总兵和副总兵战死者就有十余人,长城沿线地区百姓更是付出了极其惨重的代价,俺答汗的蒙古铁骑"掠蓟、辽,震畿、甸,蹂云、谷,残晋、代,侵关、陕。锋镝之祸,可忍言哉!哭泣之声今犹在耳"④。从蓟辽至宣大、山西、延绥、宁夏、甘肃等九边地区连年遭受战乱,人畜死伤被掳无算,其惨状事过多年仍萦绕在明人心头。

但是,战争是政治的继续,政治是经济的集中反映。嘉靖年间,蒙古之所以频繁犯边,更多的是集中在掳掠抢夺,而非对明朝有政治上的图谋。这从明朝的史籍中也得到了很好的反映。在《明实录》中,关于该时期蒙古南下的记载,多数为"大掠而去""抢夺"等词,也反映了蒙古针对明朝的军事行动在于获取生产生活物资,其所抢掠的物资也比较集中,如铁器(尤其是铁锅)、牲畜、粮食等,后期又大量劫掠人口。这都是蒙古地区所急需的。在这里我们把人口也归并到"物资"的行列,并不是对于人口的轻视,而是根据俺答掠夺人口的目的而言的。俺答掠夺人口,甚至主动招徕人口,不仅仅是为了役使之用,而是将其作为生产资料,发展丰州滩一带的农业生产,以补充畜牧业生产的不足。也就是在这个时期,丰州滩一带的农业生产逐渐发展起来。当然,这也是俺答缓解明朝关闭贸易通道之后蒙古内部的生存压

---

① 明穆宗实录:第59卷,隆庆五年七月戊寅条[M].1445.
② (明)王鸣鹤.登坛必究:第23卷,胡名[M]//中国兵书集成编委会.中国兵书集成(23).北京:解放军出版社,1990:3190.
③ 刘景纯.明代九边史地研究[M].北京:中华书局,2014:31.
④ (明)方逢时.大隐楼集:第15卷,杂著一·辕门记谈[M].李勤璞,校注.沈阳:辽宁人民出版社,2009:249.

力的重要举措。这也揭示了为什么越到后期，俺答劫掠的物品中，生产性的牲畜和农具越来越多。对农地牲畜的掠夺，不是补充草原地区牲畜不足，而是为了满足草原地区农业生产的需要。

这也从另一个角度反映了游牧民族和农耕民族之间的经济联系是不可能因政治上存在的边界而断然分离的。经济形式单一的草原地区，大概在弘治到嘉靖年间也逐渐遇到了危机，旱灾频发，严重威胁着蒙古部众的生活。蒙古诸部急需通过贸易的手段，换取生活必需品，以维持其生计。这就是为什么在嘉靖年间俺答求贡不止的原因，同时也是嘉靖三十一年在马市开设后，俺答又提出以马易粮的请求的原因。而且，马市的开设，俺答也以实际行动展现了与明朝之间和好的愿景。他亲自监督，维持秩序，以至于马市之后，三边晏然，不复有警。和平的局面暂时出现了。但是，互市未完，而蒙古寇盗不止，嘉靖三十年马市开设时出现"大同市则寇宣府，宣府市则寇大同，币未出境，警报随至"[1] 的局面，这是值得我们深思的。撇开蒙古不法之徒的因素不言，这些从事寇盗之人到底由哪些人构成，他们寇盗的原因又是为何？这个或许从嘉靖三十一年关闭马市之后，明蒙之间近乎失控的私市贸易能给出我们一个答案。

在私市贸易中，从事交易的群众多为明蒙之间的普通民众。尤其是以蒙古民众为主，他们用仅有的生产所得，换取急需的生活物资。每年春季，青黄不接之时，成群结队的牧民走到长城脚下，以"一牛易米豆石余，一羊易杂粮数斗"，而"无畜者，或驮盐数斗易米豆一二斗，挑柴一担易米二三升，或解脱皮衣，或执皮张马尾，各易杂粮充食"[2]。从这里我们可以推知，嘉靖时期，蒙古民众对于粮食的渴求是高于一切的，从侧面证明了蒙古草原地区可能出现了衣食不足的严重经济危机。《明实录》的记载，也印证了这一点。在俺答求贡的理由中，就有"部落众多，食用不足"[3] 一条。因此，草原地区出现的粮食危机是广大蒙古牧民所急切希望解决的问题。而马市的开设，明朝仅仅为了以示羁縻，对蒙古诸部起到政治上的安抚作用，买马也是为了充作战之具，正如一直反对与蒙古逐步开市的明朝官员杨继盛所言："夫马不

---

[1] （清）张廷玉. 明史：第81卷, 食货志 [M]. 北京：中华书局, 2011：1983.
[2] （明）王崇古. 酌许虏王请乞四事疏（北虏封贡）[M] // （明）陈子龙. 明经世文编：第318卷, 王鉴川文集（三），北京：中华书局, 1962：3379.
[3] 明世宗实录：第371卷, 嘉靖三十年三月壬辰条 [M]. 6623.

过为征虏计耳，如互市无事，则又安用焉？"① 因此，从明朝的角度来看，官办马市根本没有长期存在的理由。从蒙古方面来说，"大抵虏寇利归于部曲，虏款则利归于酋长"②。况且广大的蒙古牧民可能并没有足够的马匹拿到马市上进行交换。前述的私市交易已经明示：他们更多需要的是盐、柴或者一些皮张，甚至是身上所穿的皮衣。对于他们而言，即便开市，也没有交易的物品，更失去了交易的资格。因此，频繁的抢掠和私市交易便成了普通牧民获取生活必需品的主要途径，甚至是唯一途径！而且，随着危机的加深，蒙古上层也加入了粮食的抢夺中。隆庆四年（1570）板升的汉人头目就建议俺答："塞外久旱无草，宜入威、平掠秋田为食。"③

以上分析，显示蒙古在经济方面对于明朝的依赖日益加深，因为对于蒙古草原而言，其南侧的中原地区是获取这些生活必需品最为便捷的地区。然而，自弘治末期，达延汗主动放弃与明朝的通贡之后，使得明蒙之间四十余年没有任何经济往来（蒙古南下劫掠不计在内），蒙古部众的贸易欲望长期被压制，一旦开放马市，长期被压抑的贸易欲望被激发，蒙古部众云集，因此，出现了"嘉靖间，俺答等以开市贡马，弛我边备，贡马未出镇城，胡骑已满西路"④ 的情况。这应该是蒙古部众希望与明朝开展马市交易的直接反映，反而被明朝给予了政治化解读，这再次印证了明朝对于蒙古的不了解、不信任。明朝嘉靖三十年马市中，对于俺答请求粮食交易的态度，则将这种不了解和不信任展现到了极致。明朝统治者认为："一牛数庾、一羊数釜，米如珠而虏如山，虽竭廪不能厌也，虏无亲而贪，寒盟其心耳。"⑤ "虏故不粒食，此不过欲得我粟，以食我逋逃。我复资粟，彼益不内思矣。"⑥

相比之下，蒙古对于明朝的理解，则远远高于明朝对于蒙古的了解。嘉靖年间大量边民的外逃，为俺答了解明朝提供了良好的基础。"我之墩军、夜不收往往出入虏中，与之交易，久遂结为腹心"，竟至发展到"虏代墩军瞭

---

① 明世宗实录：第371卷，嘉靖三十年三月癸卯条 [M]．6629.
② （明）瞿九思．万历武功录：第7卷，中三边二·俺答列传下 [M]//薄音湖．明代蒙古汉籍史料汇编（第四辑）．呼和浩特：内蒙古大学出版社，2007：98.
③ （明）刘绍恤．云中降虏传 [M]//薄音湖，王雄．明代蒙古汉籍史料汇编（第二辑）．呼和浩特：内蒙古大学出版社，2006：96.
④ 明神宗实录：第8卷，隆庆六年十二月丁卯条 [M]．286.
⑤ （明）冯时可．俺答前志 [M]//薄音湖，王雄．明代蒙古汉籍史料汇编（第二辑）．呼和浩特：内蒙古大学出版社，2006：124.
⑥ （明）瞿九思．万历武功录：第7卷，中三边一·俺答列传中 [M]//薄音湖．明代蒙古汉籍史料汇编（第四辑）．呼和浩特：内蒙古大学出版社，2007：60.

望，军代达虏牧马"①的地步。本来对立的双方，现在成了亲如一家的兄弟。情报之获得也轻而易举。逃入虏地的军民，往往成为侦察明朝虚实的探子。大同两次兵变发生后，为了躲避明廷的追捕，很多士卒纷纷外逃至蒙古地区谋求生计。"自癸巳（嘉靖十二年，1533）大同判卒出走虏，寻遣大臣抚之，益北走几千人，后虏中择便捷辈多与牛羊、帐幕，令为僧道丐乞入调我边，西至甘凉，东出山东，或入京师，凡地理险易，兵马强弱，抚镇将领勇怯利害，尽走告虏吉囊、俺答。"②《明史纪事本末》所载与此类同，大同兵变时"诸叛卒多亡出塞，北走俺答诸部。俺答择其黠桀者多与牛羊帐幕，令为僧道丐人侦诸边，或入京师，凡中国虚实，尽走告俺答"③。明朝的情况，蒙古了如指掌。因此，时人指出："机巧谲诈奸人之雄脱，或潜入虏境，构引别谋将来之祸有不可胜言者。"④ 在这些汉人的指引之下，俺答南掠对于明朝的危害越来越大。嘉靖二十八年（1549）张居正的《论时政疏》就说道："今虏骄日久，迩来尤甚，或当宣大，或入内地，小入则小利，大入则大利。"⑤

当时的有识之士已经敏锐地察觉到，俺答的屡屡南扰并非与明为敌，而是希望明朝开放互市，为蒙古诸部获取物资打开渠道，根本无政治上的图谋。作为嘉靖皇帝非常信赖的政治家和军事家，翁万达就感受到了这一点，尤其是俺答一再求贡之中，屡次强调"以求贡不得，故屡抢，许贡，当约束部落不犯边，否则秋且复入，过关抢京辅"⑥，这不能不让作为治边大吏的翁万达有所深思。他针对嘉靖皇帝"拒贡""绝贡"之举，进言道："北敌，弘治前岁入贡，疆场稍宁。自虞台岭之战覆我师，渐轻中国，侵犯四十余年。石天爵之事，臣尝痛边臣失计。今复通款，即不许，当善相谕遣。诱而杀之，此何理也？请亟诛宝等，榜塞上，明告以朝廷德意，解其蓄怨构兵之谋。"⑦

或许俺答也通过某种途径知晓了边疆大吏翁万达力主互市的想法，因此，在其第四次求贡之时，便直接投书翁万达。为此，翁万达委婉地向嘉靖皇帝

---

① 明世宗实录：第364卷，嘉靖二十九年八月丁丑条［M］.6483.
② （明）王圻.续文献通考：第238卷，四裔考·北夷［M］//薄音湖，王雄.明代蒙古汉籍史料汇编（第二辑）.呼和浩特：内蒙古大学出版社，2006：229-230页.
③ （清）谷应泰.明史记事本末：第60卷，俺答封贡［M］.北京：中华书局，1977：912.
④ 明世宗实录：第47卷，嘉靖四年正月壬申条［M］.1201.
⑤ （明）张居正.论时政疏［M］//张居正.张居正奏疏集.潘林，编注.上海：华东师范大学出版社，2014：7.
⑥ 明世宗实录：第347卷，嘉靖二十八年四月丁巳条［M］.6292.
⑦ （清）张廷玉.明史：第198卷，翁万达传［M］.北京：中华书局，2011：5248.

<<< 第三章　明代中期明蒙朝贡关系的逆转及明朝北疆社会治理的完全失控

表达了自己的思想："今届秋，彼可一逞。乃屡被杀戮，犹请贡不已者，缘入犯则利在部落，获贡则利归其长。处之克当，边患可弥。若臣等封疆臣，贡亦备，不贡亦备，不缘此懈也。"①

然而，嘉靖皇帝对此并未有所吸纳，反而全面关闭了与蒙古的贸易渠道，得来的便是蒙古诸部无休止的南掠。以至于"城边沙草浩漫漫，白骨棱棱草间积"②。频繁的战争加重了明蒙双方社会的经济凋敝，以至于蒙古民众"爨无釜、衣无帛"③。而汉地则面临大量民众的破产与逃亡。

同时，我们也要注意到另外一个问题，俺答汗其实延续了达延汗所寻求的与明朝在政治上的平等经济往来政策。俺答汗在屡次向明朝求贡的过程中，态度往往非常强硬，"北虏凡求贡，必纠诸部落在塞上挟我。我边臣幸其缓入，许奏闻入贡。转展二三月，虏必深入，往岁雁门、太原之祸皆然。总督、抚镇所奏番字文书，往往夸述也先之事，中间又多不逊语，通事人不敢译闻，止云：'内多番字，不能尽译。'"④ 其中应该包含了政治上平等往来之词。

频繁的战争，也意味着频繁的交往。经过嘉靖至隆庆初年近半个世纪战争，双方不断地互相渗透，尤其是大量汉人移居丰州滩，对于蒙古加深对明朝的了解起到了非常重要的作用。虽然在政治层面上，双方之间一直存在着严格的边界，但是这个边界却无法阻挡两侧居民在经济上的交往，双方都利用一切可能的机会，突破边界的限制，发展双边贸易。尤其是边军乃至沿边民众通过与蒙古部众之间的私市贸易，在加强明蒙之间的经济联系方面起到了至关重要的作用。通过私市贸易，双方民众之间的理解逐渐加深，感情逐渐升温，甚至亲如一家。加之，明朝财政逐渐捉襟见肘，有识之臣逐渐成为明朝肱骨，在嘉靖皇帝去世之后，开市以促成边疆地区的和平逐渐成为朝臣和边臣的共识，这些都为隆庆年间明蒙之间的开市打下了基础，预示着明蒙之间和平相处的曙光也即将到来。

---

① （清）张廷玉. 明史：第198卷，翁万达传［M］. 北京：中华书局，2011：5248.
② （明）方逢时. 大隐楼集：第1卷，赋、乐府·饮马长城窟［M］. 李勤璞，校注. 沈阳：辽宁人民出版社，2009：5.
③ （明）瞿九思. 万历武功录：第8卷，中三边二·俺答列传下［M］//薄音湖. 明代蒙古汉籍史料汇编（第四辑）. 呼和浩特：内蒙古大学出版社，2007：79.
④ （明）郑晓. 今言：第4卷［M］. 李致忠，校点. 北京：中华书局，1984：177.

153

第四章

"隆庆和议"及明朝边疆社会控制的实现

任何事件的发生和发展，都是多种因素综合作用的结果。经过二百余年的斗争，明蒙之间终于在隆庆年间实现了和平。从经济学的角度来看，是经济需求的内在驱动，即游牧经济和农耕经济之间强力的互补。这种互补，不会因政治的干预而中断，更不会因行政边界的存在而产生分离。从历史的角度来看，偶然事件的发生往往成为历史发展的转折点。经典作家也曾说过："历史是这样创造的：最终的结果总是从许多单个的意志的相互冲突中产生出来的，而其中每一个意志，又是由于许多特殊的生活条件，才成为它所成为的那样。这样就有无数互相交错的力量，有无数个力的平行四边形，由此就产生出一个合力，即历史结果，而这个结果又可以看作一个作为整体的、不自觉地和不自主地起着作用的力量的产物。"[1] 俺答封贡正是政治、经济多重力量相互作用的结果，是由深刻的经济根源和明蒙双方统治者及明蒙广大中下层人民群众要求和平的意志相互作用的结果。隆庆四年（1470），蒙古俺答之孙把汉那吉带领阿力哥等十余人扣大同边，请降。高拱、王崇古、张居正等人以此为契机，力主促成了"俺答封贡"，又称"隆庆和议"。自此，明朝与蒙古右翼之间步入了和平发展的时期。明朝所期冀的北疆的稳定也逐步实现，对北疆地区的社会控制在这个时期基本完成。

---

[1] 中共中央马克思、恩格斯、列宁、斯大林著作编译局. 马克思恩格斯选集：第4卷 [M]. 北京：人民出版社，2012：605.

第一节 "俺答封贡"的实现

一、明蒙双方各自统一开市意见

（一）明朝君臣统一对蒙开市的认识

嘉靖四十五年（1566），明世宗病逝，太子朱载垕即位，改元隆庆，是为穆宗。明穆宗在即位之初，并未立即调整明朝的对蒙政策，仍然延续着嘉靖时期的"绝贡"政策，严禁明蒙双方的任何经济往来，蒙古诸部仍然年年南扰，掠夺中原物资，明朝依然以加强边防为对策。在内政方面，明穆宗任用了一批改革进取的大臣，如徐阶、高拱、张居正、王崇古等人。在对蒙关系上，明穆宗也逐渐认识到了明蒙之间的战争，对于双方都是不利的。"华夷交困，兵连祸结，故思一容通贡，各遂保全。"① 而穆宗所任用的这些大臣，在对蒙政策上也逐渐取得了一致意见，即与蒙古右翼诸部（为了行文方便，以下简称"蒙古"）开展互市贸易。尤其是在隆庆四年（1470），把汉那吉事件发生后，明朝也为了俺答等所提封贡开市之事，专门召集边将会议进行商定。不过当时仍然存在分歧，其中，最大的分歧就是陕西三边拒绝封贡开市。为此，总督宣大尚书王崇古上书言："臣谓套虏应听陕西督抚另议封贡。而陕西总督王之浩又复执议，俟吉能子侄二年不犯，方可听许。"② 而宣大山西三边的边疆大吏王崇古、方逢时等力主以此为契机，重开边境互市。

王崇古在隆庆四年（1470）十一月，上疏明穆宗，力陈开市之利："今虏中布帛锅釜，皆仰中国。每入寇，则寸铁尺布皆其所取。通贡之后不可复得，将来不无鼠窃之忧。若许通市，则和好可久，而华夷兼利。他边如辽东开原、建昌、肃州西番诸夷皆有市，乞放其制。"③ 力主开市。并在隆庆五年（1471）从蒙古部众的角度以悲天悯人的语气再次请求开市。他说："各部下穷夷，原无牛马可市，止依打猎刁抢度生。今既不敢犯逃，日无一食，岁无

---

① （明）王崇古. 确议封贡事宜疏［M］//（明）陈子龙. 明经世文编：第317卷，王鉴川文集（二）. 北京：中华书局，1962：3359.
② 明穆宗实录：第55卷，隆庆五年三月庚寅条［M］. 1374-1375.
③ 明穆宗实录：第51卷，隆庆四年十一月丁丑条［M］. 1276-1277.

二衣，实为难过。……（他们）求官权易，一牛易米豆石余。一羊易杂粮数斗。无畜者或驮盐数斗，易米豆一二斗。挑柴一担易米二三升。或解脱皮衣，或执皮张马尾，各易杂粮充食，其瘦饿之形，穷困之态，边人共怜之。"①

之后，在隆庆五年（1571）二月，王崇古再次上疏隆庆帝，阐述其力主与蒙古诸部开市的缘由，并再次请求开市。他在奏疏中说："虏酋乞封贡，便宜其略。言今日之事，不当以马市例论。嘉靖中，俺酋拥众人犯蓟镇，执马房内臣杨淮等，胁以奏开马市。先帝不允，而命咸宁侯仇鸾将兵挞伐。鸾出塞无功，惧虏复至，潜以金币媚虏，仍许请诣开市，以逭己责。当是时，虏势方张，开市之请，非虏本心，由逆鸾私谋，故不旋踵而叛盟，肆掠为患益甚……今虏情实与昔殊。虏连岁入犯，固多杀掠，乃虏所亡失，亦略相当。又我兵出境捣巢、赶马，虏亦苦之，是虏固非昔之强也。属者，戴天朝归孙之恩，既献俘阙下，复约其弟侄并各部落誓永不犯边，又非如昔之拥兵压境，挟我边臣而坐索也……又虏使云所请市非复请马市，但许贡后容令贸易，如辽东开原、广宁互市之规，此国制待诸夷之常典，非昔马市比。臣等以为使先帝在，亦必俯从无拒也。"② 之后，又阐述了开市的好处和初步的设想。"北虏散处漠北，人不耕织，地无他产，锅釜衣缯之具，咸仰给中国。今既誓绝侵犯，故虏使即求互市，庶免盗窃，非谓求开马市也。其互市之规，宜如弘治初北虏三贡例，虏以金银、牛马、皮张、马尾等物，商贩以段绸、布疋、锅釜等物，择日开市。令虏酋以三百人驻边外，我兵五百驻市场，以次贸易，期尽一月而止。各镇商货不足交易者，听行各道查发。其客商所易马匹，或营收给原值，或听贩卖各镇。市场在陕西三边，已有先年原立场堡，其大同应于左卫迤北威虏堡边外，宣府应于万全右卫张家口边外，山西应于水泉营边外，听各将领及兵备道经理。每值互市之期，商人及官军不得阑出禁物，交通罔利及构起边衅。罢市之后，有虏骑近边索扰者，行俺答及各酋长查究。但有赏到各酋首番文乞讨诸物，量议给发。如夷情变诈，军门议行责问戒备，其各镇仍袭，通虏、媚虏、夙弊者重治之。"③

在长期的主政过程中，高拱也敏锐地认识到俺答屡次南掠是因求贡被拒而引起的。因此，高拱同意王崇古的观点。他说，俺答"自三十年前遣使求

---

① （明）王崇古.酌许虏王请乞四事疏（北虏封贡）[M] //（明）陈子龙.明经世文编：第318卷，王鉴川文集（三）.北京：中华书局，1962：3378-3379.
② 明穆宗实录：第54卷，隆庆五年二月庚子条 [M].1332-1333.
③ 明穆宗实录：第54卷，隆庆五年二月庚子条 [M].1336-1337.

贡，则求封之心已久，但彼时当事者无人，处之不善"①，"直却其请，斩使绝之，以致黠虏怨愤"②，"致有三十余年之患"③，"此则往岁失计之明验也"④。隆庆五年（1571），明内阁首辅高拱以沉痛的心情写道："昔嘉靖十九年，北虏遣使求贡，不过贪求赏赉与互市之利耳。而边吏仓卒，不知所策。（识者云，隆庆时，款虏之易，因嘉靖末却虏之坚致之，当知各有机用，文襄有怨于前人，故指为失策。）庙堂当事之臣，殚于主计，直却其请，斩使绝之，以致黠虏怨愤，自此拥众大举入犯。或在宣、大，或在山西，或在蓟、昌，甚至直抵京畿，三十余年，迄无宁日。遂使边境之民，肝脑涂地，父子夫妻，不能相保，膏腴之地，弃而不耕，屯田荒芜，盐法阻坏，不止边臣重苦莫支，而帑储竭于供亿，士马疲于调遣，中原亦且疲矣。"⑤ "今所为纷纷者，动以宋氏讲和为辞，不知宋弱虏强，宋求于虏，故为讲和。今虏纳贡称臣，南向稽颡，而吾直受之，是臣伏之也，何谓和？又动以先帝禁马市为辞，不知先帝所禁者官与之市而仇鸾为奸者也。"⑥ 高拱也认为封贡成功之后"可以息境土之蹂践，可以免生灵之荼毒，可以省内帑之供亿，可以停士马之调遣，而中外皆得以安，此其一焉……直受而封锡之，则可以示舆图之无外，可以见桀犷之咸宾，可以全天朝之尊，可以伸中华之气，即使九夷八蛮闻之，亦可以坚其畏威归化之心，此又其一焉；然斯二者犹非要领之图、本意之所在也。夫虏自庚子猖獗以来，先帝常切北顾之忧，屡下诏谕，修举边务，然劳力费财，卒无成效者，非徒当事之臣苟且支吾而然也。虏时内侵，应接不暇，虽有修为，随经残扰，方尺寸之未成，思寻文之已坏，是故不能有所积累，以就一事徒劳费而无功也。今虏既效顺，受吾封爵，则边境必且无事，正欲及此闲暇之时，积我钱粮，修我险隘，练我兵马，整我器械，开我屯田，理我盐法。出中国什一之富以收胡马之利，招中国携贰之人以散勾引之党，

---

① （明）高拱．伏戎纪事［M］//薄音湖，王雄．明代蒙古汉籍史料汇编（第2辑）．呼和浩特：内蒙古大学出版社，2006：61.
② （明）焦竑．国朝献徵录：第17卷，内阁［M］．台北：明文书局，1991：633.
③ （明）高拱．伏戎纪事［M］//薄音湖，王雄．明代蒙古汉籍史料汇编（第2辑）．呼和浩特：内蒙古大学出版社，2006：61
④ 明穆宗实录：第59卷，隆庆五年七月戊寅条［M］.1445.
⑤ （明）高拱．虏众内附，边患稍宁，乞及时大修边政，以永图治安疏［M］//（明）陈子龙．明经世文编：第301卷，高文襄公文集（一），北京：中华书局，1962：3165.
⑥ （明）高拱．伏戎纪事［M］//薄音湖，王雄．明代蒙古汉籍史料汇编（第二辑）．呼和浩特：内蒙古大学出版社，2006：63.

更有沉机密画不可明言者，皆得次第行之。虽黠虏叛服不常，必无终不渝盟之理，然一年不犯，则有一年之成功。得三五年之暇，则安顿可定，布置可周，兵食可充，根本可固，而常胜之机在我矣。当是时也，彼若寻盟，我仍示羁縻之义；彼若背约，我遂兴问罪之师，伸缩进退自有余地。虏狂故态必难再逞，而中国可享无穷之安，此则要领之图、本意之所在也。"① 这虽然是隆庆和议完成之后，高拱给穆宗皇帝的上疏，其中罗列了多个开市之益，表明高拱是非常支持与蒙古开市的。

王崇古不仅支持与俺答部开市，还指出应该对鄂尔多斯部和土默特部的贡市一视同仁："今许俺答封贡而不许吉能，在俺答必将呼吉能之众就市于河东，宣大之商贩必不能给，在吉能必将纠掩答窥犯陕边，而陕西四镇之忧方大矣……视东虏皆同，而不容互市，诸酋岂甘心伏首听命不掠不市已耶？是教之叛盟而勒其必犯也。"② 认为明廷不可独拒吉能，同开"陕西三边互市"。③

张居正在完全确认把汉那吉事件之后，认为此事"关系至重，制虏之机，实在于此"④，且恰逢此时"虏中今岁饥荒，头畜多死；东犯不遂，西抢不成；力罢于奔命，计阻于多歧；众叛亲离，内难将作"。⑤ 张居正认为俺答汗已进入"天亡之时"⑥，要求王崇古坚定信念，不被时论所迷惑，采取一切手段促成互市。

当时的有识之士，也认识到俺答屡屡犯边，其意图也仅仅是逼迫明朝开市而已。俺答求贡市"一念耿耿不息"，而明廷"不以时应也，故边患甚焉"⑦。而且，俺答围攻京师过程中，继续提出通贡诉求。⑧ 在明朝答应其请求之后，便退出了明境，因此，当时比较明达之士也感到俺答入犯"亡大志，

---

① 明穆宗实录：第59卷，隆庆五年七月戊寅条 [M]. 1445-1447.
② 明穆宗实录：第55卷，隆庆五年三月庚寅条 [M]. 1375-1376.
③ 明穆宗实录：第55卷，隆庆五年三月庚寅条 [M]. 1375.
④ （明）张居正. 张太岳集：第22卷，答鉴川策俺答之始 [M]. 上海：上海古籍出版社，1984：265.
⑤ （明）张居正. 张太岳集：第22卷，答鉴川策俺答之始 [M]. 上海：上海古籍出版社，1984：266.
⑥ （明）张居正. 张太岳集：第22卷，答鉴川策俺答之始 [M]. 上海：上海古籍出版社，1984：266.
⑦ 明世宗实录：第376卷，嘉靖三十年八月壬戌条 [M]. 6691.
⑧ （明）郑晓. 今言：第4卷 [M]. 李致忠，校点. 北京：中华书局，1984：189.

求贡而已"①,"自壬寅(嘉靖二十一年,1542)以来,无岁不求贡市",且"欲罢兵休民,意颇诚恳"②。

这些现象不能不引起朝臣的注意。因此,虽然对于开市一事,仍有部分反对声音,但是,明朝方面,从最高统治者到朝中主政大臣如高拱、张居正,再到主持边政的封疆大吏如王崇古、方逢时及继任者,对封贡问题基本形成了共识,达成了一致的意见,确立了明确的指导思想和统一的政策,积极促成并维护与蒙古封贡互市关系。虽然起初的封贡采取的是权宜之计,但不久便转为长久之策,这对明蒙贡市关系的顺利发展起了极大作用。

(二)蒙古右翼诸部统一开市的认识

隆庆四年(1570)十二月丁酉日,俺答派人"执叛人赵全、李自馨、王廷辅、赵龙、张彦文、刘天麒、马西川、吕西川、吕小老官等来献"③ 于大同镇。之后,王崇古遣康纶护送把汉那吉出境。俺答"迎于河上"④,祖孙相见,"呜呜相劳苦"⑤,"南向拜者再,使中军打儿汉入谢",言"愿为外臣,贡方物"⑥。表示了诚心归附的意愿。因此,在把汉那吉北归之后不久,俺答汗即上表致谢,趁机提出了开市封贡的请求,时任宣大总督的王崇古将此事上报给了朝廷:"俺答得孙后,遣使来谢,且乞表式请封。但言吉囊、大把都未与盟,疑有诈,臣未之许。盖老把都,俺答亲弟,吉囊之子吉能等皆亲弟侄,而兀慎、摆腰、永邵卜、哆啰土蛮等酋又多其本统亲枝也。俺答于诸酋为尊,行力能合之,必同心内附,然后可以假以王,封官诸酋长。"⑦

此次求贡,由于只有俺答一部请封,边将于是拒绝了这一请求。之后,俺答吸取教训,联络老把都等蒙古右翼诸部,共同求市,史载:"俺答与老把都、吉能、永邵卜诸部各遣使十八人持番文来言:诸酋感圣朝大恩,愿相戒不犯边,专通贡开市以息边民。"⑧ 这表明俺答等蒙古诸部一直希望明朝能够开放互市,因此,在俺答的联络之下,蒙古右翼诸部才会在短时间内形成一致意见,联合上书求贡,并表现出极大的诚意,并且"诸边将士习烧荒工捣

---

① (明)谈迁.国榷:第67卷,穆宗隆庆五年[M].北京:中华书局,1958:4160.
② 明世宗实录:第364卷,嘉靖二十九年八月甲申条[M].6500页。
③ 明穆宗实录:第52卷,隆庆四年十二月丁酉条[M].1292.
④ 明穆宗实录:第52卷,隆庆四年十二月丁酉条[M].1292.
⑤ (明)谈迁.国榷:第66卷,穆宗隆庆四年[M].北京:中华书局,1958:4150.
⑥ (明)谈迁.国榷:第66卷,穆宗隆庆四年[M].北京:中华书局,1958:4150.
⑦ 明穆宗实录:第52卷,隆庆四年十二月甲寅[M].1302.
⑧ 明穆宗实录:第52卷,隆庆四年十二月甲寅[M].1302-1303.

159

巢，恐妨大信，愿禁约以结盟好"①。

之后，驻牧河套的吉能于隆庆五年（1567）正月派使臣摆言恰等到榆林墙下要求通贡。"吉能使我们出来议，要和，各分地方住牧。从黄甫川迤西至定边营，各有小头目分管禁约。若南朝人出边寻采柴草，不许捉脱衣裳；查出，原达子罚马一匹，牛羊各一只；若还杀死，就与偿命。乞南朝通丁不要赶马打帐。"② 也表示了与明朝和好的意愿，并提出了双方都要约束人马，互不伤害。

由此可见，蒙古右翼在探求与明朝和好，希望明朝开放互市，与蒙古诸部进行贸易的意见是一致的。而且所开列的条件也基本相同，即蒙古一方放弃抢掠，维持边疆和平，明朝也要放弃对蒙古的军事行动，开放互市，并各自约束人马。这一系列条件的提出，对于明朝来说，也是具有诱惑力的。

因为，在明蒙之间斗争的二百余年间，明朝一直寻求稳定北方边疆的有效途径。而纵观明代的中前期，无论是军事征伐策略，还是朝贡抚赏策略，都是明朝单方面的行为，蒙古一方只是响应而已。蒙古一方并没有主动提出要与明朝发展良好的关系的意思。因此，在明代中前期，双方之间并没有任何的约定，我们看到的也只是明朝单方面对于蒙古诸部的要求和限定，而对于蒙古诸部屡屡犯边，明朝虽进行劝谕和军事反击，但是并未起到任何效果。

在俺答时期，这一状况显然得到了改善。蒙古右翼诸部为了寻求明朝开放互市，与明朝之间建立稳定的贸易关系，主动提出了开市的条件。即约束部众，永不犯边。而这也是明朝一直以来所期盼的。也就是在这个时期，明朝的期望与蒙古的期望达到了一个平衡，实现了对接。即明朝的政治需求与蒙古的经济需求之间建立起了交换关系。明朝开市，以换取蒙古右翼诸部停止南下扰边；而蒙古右翼停止南下抢掠，以换取明朝开市贸易。这两点在明蒙各自统治集团内逐渐实现了意见一致，明蒙之间建立正常的贸易关系也就随之实现了。

二、明朝对开市的制度设计

综观明朝在处理对蒙关系中所采取的各种措施，可以发现，这些举措都

---

① 明穆宗实录：第52卷，隆庆四年十二月甲寅 [M] .1303.
② （明）何东序．套房输款求贡疏（套房款贡）[M] // （明）陈子龙．明经世文编：第382卷，何中丞九愚山房集．北京：中华书局，1962：4143.

<<< 第四章 "隆庆和议"及明朝边疆社会控制的实现

具有相当的随意性,并没有形成明蒙双方都认可的制度。因此,在执行的过程中,往往出现较大的灵活性,一旦出现要求不能满足的情况,双方的矛盾便顿时显现出来。与之前历次开市不同,隆庆年间,在开市之前,便有了一系列的制度设计,而且这一制度设计,基本上完全来自长期主政边疆、对蒙古有相当了解的边疆大臣总督宣大左都御史王崇古,并且吸取了之前开市尤其是嘉靖三十年马市开设的经验。这便决定了这一制度是切实可行的。因为这既是与蒙古诸部长期斗争中总结出来的经验,又总结了历代开市的经验。

在隆庆五年(1471)开市之前,王崇古向隆庆皇帝上疏,阐述了他的这些想法。这就是历史上著名的《确议封贡事宜疏》。也就是这篇奏疏为明蒙之间的开市贸易奠定了基础。

历览《确议封贡事宜疏》,我们可以发现,王崇古对于有关封贡的细节问题进行了通盘的考虑,并制定了一揽子的制度和措施,包括详细地规定了册封蒙古的封号职衔、蒙古朝贡的贡期贡道、与蒙古的互市、明朝给予的贡赏抚赏等,归纳起来主要包含七个方面的内容:(一)封王授官;(二)贡额;(三)贡期贡道;(四)贡物;(五)贡赏、抚赏;(六)对互市蒙古官兵和巡边士兵的抚赏;(七)除每岁一贡之外,还有封王之贡,即新王嗣封后进表马献恩,届时明朝另外给予特殊的赏赐。几乎涵盖了封贡互市的全部内容,而且,在每个方面都通盘考虑蒙古各方面各个阶层的利益问题。因此,可以说王崇古《确议封贡事宜疏》制定了俺答封贡互市的整体框架,在整个封贡互市活动中,是一个纲领性文件。现将有关开市部分全文整理如下:

> 历查嘉靖二十九年开市之议,始因北虏各酋拥犯蓟镇,执马房内臣杨淮等九十二人,许以奏请开市,得释生还。既而纠聚驻边,累言要挟,动称不许则入抢,词甚悖谩。当时,边臣具闻先帝。初未允许,既而大发帑银三十万为修战具,擢咸宁侯仇鸾为大将军,声示挞伐。鸾握重兵出边捣巢,遇虏失利。畏虏复犯,乃遣家人时义等,远出漠北,阴赍金币厚媚俺答,许请开市,苟逭罪谴。先帝既诛仇鸾,以构虏严垂禁旨,以复容开市者斩。盖深恶鸾之媚虏欺罔,大误边计也。今且二十余年,诸虏侵犯无常。边臣随时戒备,何敢重蹈覆辙,媚虏请市,以故违禁旨,自陷重辟耶?所以能制虏顺内者,亦恃我能御之耳。且虏势既非昔强,我兵亦非昔怯,虽不能穷追以灭虏,时出捣剿以宣威。虏虽尝纠众而深入狂逞。天即降罚,而人畜死亡。即如隆庆元年,老把都、土蛮纠犯蓟东,则棒椎岩千骑,一时落岩尽死。俺酋父子,深犯石州,则人马道死

161

万数。臣自抚夏督原凡七载，每督陕西延宁各镇官兵出边捣剿，节年共斩首千余级。其陕西四镇，五年之间，斩获虏首通计三千有余。套虏之披靡已甚，而老把都之被祸已深。即虏使自诉，彼近边驻牧，则分番夜守，日防我兵之赶马捣巢。远抢番夷，则留兵自守。时被我兵之远出扑杀。在虏既未遂安生，故游骑不时近边，扰我耕牧。大举每岁窥逞，劳我慎防。在我亦无时解备。华夷交困，兵连祸结。故思一容通贡，各遂保全。审时度势，万非昔年开市之比。今部科之议乃以禁例为援。夫先帝禁复开马市，未禁北虏之纳款。今虏求许贡后容伊买卖。如辽东开元、广宁互市之规，夷商自以有无市易，不费官银，不专市马，亦不过通贡中之一节，非复请开马市也。臣等虽至愚，苟无利于国家，有违于禁旨，何甘身冒重辟，而为虏请乞？但历查俺酋父子兄弟之横行各边者凡四五十年，而累犯蓟镇者三五次。当其震惊宸严、流毒畿辅之时，孰不欲饮其血而食其肉？然发言盈庭，文移充栋，空抱灭胡之志，未收遏虏之功者，虽势力之未能，亦缘议论太多，文法牵制，使边臣无所措手足耳。昨岁秋时，老酋纠众东行，三卫绅风传报，京城戒严。至倡为运砖聚灰之议，拥门城战之图，率以为御虏长策。其不至贻笑于虏者几希矣。今虏酋纳款乞贡内附，乃必欲定久要，守尺寸以可保百年无事。它日有失，究首事之罪，岂惟臣等所不能逆料？虽俺酋亦恐能保其身而不能保其弟侄，能要诸酋于目前而不能制诸酋于身后也。夫拒虏甚易。执先帝之禁旨，责虏首之难保，数言可决。虏必发愤逸去，身在宣大，而遥算各边，此亦边臣识度所不能及也。在宣大近以遣降之恩，兵马之力，或可保数年之不侵。在蓟辽东有土蛮之拥众，中有三卫之构结，必将岁纠俺酋父子为声援，以窥近郊。而陕西三边，则吉能子弟部落，河套既不能容。宾兔诸酋，久已分驻河西大小松山，频年侵扰番汉，不时过河内侵。甘肃延宁，四时戒防。兰靖洮河，久将难支九边无息肩之日，财力有莫继之患。虽有智者，恐无以善其后求不战屈兵。全师全疆，不可得矣。及查得国初，北虏原有通贡之例。正统初年，也先以剋减马价而称兵。载在天顺日录可查。夷种亦有封王之制，如哈密忠顺王。原以元种，圣祖封之哈密，以为我藩篱，后为土鲁番所执，尚取其子养之肃州。收其印贮甘州库。先臣王琼处置土鲁番奏议具存。其弘治初年遮北小王子，縣大同二年三贡。前抚臣许进题允，志刻见传。夫揆之时势，既当俯从。考之典制，非今创始。堂堂天朝，容夷虏之来王，昭圣王之慎德，以传

第四章 "隆庆和议"及明朝边疆社会控制的实现

天下后世，以示东西诸夷，以光中兴之大烈，以觐二祖之耿光，实帝王之伟绩，清朝之盛事。何诸臣疑惮而未深长思耶？其通贡一应善后事宜，会同宣大抚臣孟某、刘某，逐件面确，务参酌众议，裁定画一之规，条成八事，伏乞敕下兵部，大集廷议。特赐宸断施行。

计开

一议锡封号官职，以臣服夷酋。照得北虏各部落，惟土蛮为小王子之裔，屯驻辽蓟东北，众十余万，其控弦带甲者，不满数万。虏种虽众，而兵未精强，故难独逞。俺答故兄吉囊并其弟老把都三人，原系土蛮臣属，分驻宣大迆北云州青山河套内外、河西大小松山，连年抢虏番汉盔甲，器械既多，益以板升奸逆，教虏为兵，战阵攻击尤健，兵号精强，但众势分据，未易卒合。故每次入犯，必纠会于数月之前，聚众至十余万，方敢深犯。否则各分边境，趁草驻牧。时遣精骑，朴抢窥农。此虏中之大势也。今俺答乞一名号，雄制诸夷。除土蛮不随伊调度外，余虏行辈，惟俺答为尊。或可锡以王号，颁给镀金印信，如忠顺王及西番诸国例，俾彼可号召其弟侄子孙，为国藩夷。其余大枝在东如老把都，在西如吉囊长子吉能，并俺答长子黄台吉，俱宜授以都督职衔。如三卫故事……庶大小酋首，均知感戴天恩，荣被衣冠，各统部落，不敢侵犯各边矣。且虏性好强而耻卑，若名位同而恩典异，必不相下，而愤怨争夺之端易生。是假名器而臣服强胡，以衣冠而羁縻夷虏。即如各处土官、朵颜三卫事例。在朝廷无大烦费，庶各酋咸知荣感矣。

一定贡额，以均赏赉。夫夷虏之进贡，各献马匹。名虽效敬，而实欲希赏朝廷之颁恩。厚往薄来，本以怀夷而尤宜均被。各夷既有封号官职，每年令其进贡一次。须令俺答每次进马十匹，夷使十名；老把都、吉能、黄台吉各八匹，夷使各四名。各酋首听俺答各以部落之大小，分定马匹之数目。大者不过四五，小者止许二匹，夷使各二名。连那吉通计四十七枝，每年进马，不得过三百匹，夷使不过百人。如虏再求加多，马不得过五百匹，使不得过百五十人。马分三等，每次选上马三十匹进御前验收；余马，上等给官价十二两，中等十两，下等八两；余不堪老瘦之马，不准充贡，马匹分给宣大山西三镇官军骑操，各支桩棚以充马价。夷使每年定以六十名进京，余留在边（廷议虏使俱留边不复进京），分驻三镇沿边市场城堡，给之廪饩，阴示为质，候京使还镇。各以马价从官易买绸缎、布疋诸物，令其带回边外，分给各枝酋首，以为酬赏。

163

其各酋钦赏之额,听礼部查照三卫及西番各国事例颁给。庶朝廷有公溥之惠,边方得扂马之用,而各酋岁岁均被恩赍,无纷夺之虞矣。

一议贡期贡道,以便防范。夫扂以秋高马肥,为骄逞之时。以春月青黄未接,为马疾畏怯之候。今俺酋乞封纳款,虽出诚心其夷性变诈不常,尤须阴示防范且许以贡使之入。容其互市买卖,则当择马弱之时,庶伐狡谋。恭惟万寿圣节,适届首春,其四夷来庭祝贺,当惟其时。每年期以正月初旬,令俺答纠聚各枝夷使马匹,恭具表文,自大同左卫叩关验入,各夷不许身带兵器,听该城副总兵会同兵备道逐一辨验明白,量给犒赏。俺答部下及河西吉能、各枝夷使,除许俺答四人、大枝二人、小枝一人进京外,余俺答吉能各枝应驻于边者,即留本城夷馆居驻,其余俱差官通起送。大同抚镇验明,各给花红牛酒,挨程差官通押送阳和赴军门验赏。沿边挨程送赴宣府抚镇验赏毕,即将黄台吉、老把都夷使除进京外,余驻边者留驻宣府镇城夷馆。余差官通押送,由居庸关进入,务及圣节前,由昌平进京赴四夷馆安插,听礼部照例管束给养。事完仍差官由原途押回至阳和军门照发回还。其经过去处,各地方官务须传报,各将领盛陈兵仗,示之威重。安歇公馆,内外选拔通丁防范,不许各城奸徒交通传泄。马匹务拨各营官马,各送一程。肉食廪饩,务足夷使食用。动支应动官银,无容刁难减短,致滋嗟怨。沿途各营拨精壮官军防范,无容四出观望。其进京马匹料草,各拨军喂饲,无致瘦损。如或夷使不遵约束,及沿途供备不周,听各道查明究治。夷使呈军门,候回日定行,俺答究治。或谓居庸道路近京,不当令扂使往来。殊不察喜峰口去京伊迩,见为三卫贡道。若容由紫荆入关,必经真、保、定腹里经行,不惟骚扰内地,亦恐得以窥我虚实。非若边地各有兵马防范,皆扂素所谙知。公私省使,其经过驿城,必须每年听各抚臣于驿递供需内,量议增加各三五十两,专备夷使往返之支、庶入贡当。圣节之期,可尊贺典;交易当马弱之时,可免外虞;贡道由边地经行,可杜窥伺之渐。供养既有定额,公私斯无烦费矣。

一议立互市,以利华夷。照得北扂散处漠北,人不耕织,地无他产。扂中锅釜针线之日用,须藉中国铸造。绸段绢布之色衣,惟恃抢掠。今既誓绝侵犯,故扂使于乞封之初,即求听伊买卖充用,庶可永免盗窃,非谓求开马市也。其买卖之规,查得弘治初年,北扂三贡交易。扂以金、银、牛、马、皮张、马尾等项,听各镇商贩以缎绢、布疋、锅釜等物。

各于虏使入边进贡之后，择日令各枝虏酋各差一的当首领，统夷兵三百，驻扎边外；各镇各令本路副参等官，各统本枝精锐官军五百，驻扎市场。仍令各酋派定各枝夷种，交易日期，大率以一月为期，听挨次分日而至。虏执畜物先赴夷酋验明，送赴市场估值定易。即时遣出一起完又送一起，一枝完，方许别枝。如以不堪老瘦牲畜及不值价不堪用之物交易者，发回夷营，不准入市。其各镇客商货物，一时或不足交易者，听行各道，于各城查发，务使客商有利，夷价无亏。严钢铁硝黄违禁之物入市贪利发遣之禁，戒边人出边盗窃交通之防。每场互市完，将各客商发卖过货物及得获夷价银物，各道委官，逐日查明造册，缴报抚镇查考。如贡使既回，而交易未完，姑令驻边旬日，务完同遣，以示要质。其客商易获马匹，如各营缺马，听从官印收，照原估值给价，于商勿容亏减。如官司不用，听给执照与商，令其入关贩卖，不许关津留难。及查得辽东开元马市，凡夷马商货，各有税例，每年即以收获银充抚赏之用。听臣行该镇查明成例，量议起征，以充抚赏。其各镇市场，除陕西三边，有先年原立场堡，听各镇督抚衙门详定议请外，其大同应于左卫迤北威虏堡边外，听协守副总兵、该城兵备道经理；宣府应于万全右卫张家口边外，听上西路参将、分守口北道经理；山西应于水泉营边外，听老营副总兵、岢岚兵备道经理。每年互市之期，沿边各城堡官军墩哨，各守信地，申严哨备，不许出边私易虏马，交通图利。违犯者许诸人讦发，拿赴军门以军法捆打枷号游营；构惹边患者，斩首狥众。罢市之后，如有虏骑近边求索骚扰者，不许容听。查问各枝部落夷名据实开报抚镇，听行俺答及各酋长查究；但有赍到各酋首番文，许为转呈抚镇，查明缘由议处。如系乞讨诸物，量议给发；如有变诈夷情，呈达军门议行责问戒备。其各镇一切昔时媚虏通虏之风弊。俱照臣近行严革。违犯者，从重参究。庶虏中得衣食之急用，斯可永绝盗心；而客商岁得虏货之利，将源源自至；防范既严而通夷之风弊可革，交易既广而不均之骚扰可免矣。

一议抚赏之费，以求可继。照得各镇每年四时戍防既多，兵马调遣客饷之支春秋布防尤费。摆边行粮料草之用，各营有深哨夜役之行粮，各墩有常瞭行月二粮之定额，为费不赀。且一岁之间，深哨丁夜每被虏杀，每镇多者百十人，少者不下三五十人。每年各镇年终类报可查。每名例应给优恤银二三十两，向因钱粮不敷，每名量给银三五两。各镇每岁零斩虏级多者百十颗，少亦三五十颗，除恩升外，愿赏者每颗应给银

165

五十两，仍先有银牌花红奋勇当先首从之赏。其阵亡中伤之优恤，哨丁报实之赏犒，皆系额外之支。各镇或以督抚纸赎，或以各城商税，或以各项公费地租。裒益支用，每岁不下数千金。今既容虏通贡，则哨丁可免深遣扑杀之患。即去岁十一二月至今，并无损失一人。每岁每镇可保百人之命，即可省优恤三五百金矣。各镇墩哨后可渐减三二百名，即可岁省行粮三五千石矣。既无斩获中伤之赏恤，每岁可免赏功数千金之费矣。凡此皆可移而为抚赏各夷之资。但议事之初，众未察以后之省积，而止虑目前之匮乏，诚恐虏使之往返，与守市之抚赏，费用无出，后将无继。臣等终夜筹计，每岁各边，除各以岁省赏功优恤之费专充抚赏之用外，仍每镇先于年例客饷内，动支三五千两，买备绸缎布足，分发各道，专充夷使往来及守市夷兵抚赏之用。凡守市夷兵，每人布二足；酋长缎二足，绸二足；余以事到边者，酌量来使之大小，所议之事理，果系恭顺通好之使，量以绸段；余以布足或以酒食。通计每镇抚赏过银物，各计数奏缴。今岁之余，即充来岁之支，无容别用。以后果虏志已定，边患果息，调遣摆边可免，则所积之客饷可出陈为主饷之支，而以主饷仍备客饷之积。数年之后，则客饷或间岁可省，或年可半给，而节省内帑，将不可数计。夫移各边恤赏之公费，及量移客饷以充抚赏，既非糜费不经，亦非额外请给，庶经久可行，而公私攸便矣。

一议归降，以杜启衅。照得朝廷悬招降之例，以开华人归正之门。各边纳真夷人之降，以充家丁冲战之用，行之已久。每年被虏华人归正者十七，而真夷因事忿争，或拐带妇女犯罪畏杀投降者十三，在华人或伴送宁家，或愿充哨丁，中鲜外志。其真虏每有诈降窥伺，旋即逸去，往往谂我虚实，为虏向导，反贻边患。各将领利其骁健，喜为招纳，而不虞其后，识者亦切忧之。除已前收用，及岁久各有身家、授有官职者，听从养用外，余近时投降真夷，今既许虏封贡，尤须察其诚伪。量其勇力，或加其粮犒，或分处各营，以安其心。无令用度不足，致生怨望。以后凡真夷来降者，不分有罪无罪，俱免收纳，以杜各酋之索扰华人被虏归正者。据夷使之恳告，欲免收纳。臣已再四开谕，以后但遇归正人口到边，审明别无拐带虏中财物妇女，及被虏年月原籍乡贯，虏中主家即与放进骑来马匹，收住边堡。如有虏骑追赶，即以原马给去，量以抚夷绸布，每一人给绸一足，布二足。原人伴回原籍，无事可免招降，致启边衅。历查虏中华人，俱被节年抢卤人数，其精壮老幼杀死者不预焉。

每次抢杀奚啻千百人,一岁之归降者几何,皆系为虏奴隶,不能自赡之辈。其各被华从夷罪徒,虽悬招降之恩典,何尝有一人来归?今既誓免侵犯,则边氓以后可免被虏。其从前之在虏者,复听其自至,则在我收抚归人之恩不失,而虏中反侧遁逃之奸可绝。边衅无由启,而贡议可保久而无变矣。

一审经权,以严边备。照得夷狄之于中国,有顺有逆;帝王制御之策,有经有权,无预中国之盛衰。惟视夷类之强弱,间有势虽强横,而中实披离。故规利而纳款。……故必有制御之经,无忘有事。庶常胜常尊之势在我,而狡胡无所乘其隙,必有羁縻之权,不拘文法。庶操纵诱间之机可决,而边臣得以效其谋。此是通达事理之论。至于目前之利钝,日后之变态,其始也。固当多算而预防其终也。诚难逆睹而要定自古怀忠负智之士,为国家立尺寸之功,率是道也。臣等愚昧,其才识威略万不逮古人。而一念报主之忠,誓古今无二。今次俺答乞封纳款,始缘伊孙之降。自知天心厌恶,众叛亲离,故降其平时桀悍之气,恳求封号。冀自雄于诸夷,继感圣明生还其孙之恩,复遣使申请,尚恐其弟侄未从也。既而遵臣札谕,纠合老把都、吉能、永邵卜、哆啰土蛮尽河套迤北各亲族部落同事纳款。凡虏情之诚伪,各边之兵力,臣等前亦具陈矣。今环驻近边凡三月,一尘不耸,使命络绎。既免沿边之侵扰,边氓樵采无忌;复绝边堡之求索,官军戍守无扰。一时效顺之诚,似可暂弭九边之患。臣等会同各官译审再三,宣谕数四,非甘听一二夷使之诳言,故犯先帝之明禁,为虏乞容,苟图自宽也。在虏既有呼韩突厥款塞之诚,在我当有优遇受降之恩。今部科之议必欲要其后之不变,严其始之峻防,令其一遵法理,永绝背逆,固为守边之经。臣等历考古昔,春秋之列国,汉唐之封建,虽中国友邦同姓,尚不能守法信度,定盟带砺,而欲责之夷虏,恐非达权之宜也,夫在虏者,虽事变不可期;而在我者,当乘时以厚备。每译夷使,审得俺答年近七十,其弟老把都、子侄黄台吉吉能各年逾五十,皆非十年前强壮之时。倘各酋未死之年,那吉辈继承之后,边境有数十年之安,则宣大山西残破之城堡,可以渐充实;荒芜之屯田,可以渐开耕;河西延宁之大边,可数年报完;蓟镇边台虽修,腹里城堡,可以次而修建。主兵既练,入卫之兵马,可以次减掣;各镇练兵设险积饷除器之务,乘其无事,计日课工,务急自治。三五年后,兵气振扬,边备严整。纵虏有反侧,我得以数年畜练之精力,以守可固,以战可胜。

167

是不失经常之守,而可省财力且无算矣。虽今日天朝暂假爵职之名器,示以荣锡之恩。每岁暂借客饷十之一二,为抚赏酬贡之费,是一时羁縻之微权。而保固疆圉,生全边氓,将不可数计矣。释此不事,则拒虏甚易,而灭虏实难,此为明见。虏将窥隙,而东西岁扰,我必随势而远近戒防。士马疲于奔命,财力匮于征输,是为不能达权,将并经常之守,不可继矣。

一戒狡饰,以训将略。……今之为将者,或勇力粗悍,而不谙兵机;或心行奸诡,而未识忠义。平时蓄丁选锐,伺虏隙以捣巢赶马为要功,周利之图。遇警观望畏避,幸虏去为诿祸脱死之计。今当虏酋之乞贡,既乏任事之忠,复怀后时之惧。务为夸诈之言,阴肆轻挤之术。若以为将可恃战,不宜听虏和以沮其气,虏方畏兵,惟当奋兵力以立奇勋。果如所言,是有将兵而不能用,失时势而误兵机,臣等之罪,夫复何逭?臣等何利?甘为怯懦负国之夫哉。但其言似忠,而其心则诈;其力似健,而其识则昏。二三年来,虏之犯宣大者屡矣,何尝有堂堂正正一战而立却虏胜敌之功?惟事观望规避,以甘冒欺罔之罪,中外所俱知也。其或间出捣巢,斩获老幼妇女,不足为虏重轻;遣丁赶马,得获老骡群驹,反足构虏骚扰,国家亦何利而养此辈以重误疆场耶?……如或挑怨构衅,弛备疏防,即治其罪。凡今有造言饰诈,阴坏贡议者,外听臣等及巡按衙门,内听部科指实参治,以肃边纪,以儆怠玩。庶狡情无所容。贡议不孤而边防增饬矣。[1]

王崇古的上疏,除贡使不得入京外,其余条款悉数得到了明廷的批准,并在开市活动中一一实施了。其后,王崇古又根据明蒙互市中的未尽事宜,再次上疏,这就是《为遵奉明旨经画北虏封贡未妥事宜疏》。在这个奏疏中,王崇古分析了陕西三边开市的利弊、互市铁锅的开禁等问题:

臣方幸各酋听受俺答统率,不犯各边。庶可稍救各镇剥肤之灾,可为九边桑土之计,遂将各镇镇巡各道议过条件开具题请,亦非臣等损威媚虏,如逆鸾故态,别有私要也。今据内而科部之议,既谓河套吉能应听陕边督抚另议封贡。其陕西总督尚书王崇古又复执议,必令吉能子侄二年后不犯,方请封贡。其尊国体,逆虏情,在诸臣固为有见,但未察

---

[1] (明)王崇古. 确议封贡事宜疏 [M] // (明) 陈子龙. 明经世文编:第317卷,王鉴川文集(二). 北京:中华书局,1962:3359-3368.

第四章 "隆庆和议"及明朝边疆社会控制的实现

吉能俺答，亲为叔侄，势若常蛇，声势相依，首尾相应。先年吉囊尚存，每遇黄河冻解，入套则患在延宁甘固，出套则患在山西宣大。近年虏众日强，东西分据，河套不能容住。数枝占住庄宁山后久矣。小掠则各枝自为窥逞，大举则东西互相纠聚。事案具存，往患可监，非可口舌争也。今许俺答封贡而不许吉能，是收其叔而纵其侄，锢其首而舒其臂，东则全抚，西则全抢，是彼有两利，而我有两害也；在俺答必将呼吉能之众就互市于河东，宣大之商贩必不能给；在吉能必将纠俺答窥抢于陕边，而陕西四镇之忧方大矣！中国既失大一统之治，夷虏反得遂影射之私。臣前时必令俺酋纠会各酋之谋亦徒矣。它日陕边有失，虏志复纵。则今日之封贡，必不能保其久而不废也。臣前谓夷虏性急而耻卑，今吉能在俺答子孙中，班行年齿既尊，而独不预封职之荣、入贡之赏，臣恐发愤纠合其子侄，侵扰延宁。如近年黄甫川笔架城镇静保之攻陷、瓦楂梁之杀戮，恐陕镇之兵力且将不支矣。凡陕之虏情兵力，今兵部尚书郭某及臣先后继任督抚岁久，目击其状，身任其艰，而之诰在陕一年，偶因套虏西掠诸番，一秋无虞，颇收斩获，亦间损伤，即扼其吭而制其命，虽使之诰在陕亦未可知也。是封贡之议，在吉能不可独拒，必当俯容以溥皇朝一统之治，以杜诸酋影射之奸者，一也。

其互市之议，既蒙允行于宣大山西矣。在陕西三边，臣原议应听彼中督抚查照先年事规议行各镇分投设立。一以分虏势，以便防范；一以便虏私，以免抢掠。今该镇之议，谓三尺童子亦知不可容市，将士扼腕，谓不当许贡。至称因昔开马市，致套虏转弱为强，是听诸将狡饰之议，而未究套虏先后之势也。臣历任陕边先后十二年，历查套虏在昔，吉囊未死，部落未分，九子少壮，各统其众。东则俺答、老把都听命惟谨；北则土蛮睥睨莫能拘制。故在嘉靖初年，九边骚动，损将陷兵，无岁不逞，强横已极。自吉囊之死，已二十年。部落既分，诸子多死。吉能老而不能制其子侄，酋首众而各肆残虐。部落生齿日繁，套中不能容住。真夷多降，各镇各蓄丁壮。每出赶马捣巢。终岁不能安居。自抚赏以后，套虏亦渐不振。今视吉囊存日众虽加倍，而势反涣漫，故一旦闻俺答之传，即欲归顺，乃自欲求安，非独为感归降之恩也。虽未可谓比昔势弱，实未见视昔转强也。其所需于中国者，段布锅釜之类，视东虏皆同。而不容互市，诸酋岂甘心伏首听命，不抢不市已耶？果各镇之兵力，能制其死命耶？抑套虏之众富于俺答耶？三者既非，是教之叛盟，而勒其必犯也！且铁锅为虏中炊煮之日用。每次攻城陷堡，先行搜掠，以得锅为奇货。今与之衣而不与之餐具，虏众何能自赡？廷臣之议，谓锅系铁斤，恐滋虏打造之用。殊未知虏中不能炼炒，生锅破坏，百计补漏，用之。不得已至以皮贮水煮肉为食。此各边通丁所具知也。前虏使欲以破锅换易新锅，情可知矣。及查得辽东开元建宁之市，以广锅入市，盖广锅生铁不受炼炒，行之已久，此可仿行。及查得宣大沿边山程险远，铁锅鲜至，亦多用广锅，即当容照辽左三卫例，以广锅容入市易，商夷攸便也。其陕西之市，亦须速行彼处定议容市，以免西虏东市之扰，此互市之当议者二也。

又抚赏之资，各边原无多积堪动钱粮。臣前所议暂借客饷，每镇三五千两，佐以各镇抚赏之公费，或可充用。科臣议谓臣议动客饷，必至减兵弛备，是未察主客边饷之异支，及恤边镇之窘乏也。夫主饷以养主兵，分地画守，军有定数守不可罢，军不可销，则饷不可轻减固矣。客饷原无定额，以警信缓急为加损耳。客饷专备春秋有警，调遣兵马之支，连岁边报频仍，四时戒防糜费巨万。今虏既纳款，则边镇无警，而调遣可免也。边隘有守，而边外深哨腹里接烟哨役可省也。其岁省客饷且无算矣。即如去秋今春，臣往返宣镇南山仅月余。而该镇东路客饷，每备三万兵马数月之支。今尽省矣。据报，隆庆三年之召买初支，而四年之召买全未动。今岁即可停召买，该路所省当七万余金矣。大同镇去岁春，虏驻威平，客饷糜费数万。自去冬十一月至今春将尽，一兵不调。而上年之召买，及以前之积贮未动。如今秋虏果远遁，则各枝兵马分驻各城团练听警，止支主饷。而各路客饷，亦所省不下巨万。山西镇客饷原少。自冬深三春无警，河防止支正饷。未多调遣，所省亦多。臣初欲于各镇客饷内动支三五千金是省十而用二三，非它有所费也。必欲虏无所抚赏，而剖腹束手听命焉。既非中国抚四夷之宜，必令各镇自为处给。边镇各项钱粮，各有定支。年来文法日密，拘促已极，何所搜括充用哉？查得蓟镇三卫之抚赏，每岁银一万三千余两，而该镇扣军粮权采办以佐之，尚不下二万余两。辽东海西建州之抚赏，亦岁不下万金。宣府属夷止数千，而一岁之抚赏亦仅一万。彼辽蓟二镇入贡之虏，多不过万余。其抚赏之厚，各夷所知也。今俺首、老把都、黄台吉及永邵卜哆啰土蛮、兀慎、摆腰诸部落众至十余万，既容贡市，而抚赏全不议给，徒令臣等以空言应酬，无可示恩，何恃固结？恐非天朝抚夷之大体也。其间讨赏滥赏之费，在臣等自知樽节，而守市遣使必不可已之，赏则不可省。即如臣每遣通丁入虏，虏必赏之以马。臣每令通丁不许领受，虏即来告云，非此无以示好。故臣于虏使之来，亦须分别大小，以段布充赏，亦华夷之分所当然也。此抚赏之费，必不可省，须当查照蓟辽事例。姑无论夷虏之众寡，每镇每岁令于节省客饷量动万金，以备互市抚赏之资。或一时商贩无资，权充商本，令其买货充市，得马给军，以济公私者也。余督修边堡，选练兵马，开垦荒田，严饬边备。臣已申令再三，及时自治。即今各路修工已兴作。边民争买牛具，告耕荒田，至有欲开边外之田者。臣已禁止各路兵马，分日操练，未敢时刻疏玩。其互市之防范，虏中之戒谕，臣督行各抚镇相机固防，务保无虞，免廑北顾。

伏乞圣明俯念臣等边臣任事之苦难，稍宽廷议文法之牵制。敕下户兵二部，早赐定议。敕下臣等遵奉施行。①

王崇古的两次上疏，对封贡开市之举进行了全面的谋划，条款详备，切中要害，全部得到明廷的批准，并敕下执行，为今后明蒙之间的贸易往来铺平了道路。

三、互市的良好运行

明朝在制定与俺答等蒙古诸部的封贡互市政策之初即确立了"以抚市为权，以战守为实"②的原则，强调"以贡市羁縻，乘暇修备，乃中国御夷长计"，③"备御西虏惟在酌处抚赏，亟图战守"④。因此，互市的设置也凸显了军事防御的特性。

（一）互市设施严密

互市设置的场所和规制以及所配套的军事防御措施，在设立互市之前，就已经做了通盘的考虑。俺答封贡之后，明朝所设立的互市场所，军事色彩显著，防御性极强。互市一般设在边墙之处，四周筑以高墙，犹如"瓮城"，内外各设关口一个，闸门两个，均可以启闭。《清史稿·杨吉砮传》中对此有

---

① （明）王崇古. 为遵奉明旨经画北虏封贡未妥事宜疏//（明）陈子龙. 明经世文编：第317卷，王鉴川文集（二）. 北京：中华书局，1962：3368-3371.
② 明神宗实录：第150卷，万历十二年六月己未条［M］.2786.
③ 明神宗实录：第38卷，万历三年五月庚子条［M］.886.
④ 明神宗实录：第52卷，万历四年七月甲午条［M］.1207.

清晰的记载："明制，凡诸部互市，筑墙规市场，谓之'市圈'。"① 内设高楼，以供驻扎市场的官军瞭望，监督市易。有的"市圈"外部还设有护城壕。整体而言，互市是一个封闭的场所，军事性质明显。设于水泉营的互市之所就非常典型。史载："水泉营去板升近矣，当以洪门分内外边。外边筑瓮城，其为制，建闸，闸外筑大台，名为验虏台。台左右复建大台，名为瞭虏台，入此则为关矣。关以内为验市厅，关以外为水泉营。迤南筑夹垣二道，高丈余，则又建内关堡，得移寺堰兵于其中，联络水泉营。虏每一入市，少者四五十，多者百余骑，并皆就瓮城闸封。而征老营兵驰水泉营，偏头兵驰寺堰堡。兵不足，则以马步兵及架梁兵，昼夜击刀斗，巡徼城中。俟市毕，犒虏验市厅，遣还。"②

此外，如得胜堡，地势就比较险要。"此堡外接镇羌，内联弘赐，击柝相闻，烽火一传，两堡依附，矢镞可及，虏终不能独窥一城以滋跳梁。"③ 而"延镇红山市口去镇城止十里，奉旨于原城之内创筑高台，以便瞭望"④。这个高台就是"镇北台"。"每逢开市，朝往夕还，楼台高耸，关防严密，巍然一巨观焉。"⑤ 红山市的外侧还挖掘了护城壕，使得防御更加完善。开市之日，"虏每一入市，少者四五十，多者百余骑，并皆就瓮城闸封"⑥，然后进行互市贸易。

随着交易规模的扩大，为了安全起见，明朝往往也会就近再寻一场所，新筑"市圈"。万历四十五年（1617），宣府镇下的独石互市中，"于城外北关内另筑一垣，多置夷房，每月定期启门交易，事毕即出，如非市期，不许一人潜入"⑦。

---

① （清）赵尔巽. 清史稿：第223卷，杨吉砮传 [M]. 北京：中华书局：1977：9136.
② （明）瞿九思. 万历武功录：第8卷，中三边二·俺答列传下 [M] //薄音湖. 明代蒙古汉籍史料汇编（第四辑）. 呼和浩特：内蒙古大学出版社，2007：84-85.
③ （明）杨时宁. 宣大山西三镇图说：第2卷，大同镇"得胜堡图说" [M] //薄音湖，王雄. 明代蒙古汉籍史料汇编（第二辑）. 呼和浩特：内蒙古大学出版社，2006：314-315.
④ 明神宗实录：第450卷，万历三十六年九月壬寅条 [M]．8522.
⑤ （明）杨时宁. 宣大山西三镇图说：第1卷，宣府镇"张家口堡图说" [M] //薄音湖，王雄. 明代蒙古汉籍史料汇编（第二辑）. 呼和浩特：内蒙古大学出版社，2006：283.
⑥ （明）瞿九思. 万历武功录 [M] //薄音湖. 明代蒙古汉籍史料汇编（第四辑）. 呼和浩特：内蒙古大学出版社，2007：85.
⑦ 明神宗实录：第557卷，万历四十五年五月壬午条 [M]．1052.

第四章 "隆庆和议"及明朝边疆社会控制的实现

（二）交易地点、日期严格控制

隆庆年间开设的互市被称为"藁街"。史载："设藁街于边城，毋令入都市。"① 可见，互市地点均选择在长城沿线，内地不再设置交易场所。明朝在开始之初，共设置市场十一处，史载："开市凡十一处，在大同者三，曰得胜口，曰新平，曰守口；在宣府者一，曰张家口；在山西者一，曰水泉营；在延绥者一，曰红山寺堡；在宁夏者三，曰清水营，曰中卫，曰平虏卫；在甘肃者二，曰洪水扁都口，曰高沟寨。岁以为常，市各二日。每月又有小市。"②

关于互市的频率，史载："隆庆五年北房款贡以来，始立市场，每年互市。"③ 但是交易日期有严格的限定。明朝规定，蒙古诸部民众必须在规定的日期之内进行交易，在非交易日期，互市关闭，不得贸易。明朝开设互市之初，基本上制定了"交易日期，大率以一月为期"④。但是，在互市初开之时，各处互市的交易日期往往不足一个月。《万历武功录》的记载显示，隆庆五年（1571），大同得胜堡互市的日期是每年的五月二十八日到六月十四日，仅仅十六天；新平堡互市的日期是七月三日到七月十四日，仅仅十二天；宣府张家口市的交易日期是六月十三日到六月二十六日，也仅仅是十四天。随着时间的推移，蒙古不断要求延长交易日期，最终明朝同意延长至一个月的时间。

由于互市交易远远不能满足蒙古民众的要求，在蒙古诸部的强烈要求之下，明朝又相继开设小市、月市等。西海蒙古诸部由于地处偏远，明廷鉴于其远赴宁夏互市，有"奔命之苦"，令"于甘镇边处择离内地远处置立夷厂"⑤。并于万历三年（1575）题准："西海丙兔部落每年赴彼互市一次，松山宾兔一枝，亦许岁在庄浪小市一次。凡开市期，务要与延、宁同时并开，以杜影射。"⑥ 次年六月，明廷再次申明，与丙兔、宾兔两部所开甘肃小市

---

① （明）王士琦. 三云筹俎考：第2卷，封贡考［M］//薄音湖，王雄. 明代蒙古汉籍史料汇编（第二辑）. 呼和浩特：内蒙古大学出版社，2006：408.
② （明）申时行. 明会典：第107卷，礼部·朝贡三·北狄［M］//《续修四库全书》编委会. 续修四库全书（791）. 上海：上海古籍出版社，2002：91.
③ （清）叶梦珠. 阅世编：第7卷，食货五［M］. 北京：中华书局，2007：179.
④ （明）王崇古. 确议封贡事宜疏（北房封贡）［M］//（明）陈子龙. 明经世文编：第317卷：王鉴川文集（二）. 北京：中华书局，1962：3363.
⑤ 明神宗实录：第43卷，万历三年十月壬申条［M］. 967.
⑥ 明神宗实录：第43卷，万历三年十月壬申条［M］. 967.

"与延宁同时并开,毋令重冒,著为令"①。这表明,甘肃小市一年一次,开市时间与延、宁大市相同。此后,万历六年(1578),与宾兔之间的小市由庄浪改于高沟寨地方,与桦尖墩市"每三年一次轮流开市,盖以地瘠民稀,为此更番,以便人情"②。明朝应该还曾在宁夏清水营设立月市。"庄秃赖者,红山市夷也,授我指挥佥事。居神木、孤山间,广饶水草,月赴清水营一小市。"③ 顾名思义,月市每月开市一次。

除此之外,王崇古还积极经略民市。在官市结束后,"乃为广召四方商贩,使之自相贸易,是谓民市之始"④。"官市毕,听民私市。"⑤ 这里的"私市"就是"民市",与之前的"私市"有着显著的不同。"私市"的交易皆不用"市本",是沿边各镇"督抚以各部夷人众多,互市钱粮有限"⑥ 之由,招徕商人前来贸易的。因此,交易形式灵活,交易额也远远大于官市。以万历二年(1574)为例,得胜堡市、张家口市、水泉营市官市市马7690匹,而民市的牲畜交易量计达二万零九百八十头,几乎为官市的三倍。⑦ 随着贸易的发展,民市逐渐取代官市,成为明蒙人民交易的主要市场。

(三) 互市商品及禁物

互市中交易的物品,蒙古主要是马匹等牲畜,而明朝则主要交易缯帛等。俺答在请求开市的时候,就说"臣等生齿日多,衣服缺少⋯⋯各边不许开市,衣用全无,毡裘不奈夏热,段布难得"⑧。因此,在互市交易的初期更多的是以马易布,即"虏以马、杂畜,皮毛,我以银、布、彩缯诸货"⑨。史载,隆庆年间宣大边外俺答诸部,"得与塞下民互市。市,我以段绸、布绢、棉花、

---

① 明神宗实录:第51卷,万历四年六月壬申条 [M].1185.
② 明神宗实录:第72卷,万历六年二月癸未条 [M].1545.
③ (明) 瞿九思.万历武功录:第14卷,西三边·庄秃赖传 [M] //薄音湖.明代蒙古汉籍史料汇编 (第四辑).呼和浩特:内蒙古大学出版社,2007:380.
④ (明) 梅国祯.请罢榷税疏 (宣府榷税) [M] // (明) 陈子龙.明经世文编:第452卷,梅客生奏疏.北京:中华书局,1962:4968.
⑤ (明) 王士琦.三云筹俎考:第2卷,封贡考 [M] //薄音湖,王雄.明代蒙古汉籍史料汇编 (第二辑).呼和浩特:内蒙古大学出版社,2006:408.
⑥ (明) 梅国祯.请罢榷税疏 (宣府榷税) [M] // (明) 陈子龙.明经世文编:第452卷,梅客生奏疏.北京:中华书局,1962:4968.
⑦ 阿萨拉图.明代蒙古地区和中原间的贸易关系 [J].中国民族,1964 (Z1).
⑧ 俺答.北狄顺义王俺答谢表 [M] //薄音湖,王雄.明代蒙古汉籍史料汇编 (第二辑).呼和浩特:内蒙古大学出版社,2006:103.
⑨ (明) 王士琦.三云筹俎考:第2卷,封贡考 [M] //薄音湖,王雄.明代蒙古汉籍史料汇编 (第二辑).呼和浩特:内蒙古大学出版社,2006:408.

针线、索、改机、梳篦、米盐、糖果、梭布、水獭皮、羊皮金,易虏马牛羊骡驴,及马尾、羊皮、皮袄诸种"①;宣府马市也是如此。大将军赵苛及参政郑洛等人议上谷马市称:"互市大略与云中同,我所资于虏,非马牛羊则皮张马尾,而虏所资于我,亦惟布帛绵索而已。"② 延绥镇红山马市,"往市者烟、茶、梭布、棉布、草缎、盐,所禁者军器、米、麦,夷所至者,马、骡、驴、羊各皮毛"③。因此,"先期出马价二万给商,官买段、梭布、水獭皮、羊皮金。"④ 后来,又逐渐放开,"所市如布帛锅釜及针线梳篦米盐糖果之类,应从贾人互易,至缯帛,则请以太仆年例马价易之"⑤。此外,从布匹的交易量也能看出布匹是互市交易中最为重要的商品。据李漪云统计,"(万历六年)总计七镇(宣大山西等)马市仅官市每年梭布销售量即达四十万匹。如果加上商民交易量,则每年梭布销售量近五十万匹"⑥。

相比于"官市"主要交易缯帛、马匹等,"民市"交易的商品种类则更加丰富,布帛、锅釜及针、线、梳、篦、米、盐、糖果之类均在交易之列。在互市初开之时,"官市"交易所占比重较大,因为"互市初开,边氓畏虑,不敢贸易,虏入不市,衅怨易生。今岁且宜官为处置,使边氓睹利,则人必乐从"⑦。

但是,明朝仍然禁止交易兵器、铁锅、硝黄、农器等物资。王崇古在开市之前的奏疏中就强调了这一点。明蒙互市"严应禁火药、兵刃诸物通贩之禁,立奸民图利诈骗之罚"⑧。在隆庆五年(1571)开市之初,明朝则明令禁

---

① (明)瞿九思.万历武功录:第8卷,中三边二·俺答列传下[M]//薄音湖.明代蒙古汉籍史料汇编(第四辑).呼和浩特:内蒙古大学出版社,2007:84.
② (明)瞿九思.万历武功录:第8卷,中三边二·俺答列传下[M]//薄音湖.明代蒙古汉籍史料汇编(第四辑).呼和浩特:内蒙古大学出版社,2007:84.
③ (清)梁份.秦边纪略:第5卷,延绥卫[M].西宁:青海人民出版社,1987:356-357.
④ (明)瞿九思.万历武功录:第8卷,中三边二·俺答列传下[M]//薄音湖.明代蒙古汉籍史料汇编(第四辑).呼和浩特:内蒙古大学出版社,2007:95.
⑤ (明)瞿九思.万历武功录:第8卷,中三边二·俺答列传下[M]//薄音湖.明代蒙古汉籍史料汇编(第四辑).呼和浩特:内蒙古大学出版社,2007:85.
⑥ 李漪云.从马市中几类商品看明中后期江南与塞北的经济联系及其作用[J].内蒙古师大学报(哲学社会科学版),1984(04):34-39.
⑦ (明)张居正.与王鉴川计四事四要(封贡事要)[M]//(明)陈子龙.明经世文编:第326卷,张文忠公集(三).北京:中华书局,1962:3489.
⑧ (明)王崇古.为北虏纳款执叛求降疏(纳款机宜)[M]//(明)陈子龙.明经世文编:第316卷,王鉴川文集(一).北京:中华书局,1962:3354.

止交易以上物资,并且作为是否继续开市的条件。"今岁暂一开市以观事机,其铁锅并硝黄钢铁皆禁,勿予,有不如约,即当奏罢。"① 六天后,"兵部奉旨再议北虏封贡事宜",同意了王崇古的建议,但是规定:"贡使不得至京,铁锅等物不得阑出。"② 万历初年,明廷仍严格规定:"蒙古诸部之人出境时不许挟带铁器、硝黄违禁等物。"③ 直到万历二年(1574),俺答"求以铁锅、农器互市"④,明廷经部议之后,决定"农器不必概给,铁锅照朵颜三卫例,量给若干"⑤。万历十九年(1591),明廷给大同边臣的诏书中仍让强调:不许私相贸易,不许入市带寸铁,不许与蒙古人交易硝黄等物。⑥ 万历四十年(1612)再次重申:"若有违禁之物,不许私买。"⑦ 重申禁令的同时,明朝还对走私贸易违禁物品者严惩不贷,规定:"潜将军器与之交易者,即擒解京,有干应奏官员,具实奏闻逮问。如尔巡捕不密,事发皆重罪,不宥。"⑧ "沿边将士军民人等,有与夷虏私通贸易,及出境盗逐马匹者,比依钓豹捕鹿砍木掘鼠者例,调发烟瘴地面。"⑨

(四)互市管理严格

本部分仅对互市操作层面的管理情况进行总结,至于明蒙双方关于互市的条款,后文有专门章节进行讨论。蒙古和女真的酋长到马市上进行商品交换,需要明政府颁发的"敕书",马市开市时,蒙古和女真凭借"敕书",经守市官兵的验证,"随身器械拘收关门,差官军护送至市,仍送出关"⑩。万历二年(1574)"令宣大山西督抚官宣谕虏酋,以后钤束诸夷,各要将好马入市,督抚预置马牌,立为号印,令其悬带赴市"⑪;万历四年(1576),宣大山西总督郑洛要求:"以后夷人到边,须辨验明白,不许一概放入……印信图

---

① 明穆宗实录:第55卷,隆庆五年三月甲子条 [M] .1356.
② 明穆宗实录:第55卷,隆庆五年三月戊申条 [M] .1361.
③ 明神宗实录:第25卷,万历二年五月戊子条 [M] .633.
④ 明神宗实录:第30卷,万历二年十月乙卯条 [M] .727.
⑤ 明神宗实录:第30卷,万历二年十月乙卯条 [M] .727.
⑥ 明神宗实录:第240卷,万历十九年九月戊寅条 [M] .4469.
⑦ 明神宗实录:第495卷,万历四十年五月壬寅条 [M] .9322.
⑧ 明英宗实录:第137卷,正统十一年正月戊子条 [M] .2726.
⑨ 明世宗实录:第143卷,嘉靖十一年十月戊寅条 [M] .3321.
⑩ (明)张学颜.贡夷怨望乞赐议处疏 [M] // (明)陈子龙.明经世文编:第363卷,张心斋奏议.北京:中华书局,1962:3907.
⑪ (明)申时行.明会典:第130卷,兵部·镇戍五·各镇分例(二)[M] //《续修四库全书》编委会.续修四库全书(791).上海:上海古籍出版社,2002:318.

<<< 第四章 "隆庆和议"及明朝边疆社会控制的实现

书,以为两国执照。"①

同时为规范管理,定令"互市之时先定入市马匹之数,以杜争端,其贡使不得至京,铁锅等物不得阑出",又严令边臣"今日之事以及时内修为良图,以久任责成为要务……乘时整饬边备,务使常胜之势在我,意外之变无虞,以纾宵旰之忧,慰安攘之望"②。

互市之处,均由守边将领管辖。但是,也需要蒙古方面的配合。御史刘应箕就曾建议:"先期俺答传箭,必贡事甫毕,然后召入市,及入,亦必以俺答约,约某部为某日,而又各以酋长监之,虏骑皆勿得阑入塞。"③同时,明朝还要求俺答等部派人守卫马市。在王崇古的制度设计中就提到了这一点:"令各支虏酋各差一的当首领,统夷兵三百,驻扎边外。各镇各令本路副参等官,各统本支精锐官军五百,驻扎市场。"④互市之日,"虏人攒甲市口之外,官兵攒甲市口之内,两相戒防,无异对垒"⑤。

隆庆五年(1571年),明朝结束马市之后对蒙古守卫兵有了明确指示:"以旨谕虏王,每口置酋长二名,分地干撒疏捕,谓之守口夷。"⑥至此之后,在马市中雇用蒙古士兵渐成惯例,史载:"汉岁令俺答及昆都(九)[力]哈、黄台吉,每边口各立夷人二十人,而以两酋长掌之。给以信牌两面,皆禀食汉官,岁时巡徼边口,有盗边及无故走墩台求索者,皆执以告虏王,虏王请论如法。"⑦

这其实也是王崇古对于开市的制度设计中的一项。他在上疏中就曾说:"(开市)期至,令虏酋三百人,驱牛马类百头,驻边外;我兵五百,驻市场,合市尽一月而止。有如贡使既还,而市犹未毕,令虏酋驻边旬日,必市竣而

---

① (明)郑洛. 抚夷纪略[M]//薄音湖,王雄. 明代蒙古汉籍史料汇编(第二辑). 呼和浩特:内蒙古大学出版社,2006:148.
② 明穆宗实录:第55卷,隆庆五年三月庚午条[M]. 1361-1362.
③ (明)瞿九思. 万历武功录:第8卷,中三边二·俺答列传下[M]//薄音湖. 明代蒙古汉籍史料汇编(第四辑). 呼和浩特:内蒙古大学出版社,2007:95.
④ (明)王崇古. 确议封贡事宜疏(北虏封贡)[M]//(明)陈子龙. 明经世文编:第317卷,王鉴川文集(二),北京:中华书局,1962:3363.
⑤ (明)梅国桢. 再请罢榷税疏(大同榷税)[M]//(明)陈子龙. 明经世文编:第452卷,梅客生奏疏. 北京:中华书局,1962:4973.
⑥ (明)冯时可. 俺答后志[M]//薄音湖,王雄. 明代蒙古汉籍史料汇编(第二辑). 呼和浩特:内蒙古大学出版社,2006:135.
⑦ (明)瞿九思. 万历武功录:第8卷,中三边二·俺答列传下[M]//薄音湖. 明代蒙古汉籍史料汇编(第四辑). 呼和浩特:内蒙古大学出版社,2007:115.

偕遣，以示要质。又或行贾货不足，道使者，于城市给遗，令勿绝。及商得马，令市诸营，营无所用，复得市诸关中。文吏毋绳以阑出财物如边官法，至一切夷马商货当有税，悉如辽东（开）元市，以为抚夷费。当是时，成房市，听约束于协守副将军及城备兵使。张家口市，听约束于上西路参将军及口北分守使；水泉市，听约束于老营副将军及苛岚备兵使。"① 而对于水泉营市："虏每一入市，少者四五十，多者百余骑，并皆就瓮城闸封。而征老营兵驰水泉营，偏头兵驰寺堰堡。兵不足，则以马步兵及架梁兵，昼夜击刀斗，巡徼城中。俟市毕，搞房验市厅，遣还。"②

（五）市赏丰厚

为了提高协助马市管理蒙古首领的积极性，也为了激励各市口大酋加强对本部贸易人员的监督，保障马市顺利进行，王崇古在制度设计中便有"抚赏夷使及守市夷兵"一条，也就是说，在制度设计中，王崇古就将抚赏对象对全体蒙古人开放。王崇古的建议得到了明朝的批准，隆庆五年（1571）俺答封贡时，明朝便对赏额做了规定："赏俺答大红蟒白泽纻丝衣各一袭，彩段十五表里；妻大红五彩纻丝衣二套，彩段四表里；都督同知昆都力哈、黄台吉各彩段八表里，五彩纻丝衣一套，绢二匹；布四疋；指挥使把汉那吉彩段五表里，织金纻丝衣一套，绢二疋，布四疋；指挥同知、千百户等官永邵卜大成台吉等六十二员并吉能侄切尽黄台吉各彩段三表里，织金纻丝衣一套，绢一疋，布四疋；夷使扯布、孛罗不散台吉等七十名，各赏布币有差。其贡马进内者三十匹，每匹酬彩段二表里，绢一疋；留边者四百七十九匹，发太仆寺银五千两解边，酌量予之。以为定例。"③ 互市开设后，这些也都得到了落实。

隆庆五年（1571），吉能部封贡告成，遣使贡马，俺答代上表文，"赏俺答大红蟒白泽纻丝衣一袭，彩段八表里；吉能彩段八表里，五彩纻丝衣一套，绢二匹，布四匹；吉能所部指挥同知等官打儿汉台吉等五十名各赏段布及酬赏进献马匹俱如宣大例"④。

---

① （明）瞿九思. 万历武功录：第8卷，中三边二·俺答列传下 [M] //薄音湖. 明代蒙古汉籍史料汇编（第四辑）. 呼和浩特：内蒙古大学出版社，2007：87.
② （明）瞿九思. 万历武功录：第8卷，中三边二·俺答列传下 [M] //薄音湖. 明代蒙古汉籍史料汇编（第四辑）. 呼和浩特：内蒙古大学出版社，2007：85.
③ 明穆宗实录：第59卷，隆庆五年七月壬申条 [M]. 1442-1443.
④ 明穆宗实录：第62卷，隆庆五年十月戊申条 [M]. 1507.

第四章 "隆庆和议"及明朝边疆社会控制的实现

万历三年（1575），鉴于互市开设以来，俺答能约束部众不再入犯，明朝朝又做出了每五年加赏顺义王一次的规定："俺答恪守盟约，禁缉部落，迄今五载，劳委可嘉……仍加赏，俺答银三十两，大红纻丝衣蟒衣一袭，彩段八表里。以后若能约束部落，益坚诚顺，每五年加赏一次。"① 又规定："中间小酋入犯，能制驭罚服者，加赏银五十两有差。"②

后来明朝明确规定："诸酋有燕赏，酋长监市有抚赏，效功劳汉官亦有犒赏。凡一切段布花红牛酒费。"皆由各塞抚赏金给予，③ 并且"令备兵使行筵宴礼及抚赏房王及都督指挥大酋长，悉如封贡时"④。兹举例如下：

隆庆五年（1571）十一月，"以陕西贡市事竣，赏房酋吉能彩段四、表里五、彩纻丝衣一袭，切尽黄台吉、威正恰把不能各彩段二表里、织金纻丝衣一袭"⑤。

万历元年（1573）九月，"以酋首隐布台吉等监市勤劳，给赏彩段衣服，仍赐各夷敕谕一道，以示嘉奖"⑥。

万历八年（1580）正月，陕西三边总督郜光先也向朝廷上奏折建议："套房卜失兔等约束部落，恪守市盟，宾兔台吉尤为效力，乞行部议加赏银币，并赐敕书。"⑦ 同年二月，郜光先再向朝廷上奏折建议"优市长以责统约"，认为："三边市场四所，每市酋首一人主事，内卜失兔阿不害、切近黄台吉、宾兔台吉、丙兔台吉四酋为长，宜给之敕谕，量加赏赉，仍优以市长名目，令其约束本市酋夷。"⑧

万历九年（1581）正月，"戊子，赐敕赏套房都督同知卜失兔阿不害等彩币，陕西总督题其监市无扰，故也"⑨。

此外，还要"筵宴酋长，犒劳诸夷酋。人日牛肉一斤，粟米五合，麦面

---

① 明神宗实录：第43卷，万历三年十月丙子条［M］.971.
② （明）朱国祯.涌幢小品：第30卷，房款赏恤［M］.王根林，校点.上海：上海古籍出版社，2012：593.
③ （明）瞿九思.万历武功录：第8卷，中三边二·俺答列传下［M］//薄音湖.明代蒙古汉籍史料汇编（第四辑）.呼和浩特：内蒙古大学出版社，2007：94.
④ （明）瞿九思.万历武功录：第8卷，中三边二·俺答列传下［M］//薄音湖.明代蒙古汉籍史料汇编（第四辑）.呼和浩特：内蒙古大学出版社，2007：94.
⑤ 明穆宗实录：第63卷，隆庆五年十一月丙寅条［M］.1517.
⑥ 明神宗实录：第17卷，万历元年九月戊戌条［M］.508.
⑦ 明神宗实录：第95卷，万历八年正月己酉条［M］.1910.
⑧ 明神宗实录：第96卷，万历八年二月戊戌条［M］.1936.
⑨ 明神宗实录：第108卷，万历九年正月戊子条［M］.2086.

一斤，时酒一瓶，小菜油盐酱醋及马草银七分二厘，饭柴炭银二分，皆取给尖丁银及商税"①。

对维护互市秩序的蒙古官兵和巡边士兵进行抚赏。"凡守市夷兵，每人布二疋。酋长段二疋，绸二疋。余以事到边者，酌量来使之大小，所议之事理。"②"巡边夷人到彼边界，参将先宴一次，每酋长赏兼段一疋，价银一两四钱，颜色梭布四疋，余散夷各布二疋，每五日给大羊一只，三钱，饼一百，价银一钱五分，酒一坛，价银一钱。每月给各酋长米五斗，各该守操不必重赏，以为定规。"③ 由此可见，对于蒙古官兵和巡边士兵所进行的"抚赏"，主要由衣物、棉布、丝绸及食物构成，体现了明朝对蒙古游牧民族的恩赐，是羁縻、安定边疆的重要手段。

明朝用于抚赏蒙古的银两和物品，乃至宴请，主要来自互市所取得的税收收入。明朝规定："凡夷马商货，各有税例，每年即以收获银充抚赏之用。"④ "关吏得税其物，以充抚赏。"⑤ 如户部就曾言："延镇抚赏，原以商税充用。"⑥

（六）及时纠正弊端

在互市开设初期，便出现了一些问题。首先，最显著的便是蒙古方面交易的马匹数量远远超过了明朝的预算，"房马之来，其数难定。若官民互市有限，而马益壅滞，恐阻夷心"。⑦ 为此，巡抚山西右佥都御史杨彩上言明廷"许另交易。不尽者，官为收买解，太仆寺以代。直隶、山东今年应依本色之数，每马一匹即给银十二两，以为来岁收马资"⑧，缓和了初期的矛盾。

其次，由于明朝设置的马市、月市等均为官市，市场交易的布匹等物，

---

① （明）瞿九思. 万历武功录：第8卷，中三边二·俺答列传下［M］//薄音湖. 明代蒙古汉籍史料汇编（第四辑）. 呼和浩特：内蒙古大学出版社，2007：95.
② （明）王崇古. 确议封贡事宜疏（北房封贡）［M］//（明）陈子龙. 明经世文编：第317卷，王鉴川文集（二）. 北京：中华书局，1962：3365.
③ （明）王士琦. 三云筹俎考：第2卷，封贡考［M］//薄音湖，王雄. 明代蒙古汉籍史料汇编（第二辑）. 呼和浩特：内蒙古大学出版社，2006：417.
④ （明）王崇古. 确议封贡事宜疏（北房封贡）［M］//（明）陈子龙. 明经世文编：第317卷，王鉴川文集（二）. 北京：中华书局，1962：3364.
⑤ （明）瞿九思. 万历武功录：第8卷，中三边二·俺答列传下［M］//薄音湖. 明代蒙古汉籍史料汇编（第四辑）. 呼和浩特：内蒙古大学出版社，2007：98.
⑥ 明神宗实录：第135卷，万历十一年三月癸巳条［M］.2517.
⑦ 明穆宗实录：第66卷，隆庆六年二月癸巳条［M］.1584.
⑧ 明穆宗实录：第66卷，隆庆六年二月癸巳条［M］.1584-1585.

第四章 "隆庆和议"及明朝边疆社会控制的实现

也为官买。到明代后期，弊端逐渐显现，出现了"市货不堪，房每拣换，亵中国体"①的情况，且"房人交通汉人，习知货物精粗价直搞下，而内地官民又视货物为利薮，奸伪百出，故有卑官营求买货差者，而江南势豪又包揽机户，价减而货愈低，故房日积怨，往岁唆房王赴边讲订前约，首以京赏市货不堪为言。及上年京赏仍复不堪，房王不肯领受。会去冬房王病重，用印于难，至上献愆期，来相要挟"②。对此，大同巡抚邢玠曾提议："市赏货物，合选委府佐等官，赍银前往浙直，同彼处委官，分发机户，照式立限完买，仍带机户一名，到镇验对。"③ 万历三十一年（1603），大同巡抚张悌再次奏请："今后江南收买，定委贤能府佐，慎选殷实机户，如式制造，公同交纳，定以限期给价，务令精美。"④ 明廷同意了这一意见。

再次，明朝对于蒙古的抚赏，逐渐激起了蒙古首领的贪欲，以至于赏金倍增，已经开始严重影响边军的生活。万历十一年（1583）十月，"今西北边军，马困敝已极，房因讲和，赏赐不赀，边吏尅剥军粮以充之。士卒日困，夷人专以疲羸不堪之马入，觅高价，军士给领，十不一生"⑤。万历十四年（1586）六月，兵户二部覆陕西督抚题："虏酋转堡，零赏倍增，钱粮不敷，商税渐减，隐忧日深。"⑥ 万历十九年（1591）十一月的一封奏疏中则提到延绥马市："岁定银一万三千六百余两，后因诸酋要求增赏，费且百倍。"⑦

除了官方赏赐，明朝边军为了保持所辖区域的安定，守边将士又往往与蒙古诸部妥协，最主要的方法便是擅自增加私赏。天启六年（1626）十一月，有边臣在上疏中抱怨道："延绥镇，臣设有市厂，不知起自何年。各营堡皆有私赏，其初颁给不过酒食，浸假而布帛，浸假而彩币，又浸假而银钱。止邀目前苟安，罔顾永远大害，半隐半报，年复一年，少不遂意，借为戎端。如万历四十三年大犯三路，天启元年大犯延安。其余窃发，不可胜纪。要其故，皆起于私赏未遂。"⑧ 由于"赏赐"未满足蒙古诸部的要求，蒙古各部以互市侵边，而明朝官军不能治。史载："边将失守之律重，边将之权反为虏操。若

---

① 明神宗实录：第383卷，万历三十一年四月戊申条 [M]．7215.
② 明神宗实录：第421卷，万历三十四年五月壬午条 [M]．7967-7968.
③ 明神宗实录：第242卷，万历十九年十一月丁丑条 [M]．4517.
④ 明神宗实录：第383卷，万历三十一年四月戊申条 [M]．7215-7216.
⑤ 明神宗实录：第142卷，万历十一年十月甲寅条 [M]．2641.
⑥ 明神宗实录：第175卷，万历十四年六月乙亥条 [M]．3220.
⑦ 明神宗实录：第242卷，万历十九年十一月癸亥条 [M]．4504.
⑧ 明熹宗实录：第78卷，天启六年十一月庚寅条 [M]．3778.

曰我一犯抢，尔罪立至，故边将往往啖唛房以重利，使之或东或西，而不出于所辖之地，常嫁祸于邻。"① 互市的开设，反倒让明廷失去了治边之权。

私赏的擅增、滥增，导致了蒙古诸部欲望膨胀，对互市日期等规定也十分漠视，以前较严密的互市组织遭到破坏，以互市消弭战争的效果也慢慢在减弱。为此，绥抚张朴于天启六年（1626）十一月向朝廷提出："抚赏私增之宜杜也。原市而外，个堡私增房赏，其额渝，其期失。"②

四、互市条款的拟定和补充

"人与人要能贸易，彼此就得有一些共通的游戏规则。"③ 相对于自明初设置的辽东马市、正统年间设置的大同马市以及嘉靖三十年马市的开设，隆庆六年的开市，明蒙双方在谈判的基础上，拟定了一系列的互市管理条例，双方严守合约，这为保证互市的顺利进行起到了重要的作用。

隆庆五年（1571）五月，俺答在得胜堡边外晾马台受封时，同东西各台吉头目昆都力哈老把都、永邵卜大成、切尽黄台吉等三大部落夷人，并各衙门原差通官在彼讲定，有俺答等随令头目打儿汉首领等四名对天叫誓说："中国人马八十万，北房夷人四十万，你们都听着，听我传说法度。我房地新生孩子长成大汉，马驹长成大马，永不犯中国。若有那家台吉进边作歹者，将他兵马革去，不着他管事。散夷作歹者，将老婆孩子牛羊马匹尽数给赏别夷。"④ "叫誓毕，焚纸抛天，立定后开条款。"⑤ 共立十三条款约，对双方交往中的一些具体问题的处理做出了较为明确的规定。

《三云筹俎考》对此进行了详细的记载，兹抄录如下：

一、投降人口若是款贡以前走来，各不相论。以后，若有房地走入人口是我真夷，连人马送还。若是中国汉人走入，家下有父母兄弟者，

---

① （明）方孔炤.全边略记：第4卷，陕西延绥略 固原在内［M］//王雄.明代蒙古汉籍史料汇编（第三辑）.呼和浩特：内蒙古大学出版社，2006：171.

② （明）方孔炤.全边略记：第4卷，陕西延绥略 固原在内［M］//王雄.明代蒙古汉籍史料汇编（第三辑）.呼和浩特：内蒙古大学出版社，2006：171.

③ ［美］彭慕兰，史蒂文·托皮克.贸易打造的世界——1400年至今的社会、文化与世界经济［M］.黄中宪，吴莉苇，译.上海：上海人民出版社，2018：75.

④ （明）王士琦.三云筹俎考：第2卷，封贡考［M］//薄音湖，王雄.明代蒙古汉籍史料汇编（第二辑）.呼和浩特：内蒙古大学出版社，2006：411.

⑤ （明）王士琦.三云筹俎考：第2卷，封贡考［M］//薄音湖，王雄.明代蒙古汉籍史料汇编（第二辑）.呼和浩特：内蒙古大学出版社，2006：411-412.

每一人给恩养钱分,段四疋,梭布四十疋;家下无人者,照旧将人口送还。

一、中国汉人若来投房,我们拿住送还,重赏有功夷人。我夷人偷捉汉人一名出边者,罚牛羊马一九。

一、夷人杀死人命者,一人罚头畜九九八十一,外骆驼一只;中国汉人打死夷人者,照依中国法度偿。

一、中国汉人出边偷盗夷人马匹牛羊衣物者,拿住送还,照依中国法度处治。

一、夷人打了无干汉人,罚马一匹。

一、夷人不从暗门进入,若偷扒边墙拿住,每一人罚牛羊马一九。

一、夷人夺了汉人衣服等件,罚头畜五匹头只。

一、夺了镰刀斧子一件,罚羊一只,四五件者罚牛一只。

一、打了公差人,罚牛羊马匹一九。

一、夺了汉人帽子手帕大小等物,一件罚羊一只。

一、偷了中国马骡驴牛羊者,每匹只罚头畜三九。

一、筵宴处所夷人偷盗家活等件者,罚羊一只。

一、讲定拨马。若进贡领钦赏,俱准倒骑马骡;若报开大市并讲紧急事情,本王与黄台吉各准拨马四匹,其余台吉各准马二匹;若是讨赏卖马者,各骑自己马匹。①

之后,俺答还特与诸部首领申订盟誓:"东有昆都哈、永邵卜大成,西有袄儿都司,房敢败约者,我三家并治之。或小人盗畜产,罚马牛七头,有如获人,予马一头。"② 以防止蒙古部众生事,破坏封贡大局,表现出了对互市的诚意和珍惜。

此后,又于万历五年(1577),西迎番僧之前,与明朝再次定例市易规则。这次市易规则更加全面,除了再次确认前述条款,涉及入边关口、西行后贡市时间、守口夷兵、领赏骑拨马匹及讨赏等事宜五件:

一、原分守口夷人,各照该堡分管地方,专巡守做贼生事走去人口。每日早起同该堡通丁各哨界路,免致贼人生事。

---

① (明)王士琦. 三云筹俎考:第2卷,封贡考[M]//薄音湖,王雄. 明代蒙古汉籍史料汇编(第二辑). 呼和浩特:内蒙古大学出版社,2006:412.

② (明)瞿九思. 万历武功录:第8卷,中三边二·俺答列传下[M]//薄音湖. 明代蒙古汉籍史料汇编(第四辑). 呼和浩特:内蒙古大学出版社,2007:94-95.

一、走去人口如守口夷人踏见踪迹，即速查与守口夷使。若放进堡内，有本王书到，即送见军门抚院讲说。若有阻当者，守口官罚段二疋，水獭皮一张，梭布六疋，即将人口回与本主。

一、走出去人口人主不同，守口夷人知道私已进口偷赶牛马捉人者，查实，罚马一匹。若原无人口，依偷盗论。

一、各城堡采打木植者，或上一百出口者，许守口夷人引领采打，回边完日，赏段二疋，梭布六疋。

一、各台吉若有偷抢进边生事作歹，领人马多少，每人罚马一匹，有台吉进口，罚骆驼一只。①

这次增订市约，俺答之所以如此重视，更多的是因为其担心在西迎番僧之时，明朝出兵捣巢，或者是部下违纪而致明朝闭市革赏。因此，邀请明朝官员前来参加，共定市款。而明朝也担心俺答西去，其部众失去制约。因此，时任都察院右副都御史、巡抚大同的郑洛也积极支持俺答的这一行动并派官员参加。最终，俺答会同蒙古右翼各部首领与明朝所派官员讲立誓约，立定规矩，并由郑洛将详情转送明廷，以便各边遵守。

万历九年（1581），俺答病逝，其子黄台吉继立。黄台吉病逝之后，万历十五年（1587），其子扯力克嗣封顺义王，三娘子封忠顺夫人。之后，以扯力克为首的蒙古右翼各部再次重申法度，"照前永远遵守"②。后"因款贡日久，房地连遭荒旱，恐有穷夷生事，废坏旧规，从新叫说法度"③。万历三十一年（1603），顺义王扯力克亲自到边，再次强调遵守之前所定各项规矩，并照依先王誓词："我房地新生孩子长成大汉，马驹长成大马，永远不犯中国。若有那家台吉进边作歹者，将他兵马革去，不着他管事。散夷作歹者，将老婆孩子牛羊马匹尽数给赏别夷。"④ 之后，又令各酋长公同各衙门通官弋陶、高景亭等人于当年"十一月二十二日，焚纸对天发誓，永远遵守。除隆庆五年、

---

① （明）王士琦．三云筹俎考：第2卷，封贡考［M］//薄音湖，王雄．明代蒙古汉籍史料汇编（第二辑）．呼和浩特：内蒙古大学出版社，2006：412-413．

② （明）王士琦．三云筹俎考：第2卷，封贡考［M］//薄音湖，王雄．明代蒙古汉籍史料汇编（第二辑）．呼和浩特：内蒙古大学出版社，2006：413．

③ （明）王士琦．三云筹俎考：第2卷，封贡考［M］//薄音湖，王雄．明代蒙古汉籍史料汇编（第二辑）．呼和浩特：内蒙古大学出版社，2006：413．

④ （明）王士琦．三云筹俎考：第2卷，封贡考［M］//薄音湖，王雄．明代蒙古汉籍史料汇编（第二辑）．呼和浩特：内蒙古大学出版社，2006：413．

万历五年及十五年封王时立下规矩外"①，新增市款四条，以维护互市的正常运转。新增市款如下：

一、投降真夷，照前休要收留。汉夷照例给以恩养。若私收真夷者罚治。

一、三十一年十一月二十二日止，自三十二年起以后事故头目额赏休要轻遽裁革，免得缠扰。

一、讲讨市赏，跟随头目不要带领奸猾夷人，恐怕偷走难查。

一、夷人倒骑马骡不惜，故意打伤眼腿者，罚羊一只。②

万历四十一年（1613），卜石兔袭封顺义王。明蒙之间再次增订市款：

一、原约汉人投虏，拿住送还。今夷人沿边扯军捉人一名，照约罚牛羊马一九。

一、原约夷人守口，专巡贼夷生事，此后纵容贼夷扒墙作歹，照约罚治。

一、各台吉受我抚赏，使必严束部落，但今各路往往报有贼夷作歹，或狡夷妄索抚赏。酋长既不管束，且自分外索赏，少不遂意，使夷捉军。此如仍玩违，酋长革赏，贼夷重处不恕。

一、夷人打汉人，罚马一匹，打公差则罚一九，虽系约法，未见遵行。今后打汉人或公差，俱依法罚处。倘有杀平人杀公差之夷，皆令抵命，并不准罚。其汉人杀夷人，除犯边作歹拒敌及扒墙跌死溺死，与夫违禁盗买铁器捕执，或病死老死者不论外，有无故杀死者，一体抵偿，混赖者不准。

一、夷使由杀胡市口入者，即从杀胡出边；由得胜市口入者，即从得胜出边。如有枉道，不准应付，仍从罚处。

一、虏王酋长乞买锅货，即遣通官随同照数平价易买，不许数外增多，致压马骡。如违，夷人罚马一匹。

一、原约夷人进口，虏王者准马四匹，酋长准马二匹，若是讨赏卖马，各骑自己马匹。今照前约，不许多人入边骚扰。

一、各夷讨赏，自有信地。若不照信地，乱向别口索讨吃食，因而

---

① （明）王士琦. 三云筹俎考：第2卷，封贡考 [M] // 薄音湖，王雄. 明代蒙古汉籍史料汇编（第二辑）. 呼和浩特：内蒙古大学出版社，2006：413.

② （明）王士琦. 三云筹俎考：第2卷，封贡考 [M] // 薄音湖，王雄. 明代蒙古汉籍史料汇编（第二辑）. 呼和浩特：内蒙古大学出版社，2006：413.

扒墙作歹者，原约罚治。

一、互市夷马，或银或货，俱有定价。先年马皆壮大，近来价系定数，马多瘦小，甚有入边即毙者。今后互市俱要膘壮齿小堪以骑操者方行入市，仍前瘦弱者即行阻回，不许滥准，致干参惩。

一、夷使入边，拨骑操马，被夷酒醉或需索不遂，故意沿途跑走，致马伤损。甚有已至城堡，复又遨游街市，或骑赴讨赏衙门，终日不能一息，由是马多困毙。今当谕夷，一入城堡即当还马入驿，步趋衙门讨赏，不得沿途跑走，入城游街。如违，罚处。

一、先年通官奉差，一出边即骑夷马。后因一二奸通习难守操，乃将内地营马径骑房巢，致房藉为定例，贻累营马。今当申明，以后通官出边，务令照旧夷马接应，有不与马者，听房王及本营酋长各行罚治。

一、款贡以来，各台吉、倘不浪，并各比妓、头目一应市赏、月赏、贡赏等项，病故者应报开除，却行隐匿，及有续生之夷，又欲求讨加赏。因而混冒日多，致费钱粮。今当申谕酋长，务将部落查无的亲儿男者，即报开除，以补续生之数，如有隐匿，定将生者不准。

一、夷人抚赏，原立款约，俱有定规，今各夷有无故求索口食，平空索要口粮，一时暂准，遂为成例。更有妄捏旧无之赏，横口缠讨，一不如愿，即欲作歹，恐吓边官。或赖走入降人多索恩养，指勒人马。亦有不遵市期，陆续遣使零卖，扰乱内地。甚非边纪。今后谕令守法，如违，照约罚处不饶。

一、先年互市夷人不许身带兵刃，今则佩刀。且市完却来接取零货，络绎入关，骑坐营马，遍游街市，致率多饿损。或交通歇家，暗买禁器，玩法为奸。今后市货总给，不许零星接取，亦不许带刀入市，以杜后害。①

并且约定："每年市本岁额马价银十万两。额饷银四万两，兵部马价银三万两，二项系旧议。战马料草银二万两，变卖夷马价银一万两，二项新议。内新旧议中，阳和道领银三万五千两，置买市货听军门并二市口通融易马支用。分巡道领银三万五千两，置买市货，俱听得胜市口并抚院日易夷马通融

---

① （明）王士琦. 三云筹俎考：第2卷，封贡考［M］//薄音湖，王雄. 明代蒙古汉籍史料汇编（第二辑）. 呼和浩特：内蒙古大学出版社，2006：414-415.

>>> 第四章 "隆庆和议"及明朝边疆社会控制的实现

支用。每年抚赏银二万二千两。"①

同时,明朝为表诚意,也发布了"市法五款",要求沿边官员、军士、民众等遵守:

一曰,止许以布货食物相售,非此即系违禁。而将官敢有从暗门卖鞍辔者,即以通虏论罪。

二曰,互市之日,镇协等官整搠兵马,令通官宣谕,虏中不许将倒死及不堪之骑充数。凡断舌筋者,割鬃尾者,刺喉咙者,灌之泥沙者,未岁不习刍豆者,俱勿令入暗门。倘虏狂态如故,即一例绝之,稍有不轨,设法创惩之。

三曰,促市货早运,市期早完,使虏不久留,以免糜费。

四曰,款约一定,以后不许增卖一马,增给一赏,必旧有开除则新生者方准增给。

五曰,初款虏使入口有时有数,今纵意出入。又先年命使到边,诸夷讨赏献马牛,价费数十金。今次阅视至边,因先与通官相约禁阻,而牛马不敢进,夷妇亦无至者。盖其导引属通官明甚。凡开市,一切事务令彼痛切讲折,以后当视额数(如)减以定通官赏罚。②

同时,对蒙古右翼各部的贡马数量进行了约定。之后,又重定了马价。史载:

每年进正贡马五百匹。

老把都、永邵卜二大枝马二百五十匹,从宣镇进。顺义王并各台吉马二百五十匹,从大同进。本王又进上番表一通,镀金鞍辔一副,镀金撒袋一副,弓一张,箭十五枝。

每年互市额马一万四千五百匹。

其款有八。曰银,马自六两至十两共四等。曰蟒獭,马每匹蟒段一疋,水獭皮自六张至一十张共五等。曰金段,马每匹金段一疋,水獭皮自十张至十五张共二等。曰虎皮,马每匹四张。曰豹皮,马每匹豹皮自三张至六张共三等。曰梭布,马每匹梭布四十疋,有青布者,有无青布者,共二等。曰官货,马每匹真远钱羽分段、中潞绸各一疋,青梭布一

---

① (明)王士琦.三云筹俎考:第2卷,封贡考[M]//薄音湖,王雄.明代蒙古汉籍史料汇编(第二辑).呼和浩特:内蒙古大学出版社,2006:415.

② (明)王士琦.三云筹俎考:第2卷,封贡考[M]//薄音湖,王雄.明代蒙古汉籍史料汇编(第二辑).呼和浩特:内蒙古大学出版社,2006:415-416.

疋，蓝白梭布十疋。自顺义王而下，多寡有差。①

从以上条款可以看出，互市规则的制定，蒙古方面一直以顺义王为核心，其他各部共同遵守，并无单独条款的出现。然而，由于延绥互市自开市以来，马价一直低于宣大，引起了河套诸部的不满，南掠加剧，甚至兵戎相见。直到万历三十年（1602），双方互市才再次步入正轨。该年闰二月，边臣上疏言"套虏善后之策"，延绥巡抚孙维城条为六款，宁夏巡抚黄嘉善条为八款，涉及市本、市期、市分、抚赏、市场管理人员、互市马匹情况等马市管理的各个方面，甚至比同时期宣大山西马市所定市规还要全面。延绥六款如下：

一、本镇款应自三十年始，将十九年原题马价，俱先一年预解购货，以补市赏，其欠旧额并新添，暂于本镇桩朋银内动支，待粮税查补市货，务精委廉干通判、经历各一员，与彼处府佐协办，程能最殿；

一、抚赏宣谕，必稔识夷情。如波罗参将马应时身经虏地，口习番言，议将应时以原官兼管抚夷，俟进马开市后，各虏别无要求，先行优处，如嗜利通夷，访实重参；

一、互市，夷以马，汉以财。后缘夷猾混马价为抚赏，于是，于民易犹多膘壮，官易渐次不堪。人苦其来，多任其牵卖，用示羁縻。今虏新复款约，愿照十六七年卖过马，不许多加及割舌唛沙等项，须选廉干文武各一员，专管查验膘壮，堪备骑操，方听解道验烙，发各营城，以补倒死，余悉听照马估价，付各营城委官领。变完日，将价交官银数听随多寡，勿责。其必足少苏接领之累。

一、市赏无定价，故虏易要挟。宴赏在镇城，道将足以弹压。转堡之赏，事属守操，力持为难，议置立牌面，开列赏数押发。道将应该道会赏者会赏，应自持赴督赏者驰赴监督。仍应查照原题进过马匹犒赏，毫不附加，仍遵守二十四年。明旨一年恭顺，方准一年市赏，毋得轻听，苟且了事。严禁军民不许私易，将官不许贪功，经管官不许扣尅及以滥物搪塞。

一、夷人入市，华夷毕集，难保无虞。延镇市厂旧设红山大边阐门外，与边里隔一墙基，且围墙高不过八九尺，环垣薄颓，应改创边里，外倚边墙，上筑围垣如城，匝以深池，内设抚夷台，瓮城，即将官厅市

① （明）王士琦．三云筹俎考：第2卷，封贡考［M］//薄音湖，王雄．明代蒙古汉籍史料汇编（第二辑）．呼和浩特：内蒙古大学出版社，2006：416.

188

第四章 "隆庆和议"及明朝边疆社会控制的实现

地设险,庶缓急无虞。

一、套房市期原在三月,今订盟于二十九年七月,则三月市期已过,姑容于本年十一月初开市,限月终,或十二月半即完。凡上市宴待,并临时查给其应进马匹,该附宣大军门进上者附进,应留边者留边。市完,有酋长效劳恭顺者,查例题赏。其余岁赏,不拘此限。每岁齐到边来,不来不与,其进贡马匹务择膘壮,不得概收。①

宁夏八款如下:

一、市银。请三十年以后,每年照数全发银二万二千四百两,至期,听镇咨部题发。

一、市期。议以二十九年始市,期限十月。今岁复去岁之赏,明岁开今岁之市,一年无犯,方给一次。款市仍照延镇事例遵守。

一、市分。冲缓抚夷守备专管清水厂钱粮,则中东通判轮管,中卫、平房专责路将钱粮,则中卫、平房各委通判分管。今河东道驻清水,河西道驻中卫,镇城副总兵驻平房,弹压总兵官移镇玉泉营适中调度,抚夷守备改都司职衔,便于责成。仍照延镇事例赏数,抚臣置牌开列押发,道将不许滥给。

一、市夷各有支分名数。内除来安哈屯故绝,应除,其已故指挥佥事捨剌乞探、正千户脱计部落准捨剌乞探男打儿沙脱计男屋逆贡暂统。俟果效顺,再题袭授及各告增男婿二十五名,俱应抚赏。业与各酋讲明,不加马数,抚赏量通融处给,不出原数。及称克太并男阿吉大,今住牧西海,俟请盟,方可复赏。或在彼生事,亦当议革。

一、镇市易马,未有定数。骑操倒死,累追桩朋。分给官军,每月扣俸不便。兹岁易马以三千五百匹为额,验,果堪骑操,方许分给营堡,余听委官估价变卖,价随马分数,不必取盈滋累。

一、置买市货。委官侵鱼,以致粗恶,夷不愿领,辄至耽延。议除皮张、糖果、皮金照前廉委,其绸段、布疋于四路通判轮委一员,再委经历一员,移文彼处,抚按委府佐一员。公买应发马价,隔年解发,以便收买。

一、松山,我内地。近始恢复,恐夷恋故巢,不可不过,计而防之。若阳顺阴逆,当出兵捣巢,牵其内顾。中卫地方,旧有宾免市赏,当仍

---

① 明神宗实录:第369卷,万历三十年闰二月己酉 [M].6910-6912。

令互市。盖内连伐彼，狡谋外抚歆？彼向化要探实相机，未可听武弁通事降夷轻动，致启难端。

一、该镇邻河套，恐虏酋恃款而近边住牧，官军既款而不敢驱逐。自今有将官纵容虏住牧近边杀掠者，轻则惩治，重则题参，每岁终类，查将领有无失事，报部处分。①

从以上条款可以看出，"俺答汗所立法规多为维持边界秩序，处理明蒙民人纠纷的条文，扯力克时增加了有关封贡互市方面纠纷的防治处理条款，卜失兔时则针对情势复杂的各种纠纷订立了更为详细的法规和处罚细则。蒙古以自己特有的习惯法形式，制定出了有关封贡互市的条令，特别是对部落人众在贡市往来中种种违反明朝禁令的行为，都明确规定了惩罚措施，这样，作为贡市关系的另一主体蒙古，不仅不是完全被动接受明朝方面的制度措施，而且还从自我方面主动约束规范其行为，这就在一定程度上避免了因违反明朝规定而可能造成的矛盾冲突，更有利于封贡互市的长期维持"②。

明朝在设立互市之初，也考虑到互市规则在维持贸易正常发展中的重要作用，因此，在议定封贡开市之初，明朝就决定："互市之时，先定入市马匹之数，以杜争端。"③ 规定蒙古右翼诸部每年进正贡马五百匹，其中"老把都、永邵卜二大枝马二百五十匹，从宣镇进，顺义王并各台吉马二百五十匹，从大同进"④。王崇古疏言："通计那吉等凡四十七枝，岁贡马不得过三百匹，使不得过百人。有如请增无已，亦无过五百匹、使百五十人。"⑤ 然而，这些规定，蒙古并没有完全遵守。兵部对此认为："往者议北虏入贡，各部落总贡马五百匹，今吉能所请与前议异，但效顺之始，不宜遽绝，请破例许之。戒以来年同俺答入贡，一如初约。报可。"⑥ 显然，明廷也未遵守之前的规定，同意了吉能所请。

而关于明朝市期的有关规定，蒙古也没有遵守。明朝原定每年春季开始，

---

① 明神宗实录：第369卷，万历三十年闰二月己酉条 [M].6912-6914.
② 于墨颖.明蒙关系研究——以明蒙双边政策及明朝对蒙古的防御为中心 [D].呼和浩特：内蒙古大学，2004：72.
③ 明穆宗实录：第55卷，隆庆五年三月庚午条 [M].1361.
④ （明）王士琦.三云筹俎考：第2卷，封贡考 [M]//薄音湖，王雄.明代蒙古汉籍史料汇编（第二辑）.呼和浩特：内蒙古大学出版社，2006：416.
⑤ （明）瞿九思.万历武功录：第8卷，中三边二·俺答列传下 [M]//薄音湖.明代蒙古汉籍史料汇编（第四辑）.呼和浩特：内蒙古大学出版社，2007：86.
⑥ 明穆宗实录：第60卷，隆庆五年八月癸卯条 [M].1463.

但"今贡期常至四月,而市则益后,窃迹新平市,六年以七月,元年以八月,张家口市,六年以九月,元年以十月,而青把都以十月矣。大房既得延引至秋,马肥弓劲,而我又禾黍满野,房得因以为利。甚者阳以它故请假,期或至冬,士卒堕指者十二三,而房独耐风寒,扬扬请市,意得甚"①。对此,明朝也未强制蒙古遵守。再联系上述明朝所定市款,可以看出,明朝所制定的互市规则,主要就是为了限制约束蒙古,"但客观上却避免了贡市的无序和不必要的纠纷,有利于封贡互市的顺利进行及其制度化和规范化"②。其实这也反映了明朝希望通过双方的互市,换取北疆地区稳定的政治意图。

不过,无论如何,明蒙双方所制定的这些有关互市交易的制度法令,对互市交往中的具体事宜进行了规范,失其有章可循,避免可能出现的各种有碍互市继续开展的行为的发生,同时也起到了约束双方的作用。这些都为互市的顺利进行提供了制度上的保障。因此,可以认为,"这些条规的商定,是明蒙通使的重大成果,是明蒙关系发展成熟的标志,也是明蒙关系正常化的有力保证"③。

小 结

经过几十年的努力,终于在隆庆四年(1570),以偶然事件——把汉那吉降明为契机,明蒙双方实现了和平互市。纵观明蒙二百余年的亦战亦和,除了明代初年以及部分时间外,影响明蒙关系发展的核心因素便是经济因素。从蒙古诸部的角度来看,自然条件单一的草原地区,经济结构单一,物产匮乏,史载,蒙古地区"其土产,曰马、曰骆驼、曰野马、曰野骡"④。"其畜之所多,则马、牛、羊,其奇畜,则橐佗、驴、羸、駃騠、騊駼、驒奚。"⑤与中原地区形成天然的经济互补。通过贸易的手段,获取其生活必需品是其天然的内在的要求。而明朝出于政治方面的考虑,一直对于蒙古诸部的互市

---

① (明)瞿九思.万历武功录:第8卷,中三边二·俺答列传下[M]//薄音湖.明代蒙古汉籍史料汇编(第四辑).呼和浩特:内蒙古大学出版社,2007:102.
② 于墨颖.明蒙关系研究——以明蒙双边政策及明朝对蒙古的防御为中心[D].呼和浩特:内蒙古大学,2004:72.
③ 姑茹玛.明蒙通使探析[D].呼和浩特:内蒙古大学,2005:36.
④ (明)苏志皋.译语[M]//薄音湖,王雄.明代蒙古汉籍史料汇编(第一辑).呼和浩特:内蒙古大学出版社,2006:223.
⑤ (明)瞿九思.万历武功录:第7卷,中三边一·俺答列传上[M]//薄音湖.明代蒙古汉籍史料汇编(第四辑).呼和浩特:内蒙古大学出版社,2007:26.

请求采取拒绝的态度，反而加大了北部边防的压力，这一点在嘉靖年间表现得最为突出。这在上一章中已经论述，兹不赘述。

反观俺答封贡的达成，其有偶然因素或者个人感情在其中，自然不假，《阿勒坦汗传》中就曾记载"其后由于上天之命，汉蒙两国平等议和佳时来临，谓其缘由始自岱青讷寨（把汉那吉——笔者注）了"①。但是，明蒙双方人民的努力才是其核心因素。围绕着把汉那吉事件，明朝君臣逐渐取得了一致意见，排除反对声音，力主开市，而俺答等蒙古诸部面对单一且不稳定的游牧经济，与明朝通贡和好也成为大多数蒙古人的共识。俺答也实现了其开市后"永不犯边"的诺言。尤其是为了维护来之不易的和平互市，蒙古一方主动运用其习惯法，约束部众，并一再与明朝官员商定，完善互市的规则和法度，对双方的约束逐渐形成，这为和平互市的继续提供了良好的保障。

当然，对于双方的约定，也不仅仅是有关市法的约定，也包括政治、军事方面的约定。在隆庆和议时，蒙古诸部向明朝要求，明朝边军必须停止烧荒、捣巢等军事行动。俺答于隆庆四年（1570）十月决定与明朝修好时，就派遣打儿汗、土骨赤对明朝言："自今虏勿抄汉，岁贡马匹四百匹，世世不替，汉亦毋烧荒，毋捣巢，毋赶马。"②驻牧河套的蒙古诸部在吉能的带领下，也跟随俺答，要求明朝开市，在宣大开市后，吉能派使者对明朝边将曰："河东俺答已是和了，我们也就要和。是天意交咱两家相和。汉人八十八万，达子四十四万，两家既已相和，死生一处，如筑定墩台一般，永世两家和好。有俺答是大，我们随他。"③并要求如宣大例，禁止延绥镇沿边将领"出境烧荒、赶马、捣巢"。④为了表示诚意，吉能让各部"分地方住牧，从皇甫川迤西至定边营，各有小头目分管禁约。若南朝人出边寻采柴草，不许捉脱衣裳。查出，原达子罚马一匹，牛羊各一只，若还杀死，就与偿命。乞南朝通丁不要赶马打帐，似今年赶了无数的马，杀了达子四五百，望大那颜禁止。"⑤为

---

① 佚名.阿勒坦汗传［M］.珠荣嘎，译注.呼和浩特：内蒙古大学出版社，2014：64.
② （明）瞿九思.万历武功录：第8卷，中三边二·俺答列传下［M］//薄音湖.明代蒙古汉籍史料汇编（第四辑）.呼和浩特：内蒙古大学出版社，2007：81.
③ （明）何东序.套房输款求贡疏（套房款贡）［M］//（明）陈子龙.明经世文编：第382卷，何中丞九愚山房集.北京：中华书局，1962：4143.
④ （明）何东序.套房输款求贡疏（套房款贡）［M］//（明）陈子龙.明经世文编：第382卷，何中丞九愚山房集.北京：中华书局，1962：4143.
⑤ （明）何东序.套房输款求贡疏（套房款贡）［M］//（明）陈子龙.明经世文编：第382卷，何中丞九愚山房集.北京：中华书局，1962：4143.

了促成此项和议,建立和平安宁的边疆环境,明朝答应了河套诸部蒙古的要求。河套诸部蒙古也遵守了他们的承诺,不仅将套内部落分地固定住牧,且"将沿边住牧达子姓名抄到太师处"①,以方便明朝监督犯边的蒙古人,而且对侵犯汉人的蒙古人给予罚其牛马的严厉处罚措施,因"达子只赶他牛羊马匹,一家儿都饿死了。甚是厉害"②。

双方在政治、军事上达成的协议以及所展现出来的诚意,最终以明朝在长城沿线开设的互市体现了出来。自此之后,明朝以互市的开放,换来了北疆地区的和平与安定,史载:"边方之实政日兴,中国之元气日壮,庙堂得坐胜之策,而宗社有永安之庥。"③ 蒙古以不再犯边抢掠,换来了明朝互市的开放,"虏今互市,视昔年所掠,利且倍蓰"④。正如拉铁摩尔所言:俺答汗"表面的忠顺曾使中国封他为顺义王,同时他所修建的青城(今呼和浩特)也被赐名为归化。他对中国最主要的要求是设立贸易,他认为,如果得不到市集捐税的收入,就不能放弃抢掠的利益"⑤。而这时,通贡互市所换取的利益远远高出了战争的抢掠,双方在政治需求与经济需求之间实现了平衡。自此之后,双方边境晏然,社会控制得以实现。

第二节 明朝北疆治理的实现

隆庆五年(1571),随着明蒙互市的开设,蒙古右翼诸部恪守禁约,明朝也不再出兵捣巢、烧荒,明蒙双方步入了和平交往时期。从宣大到山陕、甘肃等地,长城南北社会安定,不复有兵燹之祸。明蒙人民之间睦邻友好,和平往来,从此,在明朝北部的毗连地区出现了"烽火不惊,三军宴眠,边圉

---

① (明)何东序.套虏输款求贡疏(套虏款贡)[M]//(明)陈子龙.明经世文编:第382卷,何中丞九愚山房集.北京:中华书局,1962:4146.
② (明)何东序.套虏输款求贡疏(套虏款贡)[M]//(明)陈子龙.明经世文编:第382卷,何中丞九愚山房集.北京:中华书局,1962:4146.
③ (明)高拱.高拱全集[M].岳金西,岳天雷,编校.郑州:中州出版社,2006:168.
④ 明神宗实录:第52卷,万历四年七月甲午条[M].1207-1208.
⑤ [美]拉铁摩尔.中国的亚洲内陆边疆[M].唐晓峰,译.南京:江苏人民出版社,2005:54.

之民，室家相保，农狎二野，商贾夜行"①，"边民垦田塞中，夷众牧马塞外"② 的局面。这样稳定的边疆局势在明代历史上第一次出现，故云："俺答纳款，马市互易，边陲无警，畿辅晏然，汉唐以来所未有也。"③ 时人对互市所起到的这种效果，也有记述，万历年间的著名学者焦竑在其《通贡传》中写道："大抵因贡为市，中国以段布皮物市易虏马，虏亦利汉财物，交易不绝，诚所谓贸迁有无，胡越一家。"④ 曾经主持贡议的高拱、张居正等人对此也有精当概括："即今封贡互市，皆已竣事，三陲晏然，曾无一矢之警。境土免于蹂践，生民免于虏刘。客兵不调，帑藏不发。即边费之省，不下百余万；即胡利之入，不下数十万。纵使虏酋明岁渝盟，而我中国今岁之利亦已多矣。"⑤ 封贡互市实现，蒙古诸部不再南掠，明朝北疆地区进入了和平发展时期。

史载，俺答封贡之后，明朝北部"边境休息，东起延、永，西抵嘉峪七镇，数千里军民乐业，不用兵革，岁省费什七"⑥。"东自海冶，西尽甘州，延袤五千余里，无烽火警。"⑦ "三陲晏然，一尘不扰，边氓释戈而荷锄，关城熄烽而安枕。"⑧ "自受款以后，生齿渐烦，商旅辏集，军民乐业，啬人成功，非复昔日凋残景象。"⑨ 以至于万历末期，国家"四十余年无用兵之患，沿边旷土皆得耕牧"⑩。"边民释戈而荷锄，关城熄烽而安抚，此自古稀觏之事，而今有之。"⑪ "民老死不识兵革，农狎于野，啬人成功保聚，可谓盛

---

① （明）方逢时. 大隐楼集：第15卷，杂著一·辕门记谈 [M]. 李勤璞，校注. 沈阳：辽宁人民出版社，2009：253.
② 明世宗实录：第251卷，嘉靖二十年七月丁酉条 [M]. 5030.
③ （明）官修. 万历邸钞·万历二年甲戌卷·闰十二月 [M]. 扬州：江苏广陵古籍刻印社，1991：12.
④ （明）焦竑. 通贡传 [M] //薄音湖，王雄. 明代蒙古汉籍史料汇编（第二辑）. 呼和浩特：内蒙古大学出版社，2006：441.
⑤ 明穆宗实录：第61卷，隆庆五年九月乙酉条 [M]. 1495.
⑥ （清）张廷玉. 明史：第222卷，王崇古传 [M]. 北京：中华书局，2011：5843.
⑦ （明）方孔炤. 全边略记：第2卷，大同略·雁门、宁武、偏头三关略在内 [M] //王雄. 明代蒙古汉籍史料汇编（第三辑）. 呼和浩特：内蒙古大学出版社，2006：92.
⑧ 明穆宗实录：第59卷，隆庆五年七月戊寅条 [M]. 1444.
⑨ （明）王士琦. 三云筹俎考：第3卷，险隘考 [M] //薄音湖，于默颖. 明代蒙古汉籍史料汇编（第六辑）. 呼和浩特：内蒙古大学出版社，2009：339.
⑩ 明神宗实录：第500卷，万历四十年十月庚辰条 [M]. 9462.
⑪ （明）高拱. 高拱全集 [M]. 岳金西，岳天雷，编校. 郑州：中州出版社，2006：595.

矣!"① 最终实现了"东西延袤五千余里无烽火警,行人不持弓矢,近疆水陆屯田悉垦治如内地,墩台哨望之卒以渐撤去"的和平局面。②

由此可见,自隆庆五年明蒙互市以来,明蒙双方步入和平发展的新时期。明朝所希望的控制北疆的努力也实现了,蒙古也通过互市,获取了生活必需品和奢侈品。此后,双方恪守约定,互不侵扰,惟互市交往。边疆治理由此步入正轨,明廷所期冀的北疆之安宁至此基本实现。黄仁宇对此评价道:"'隆庆议和'之后,边境地区兵燹焚日渐息宁,蒙古人不再视为明边防之患。"③ 经济的互通,创造了政治上的和平,也为明蒙双方社会的和平发展提供了良好的契机。

一、明蒙互市的盛况

隆庆五年,明朝在长城沿线陆续设置了十一处市场,史载:"开市凡十一处,在大同者三,曰得胜口,曰新平,曰守口;在宣府者一,曰张家口;在山西者一,曰水泉营;在延绥者一,曰红山寺堡;在宁夏者三,曰清水营,曰中卫,曰平虏卫;在甘肃者二,曰洪水扁都口,曰高沟寨,岁以为常,市各二日。"④ 之后,长城沿线的明蒙互市的场所陆续开辟。每次开市,万骑辐辏,盛况空前。万历四十五年,大同杀胡堡市场上,"汉夷贸迁,蚁聚城市,日不下五六百骑"⑤。隆庆和议后,驻牧河套的蒙古部众"请得贡市比宣大"⑥。可见互市之盛况。

由于俺答汗能够约束部众,严遵盟约,每岁贡市,"交易不绝"⑦,因此,在互市上,马价由明朝政府规定,遵循"务使客商有利,夷价无亏"⑧ 的原

---

① 明神宗实录:第500卷,万历四十年十月壬午条[M].9466.
② (明)焦竑.通贡传[M]//薄音湖,王雄.明代蒙古汉籍史料汇编(第一辑).呼和浩特:内蒙古大学出版社,2006:441.
③ [美]黄仁宇.万历十五年[M].北京:中华书局,2006:33.
④ (明)申时行.明会典:第107卷,礼部·朝贡三·北狄[D]//《续修四库全书》编委会编.续修四库全书(791),上海:上海古籍出版社,2002:91.
⑤ 明神宗实录:第558卷,万历四十五年六月丙申条[M].10522.
⑥ (明)瞿九思.万历武功录:第14卷,西三边·切尽黄台吉传[M]//薄音湖.明代蒙古汉籍史料汇编(第四辑).呼和浩特:内蒙古大学出版社,2007:369.
⑦ (明)方孔炤.全边略记:第2卷,大同略 雁门、宁武、偏头三关略在内[M]//王雄.明代蒙古汉籍史料汇编(第三辑).呼和浩特:内蒙古大学出版社,2006:92.
⑧ (明)王崇古.确议封贡事宜疏[M]//(明)陈子龙.明经世文编:第318卷,王鉴川文集(二).北京:中华书局,1962:3364.

则，给予"上等扇马一匹，拟价十二两，搭配段布官货一分，实价银八两余；中扇马一匹，定价十两，货实值银七两余；下扇马一匹，定价八两，货实值银六两余"①。

在具体的交易活动中，根据实际情况又有所调整。《三云筹俎考》载大同镇官市所市马匹分为七种若干等："曰银，马自六两至十两共四等。曰蟒獭，马每匹蟒段一疋，水獭皮自六张至一十张共五等。曰金段，马每匹金段一疋，水獭皮自十张至十五张共二等。曰虎皮，马每匹四张。曰豹皮，马每匹豹皮自三张至六张共三等。曰梭布，马每匹梭布四十疋，有青布者，有无青布者，共二等。曰官货，马每匹真远钱羽分段、中潞绸各一疋，青梭布一疋，蓝白梭布十疋。"②

由于明朝政府所定马价较为合理，且符合蒙古民众的需求，因此，蒙古"诸酋感德日深，赴市日众，市马日多"③。如宣府互市开市之日，"远商辐辏""万虏蚁集"④，马匹交易量及马价数额也是三镇中最多的。

然而互市的开设，仅仅是每年一次，远远不能满足蒙古民众的交易需求，一则周期太长，二来交易物品种类较少，于是强烈要求明朝增加开设"小市"。于是在隆庆六年（1572），王崇古根据蒙古民众的请求，增开北边月市，"比开元、海西月市事，月令巡边夷同欲市夷各以牛羊皮张，具告参将，听赴暗门外，军民得以布货变易，汉固税其物以充抚赏，间不过一二日而止，而必以参将临之"⑤。要求驻扎"小市"的"参将守备官"，主持公平交易，"量抽税银"⑥。

"小市"亦称"月市"。万历元年（1573），在明朝政府的准许下，宣府、大同、山西、陕西、宁夏、甘肃等地均开设有"小市"。史载："边外复开小

---

① （明）王崇古. 条复收胡马疏 [M] //（明）陈子龙. 明经世文编：第318卷，王鉴川文集（三）. 北京：中华书局，1962：3375.
② （明）王士琦. 三云筹俎考：第2卷，封贡考 [M] //薄音湖，王雄. 明代蒙古汉籍史料汇编》（第二辑）. 呼和浩特：内蒙古大学出版社，2006：416.
③ （明）方逢时. 为恳乞议处疏通市马疏 [M] //（明）陈子龙. 明经世文编：第320卷，方司马奏疏（一）. 北京：中华书局，1962：3409.
④ （明）杨时宁. 宣大山西三镇图说：第1卷，宣府镇 [M] //薄音湖，王雄. 明代蒙古汉籍史料汇编（第二辑）. 呼和浩特：内蒙古大学出版社，2006：283.
⑤ （明）瞿九思. 万历武功录：第8卷，中三边二. 俺答列传下 [M] //薄音湖. 明代蒙古汉籍史料汇编（第四辑）. 呼和浩特：内蒙古大学出版社，2007：96.
⑥ （明）王崇古. 酌许虏王请乞四事疏（北虏封贡）[M] //（明）陈子龙. 明经世文编：第318卷，王鉴川文集（三）. 北京：中华书局，1962：3379.

市，听虏以牛羊皮张马尾易我杂粮布帛。关吏得税其物以充抚赏。"① 小市的开放也有一定的规律，"有开马市一事从得胜至水泉，每月止许一处，十一月初一从得胜起，十二月助马堡，万历六年正月施家口，二月杀胡，三月云石、四月迎恩、五月乃河、六月白阳林、七月水泉、八月灰沟营，完日仍从得胜，周而复始，再不许混开"②。

小市开放时间不一定，或一月交易一次，即"今边卫口，每月望后，俱有小市"③；或一年交易一次，即"每岁准其牛羊小市一次"④；或随时开市。但是，大部分小市都是一月一次。梅国桢详细记载了"小市"的开设和交易情况："每月小市一次，每次不过三二日。虏人攒甲市口之外，官兵攒甲市口之内，两相戒防，无异对垒。各夷或以羊皮，或以马尾，或以板木谷米之数与口内军余互相贸易。原无奇货异产，每年所税银，少不过二三百两，多不过四五百两。"⑤ 明蒙主要交易生活必需品，蒙古牧民以牛羊、皮张、马尾、毡裘、盐碱、柴草、木材等商品，向汉族商民换取粮米、布匹、锅釜、耕具、绒线及其他日用百货。"牛，米豆石余；羊，杂粮数斗；无畜，间以柴盐数斗，易米豆可一二斗，柴一担，易米可二、三升。"⑥ 总之，所交易的物品都是明蒙居民日常所需，与明蒙居民的经济生活密切相关。小市的开设，方便了普通牧民的生活，也对"沿边军民"经济生活带来了益处。"虏中贵贱贫富，各遂安生，共感皇恩。沿边军民，各获虏利，免忧窃犯。"⑦

根据余同元的统计，隆庆和议后，明朝在长城沿线正常开设的大、小市场多达三四十处，⑧ 总计达到七十余处。⑨ 到明朝后期，小市逐渐成为明蒙民

---

① （明）瞿九思. 万历武功录：第8卷，中三边二·俺答列传下［M］//薄音湖. 明代蒙古汉籍史料汇编（第四辑）. 呼和浩特：内蒙古大学出版社，2007：98.
② （明）郑洛. 抚夷纪略［M］//薄音湖，王雄. 明代蒙古汉籍史料汇编（第二辑）. 呼和浩特：内蒙古大学出版社，2006：151-152.
③ 明神宗实录：第9卷，万历元年正月庚寅条［M］.320.
④ 明神宗实录：第132卷，万历十一年正月丁卯条［M］.2456.
⑤ （明）梅国桢. 再请罢榷税疏（大同榷税）［M］//（明）陈子龙. 明经世文编：第452卷，梅客生奏疏. 北京：中华书局，1962：4973.
⑥ （明）瞿九思. 万历武功录：第8卷，中三边二·俺答列传下［M］//薄音湖. 明代蒙古汉籍史料汇编（第四辑）. 呼和浩特：内蒙古大学出版社，2007：98.
⑦ （明）王崇古. 酌许虏王请乞四事疏（北虏封贡）［M］//（明）陈子龙. 明经世文编：第318卷，王鉴川文集（三）. 北京：中华书局，1962：3379.
⑧ 余同元. 明代长城文化带的形成与演变［J］. 烟台大学学报（哲学社会科学版），1990（03）：42-50.
⑨ 余同元. 明后期长城沿线的民族贸易市场［J］. 历史研究，1995（05）：55-70.

间交易的主要场所。

除了官方市场之外，明朝还设置了民市。在开市之初，为活跃市场，王崇古等就"广召商贩，听令贸易。布帛、菽粟、皮革远自江、淮、湖广辐辏塞下，因收其税以充犒赏"①。他说"客商岁得虏货之利，将源源自至"②，力主开放民市。经明廷批准，在九边地区，"官市毕，听民私市"。③ 民市"令侩人（牙人）定物价，毋欺慢虏"④。双方交易比较公平，一般是明朝"民间以故衣杂货易马牛者听，一梭布可易一羊，一布衣可易一皮袄，利皆倍之"⑤。如隆庆五年（1571），黄台吉前往新平市口进行民市，"市牛羊以百数。彼以羊一，得我布可二疋，牛一，得我布货可二金。大都我所出布疋，不过二钱而止，而彼牛羊至汉，汉固已倍屣之矣"⑥。

由于明蒙双方在民市中能够分获其利，中原"商民，概以故衣杂货，每值银七、八两，即买儿骒马一匹，可卖银十余两，各以次从便加减，率得厚利，远迩欢腾"⑦。经营"民市"贸易的商人，"惟是机利雁民，市井无聊之辈，乃始称贷出息，跋涉山川，蒙犯霜露，担负重茧，以与胡儿争抄忽之利，以为蔽体糊口之资"⑧。因此，民市发展十分迅速，大量商货天南地北云集而来，"缣帛布则取诸吴越，狐皮水獭等物则取诸蕲黄"⑨。

---

① （清）张廷玉. 明史：第222卷，王崇古传 [M]. 北京：中华书局，2011：5842.
② （明）王崇古. 确议封贡事宜疏（北虏封贡）[M] //（明）陈子龙. 明经世文编：第317卷，王鉴川文集（二）. 北京：中华书局，1962：3364.
③ （明）王士琦. 三云筹俎考：第2卷，封贡考 [M] //薄音湖，王雄. 明代蒙古汉籍史料汇编（第二辑）. 呼和浩特：内蒙古大学出版社，2006：408.
④ （明）瞿九思. 万历武功录：第8卷，中三边二·俺答列传下 [M] //薄音湖. 明代蒙古汉籍史料汇编（第四辑）. 呼和浩特：内蒙古大学出版社，2007：95.
⑤ （明）瞿九思. 万历武功录：第8卷，中三边二·俺答列传下 [M] //薄音湖. 明代蒙古汉籍史料汇编（第四辑）. 呼和浩特：内蒙古大学出版社，2007：95.
⑥ （明）瞿九思. 万历武功录：第8卷，中三边二·黄台吉列传 [M] //薄音湖. 明代蒙古汉籍史料汇编（第四辑）. 呼和浩特：内蒙古大学出版社，2007：115.
⑦ （明）王崇古. 条复收胡马疏 [M] //（明）陈子龙. 明经世文编：第318卷，王鉴川文集（三）. 北京：中华书局，1962：3375.
⑧ （明）梅国祯. 再请罢榷税疏（大同榷税）[M] //（明）陈子龙. 明经世文编：第452卷，梅客生奏疏. 北京：中华书局，1962：4969.
⑨ （明）梅国祯. 再请罢榷税疏（大同榷税）[M] //（明）陈子龙. 明经世文编：第452卷，梅客生奏疏. 北京：中华书局，1962：4973.

二、边疆市场的增长

和平的社会环境,加之明蒙互市的刺激,也带来了九边城镇商业的繁荣,史载,宣府镇"张家口本荒徼,初立市场,每年缎布买自江南,皮张易自湖广。督抚王崇古等议,夷部落多,钱粮有限,因广召商贩贸易,号'民市',兼收其税,充诸将吏廪犒需,时真有胡越一家气象"①。城中"大市中贾店鳞比,各有名称。如云南京罗缎铺,苏杭绸缎铺,潞州绸铺,泽州帕铺,临清布帛铺、绒线铺、杂货铺,各行交易铺沿长五里许,贾皆争居之"②。"虏款请银印、铁锅可耳,嗣乞诵经僧、乞画工何为?云欲绘三十二相为天子祈年。词特温谨。考《冯时可集》云,贡市不惟弥虏,亦弥我兵。往年大同卒三变,皆挟虏势,既内款无可挟者,即不饱不敢辄哗真福利远。"③

至明末,宣府张家口来远堡市场"规方墉地,百货坌集,车庐马驼羊旃毳布缯瓶罂之属、蹴鞠跳丸意钱蒲博之扶毕具。其外穹庐千帐,隐隐展展,妇女细弱,射生投距之伦,莫可名数,盖一时之盛也"④。万历四十六年(1618),沙俄使节佩特林来华,途经张家口,对这一地区的明蒙互市情景描述如下:"他们有大量的丝绒、缎子、条纹绸和塔夫绸,以及金绣带铜的绸缎;还有各种花卉、各种糖、丁香、肉桂、大茴香、苹果、香瓜、西瓜、南瓜、黄瓜、大蒜、萝卜、洋葱、芜菁、白菜、芹菜、辣根、罂粟、麝香葡萄、杏仁、大黄和其他不知名的瓜果蔬菜。城市商号林立,货物一应俱全。"⑤ 又说,"除毛料外,各式货物齐全,但不见有任何宝石。"⑥

宣府如此,大同更是如此,明人谢肇淛就曾评论说:"九边如大同,其繁

---

① (明)黄景昉. 国史唯疑:第8卷,隆庆 万历[M]. 陈士楷,点校. 北京:商务印书馆,2020:148.
② (清)陈梦雷、蒋廷锡. 古今图书集成·方舆汇编·职方典:第155卷,宣化府部汇考七·宣化府风俗考[M]. 北京:中华书局影印本,1934:21.
③ (明)黄景昉. 国史唯疑:第8卷,隆庆 万历[M]. 陈士楷,点校. 北京:商务印书馆,2020:148.
④ (明)王崇. 马市图序. 察哈尔省通志:第21卷,户籍编之十一·艺文[M].//中国边疆史志集成·内蒙古史志(66). 北京:全国图书馆文献缩微复制中心,2002:666.
⑤ (英)约·弗·巴德利. 俄国·蒙古·中国(下卷)(第一册)[M]. 吴持哲,吴有刚,译. 北京:商务印书馆,1981:1055.
⑥ (英)约·弗·巴德利. 俄国·蒙古·中国(下卷)(第一册)[M]. 吴持哲,吴有刚,译. 北京:商务印书馆,1981:1055.

华富庶,不下江南。"① 道出了此时大同的繁华。

三、农牧业生产的恢复

战争的停息为生产的恢复提供了条件。俺答封贡之后,长城内外的明蒙居民都致力于生产的恢复。在广大人民的努力下,明蒙社会生产都逐渐恢复起来。"九边生齿日繁,守备日固,田野日辟,商贾日通,边民始知有生之乐。"② 至明末"六十年来,塞上物阜民安,商贾辐辏,无异于中原"。③ 出现了"官民城堡次第兴修,客饷日积于仓廒,禾稼岁登于田野"④ 的繁荣景象。大同向来被称为"至穷至苦"的城市,"地滨穷荒,土脉沙瘠,而风气寒冰异常,稼事岁仅一熟,稍遇旱荒,即一熟不可得。自谷荳稷黍之外,百物不产"⑤。但是,自款贡以来,长城内外,"四十余年无用兵之患,沿边旷土皆得耕牧"⑥。大同"近疆水陆屯田悉垦治如内地"⑦。而且"开垦屯田,远至边外"⑧。明代诗人杨芳春在《红门市楼》一诗中写道:"圣皇御极九夷通,宛马年年献皇宫。尊俎自堪羁老土,烽烟无复照回中。"⑨ 莫怪乎,时人发出"人言塞上苦,侬言塞上乐"⑩ 的感慨。

政府还号召边民开垦荒田永为己业,并"择不毛之地,树以桑枣,杂殖榆柳诸木"。⑪ 部分边民还"以畜牧为业",牧万羊,往往富甲一方。⑫ 耕地面

---

① (明)谢肇淛. 五杂组:第4卷,地部二[M]. 上海:上海书店出版社,2001:80.
② (清)张廷玉. 明史:第222卷,方逢时传[M]. 北京:中华书局,2011:5246.
③ (明)陈锡仁. 无梦园集:第2卷,纪插酋[M]. 转引萧国亮. 明代后期明蒙互市及其社会影响[J]. 中国社会科学院研究生院学报,1987(02):64-70.
④ 明神宗实录:第79卷,万历六年九月甲戌条[M]. 18.
⑤ (明)梅国祯. 再请罢榷税疏(大同榷税)[M]//(明)陈子龙. 明经世文编:第452卷,梅客生奏疏. 北京:中华书局,1962:497.
⑥ 明神宗实录:第500卷,万历四十年十月庚辰条[M]. 9462.
⑦ (明)方孔炤. 全边略记:第2卷,大同略 雁门、宁武、偏头三关略在内[M]//王雄. 明代蒙古汉籍史料汇编(第三辑). 呼和浩特:内蒙古大学出版社,2006:92.
⑧ 明神宗实录:第67卷,万历五年九月庚午条[M]. 1467.
⑨ 任树祥. 水泉村志[M]. 太原:三晋出版社,2008:77.
⑩ (明)方逢时. 大隐楼集:第3卷,七言古诗、杂言古诗·塞上谣[M]. 李勤璞,校注. 沈阳:辽宁人民出版社,2009:42.
⑪ 崇祯实录:第15卷,崇祯十五年七月乙亥条[M]. 台北:"中央研究院"历史语言所校印本,1961:439.
⑫ (明)张瀚. 松窗梦语:第4卷,商贾纪[M]. 北京:中华书局,1985:85.

第四章 "隆庆和议"及明朝边疆社会控制的实现

积也不断增长,万历四年(1576),固原镇"新增耕地一千六百三十七顷四十五亩"[1]。农业生产恢复和发展的结果是市场物资充裕,人民生活改善。在开市前,"各边斗米值银二三钱,今(万历五年,1577)则仅值钱许"[2]。这距隆庆年间开市仅仅过去了六年,米价格减了一半以上,往日的穷边僻堡变成了富庶之乡,以至于时人感慨"视嘉靖末年隆庆初岁,安危迥异"[3]。

互市所带来的和平局面,也促进了漠南蒙古地区社会经济的繁荣发展。蒙古部众一方面能够从互市中获得各种生产生活必需品,而且能够得到明朝的赏赐,同时,明朝也不再捣巢、烧荒、赶马,蒙古地区的畜牧业、狩猎业逐渐得到恢复。由于在互市贸易中,需要蒙古诸部投入大量畜产品进行交换,这无疑刺激了蒙古族地区畜牧业的发展,以至于"边地孳牧渐多"[4]。畜牧业的发展,也使牧民的生活得到了改善,"饱酥酪而煖毡氍"[5]。与此同时,农业、手工业等经济部门也迅速恢复和发展起来。

萧大亨在《北虏风俗》中记载:"今观诸夷耕种,与我塞下不甚相远。其耕具有牛,有犁;其种子有麦,有谷,有豆,有黍,此等传来已久,非始于近日。"[6] 可见,其农业已经发展到了一定的水平。俺答封贡以后,通过与边地汉人交流,除了粮食作物的终止得到恢复之外,蔬菜种植在种类上也日渐丰富,萧大亨记载:"惟瓜茄芥葱韭之类,则自款贡以来,种种具备。"[7] 在俺答汗居住的丰州川(今呼和浩特一带——笔者注)一带,出现了"筑城架

---

[1] 明神宗实录:第47卷,万历四年二月庚寅条 [M] .1076.
[2] 明神宗实录:第67卷,万历五年九月庚午条 [M] .1467.
[3] 明神宗实录:第67卷,万历五年九月庚午条 [M] .1467.
[4] (明)王崇古.条复收胡马疏 [M] //(明)陈子龙.明经世文编:第318卷,王鉴川文集(三).北京:中华书局,1962:3375.
[5] (明)方逢时.大隐楼集:第10卷,骚、颂、碑文、序、引、记·北虏款贡碑 [M] .李勤璞,校注.沈阳:辽宁人民出版社,2009:158.
[6] (明)萧大亨.北虏风俗 [M] //薄音湖、王雄.明代蒙古汉籍史料汇编(第二辑).呼和浩特:内蒙古大学出版社,2006:243.
[7] (明)萧大亨.北虏风俗 [M] //薄音湖、王雄.明代蒙古汉籍史料汇编(第二辑).呼和浩特:内蒙古大学出版社,2006:243.

屋，东西相望"，① "开云田丰州地万顷，连村数百"②，"耕种市廛，花柳蔬圃"③ 的塞外江南景象。

但丰州川农业发展毕竟无法和汉地农业相提并论，虽然塞外土地相当肥沃，所谓"且也腴田沃壤，千里郁苍，厥草惟夭，厥木惟乔，不似我塞以内，山童川涤，邈焉不毛也"④，但农业生产还停留在比较粗放的水平，"其耕种惟藉天，不藉人。春种秋敛，广种薄收，不能胼胝作劳，以倍其入。所谓耕而卤莽，亦卤莽报予者非耶？"故萧大亨感叹道："倘能深耕溉种，其倍入又当何如。"⑤

四、明蒙融合的加深

边疆地区实现和平之后，明蒙两族人民自由往来，在生活习俗上互相学习，互相融合。余同元也指出了这一点，他说，明蒙互市的开辟，"推动了长城地带民族融合的进一步发展"⑥。首先，明蒙贸易中，生活用品种类的日益丰富，改变了蒙古人原先"日无一食，岁无二衣"⑦ 的生活窘境，"虏中贵贱贫富，各遂安生，共感皇恩。沿边军民，各获房利，免忧窃犯"⑧。

其次，在饮食和服装上，日趋一致。据记载，在隆庆末，蒙古地区"胡中久布衣谷食"⑨；万历间，"长昂渐习华风，多食谷，饮酪餐肉必以盐，至

---

① （明）霍冀．仰遵明诏恭进九边图说以便圣览事·大同镇图说 [M] // （明）陈子龙．明经世文编：第323卷，霍司马疏议．北京：中华书局，1962：3442.
② （明）瞿九思．万历武功录：第8卷，中三边二·俺答列传下 [M] // 薄音湖．明代蒙古汉籍史料汇编（第四辑）．呼和浩特：内蒙古大学出版社，2007：79.
③ （清）顾祖禹．读书方舆纪要：第44卷，山西六·大同府 [M]．北京：中华书局，195：1845.
④ （明）萧大亨．北虏风俗 [M] // 薄音湖、王雄．明代蒙古汉籍史料汇编（第二辑）．呼和浩特：内蒙古大学出版社，2006：243.
⑤ （明）萧大亨撰．北虏风俗 [M] // 薄音湖、王雄．明代蒙古汉籍史料汇编（第二辑）．呼和浩特：内蒙古大学出版社，2006：243.
⑥ 余同元．明代长城文化带的形成与演变 [J]．烟台大学学报（哲学社会科学版），1990（03）：42-50.
⑦ （明）王崇古．酌许虏王请乞四事疏（北虏封贡）[M] // （明）陈子龙．明经世文编：第318卷，王鉴川文集（三）．北京：中华书局，1962：3378.
⑧ （明）王崇古．酌许虏王请乞四事疏（北虏封贡）[M] // （明）陈子龙．明经世文编：第318卷，王鉴川文集．北京：中华书局，1962：3379.
⑨ （明）瞿九思．万历武功录：第13卷，东三边四·黑石炭列传 [M] // 薄音湖．明代蒙古汉籍史料汇编（第二辑）．呼和浩特：内蒙古大学出版社，2007：301.

夏则服衣布，与汉亡异"①。俺答也在上书中请求道："每春秋二季军民出边，在我城内交易，给我粮食。"②

最后，在文化上也逐渐趋同。山西沿边一带，边民"文字盛兴，忧思深远"。③ 宁夏地区，"杂五方，尚诗书、攻词翰、重耕牧、闲礼义"，与中原无异。甘肃镇不但边民"号有华风"，连"穴居野处，采猎为生"的土人也都同内地人一样，"崇尚释教"。④ 辽东地区虽然"人多侨居，俗各异好"，但是，随着交往的增多，亦皆"务农桑，粗习文礼，有中国之风"。⑤ 另一个显著特征则是，俺答汗开始"以大明律绳其下"⑥。明末方逢时《塞上谣》诗云："雁门东来接居庸，羊肠鸟道连崇墉。关头日出光曈昽，于今喜见车书同。"⑦

此外，明蒙贸易的蓬勃发展，也助长了长城沿线人民经商之风的盛行。明代后期，宣大山西一带形成了庞大的边商队伍，各色人等均加入了经商的行列之中。史载："往时偏、老内外极多勇烈士，彼椎埋屠狗之辈，囊无金钱，则相率而捣巢偷马，得功徼赏……互市而此辈无所用，老者死而壮者散为商贾……卫尉材官，舍介胄、释弓矢，而学以咿唔相高，非其业也。"⑧

五、人民负担减轻，社会压力降低

明朝境内人民负担的减轻，除了边地居民远离兵燹之外，还主要表现在两个方面：

---

① （明）瞿九思. 万历武功录：第13卷，东三边四·长昂列传 [M] //薄音湖. 明代蒙古汉籍史料汇编（第二辑）. 呼和浩特：内蒙古大学出版社，2007：332.
② （明）郑洛. 抚夷纪略 [M] //薄音湖、王雄. 明代蒙古汉籍史料汇编（第二辑）. 呼和浩特：内蒙古大学出版社，2006：149.
③ （明）李贤. 大明一统志：第19卷，山西布政司·太原府 [M]. 西安：三秦出版社，1990：287.
④ （明）李贤. 大明一统志：第37卷，宁夏卫、宁夏中卫、洮州卫军民指挥使司、岷州卫军民指挥使司、河州卫军民指挥使司、靖房卫、文县守御军民千户所、陕西行都指挥使司 [M]. 西安：三秦出版社，1990：653.
⑤ （明）李贤. 大明一统志：第25卷，登州府、莱州府、辽东都指挥使司 [M]. 西安：三秦出版社，1990：426.
⑥ （明）冯时可. 俺答后志 [M] //薄音湖、王雄. 明代蒙古汉籍史料汇编（第二辑）. 呼和浩特：内蒙古大学出版社，2006：136.
⑦ 王叔磐、孙玉溱. 历代塞外诗选 [M]. 呼和浩特：内蒙古人民出版社，1986：412.
⑧ （明）王士性. 广志绎：第3卷，江北四省 [M]. 北京：中华书局，1981：65.

首先，明朝财政压力缓解，明廷对于全国人民的搜刮降低，人民的税赋负担减轻。嘉靖年间，由于明蒙双方战争频发，明朝不断加强北部边防，大量的人力物力投入北疆的防御之中，明朝政府军费开支激增，严重时，明朝全年财政收入不足九边军费开支，便实行了加派赋税的政策。史载："俺答犯京师后，羽书旁午征兵饷。应奎（时任礼部尚书孙应奎——笔者注）乃建议加派。自北方诸府暨广西、贵州外，其他量地贫富，骤增银一百十五万有奇，而苏州一府乃八万五千。"①

互市贸易兴起之后，明朝北疆军费骤减，早在开市次年的隆庆六年（1572），户部就向皇帝上奏折称："延、宁、甘、固自虏款以来，所省费凡十四万，请赍在事之臣以示劝。"② 张居正在论及万历初年的财政状况时也说："嘉隆之间，海内虚耗，公私储蓄，殊可寒心。自皇上临御以来，躬行俭德，覈寔考成，有司催征以时，通负者少。奸贪犯赃之人，严拼不贷。加以北虏款贡，边费省减。又适有天幸，岁比丰登，故得仓库贮积，稍有赢余。"③ 明朝政府的财政状况明显好转，并出现了结余。这对于广大民众来说是有利的，政府财政的充裕，意味着赋税至少不会增加，对于稳定民心、稳定社会控制不无裨益。冯时可在其所撰的《俺答后志》中评价道："自饵虏后，中国所费三十万缗，所省征调费不啻百万。由上谷至河湟万里，居如堵，行如家，举砂碛而黍苗之矣。犹有虞焉，沿边荷戈之士外则供市，内则供役，旁则供帅。"④

其次，减轻了养马民户的经济负担。马匹作为军用物资，在明代极其珍贵。明朝除了设置官方的养马场进行保育繁殖之外，还广泛发动民力，将马匹寄养在民间。《明会典》卷一百五十记载："洪武永乐年间，令民养官马者二岁纳驹二匹。"这对养马民户来说是极其沉重的负担，明人冯时可就曾指出："国初民间养马，丁不编徭，后则概编，甚至丁消而马在者有之矣。此与王安石新法中马政何异？地不起粮，后则概起，甚至地卖而马存者有之矣。或一家而养数马，或一身而充诸役，点验无宁岁，赔偿无虚日，追呼于官司，

---

① （清）张廷玉. 明史：第202卷，孙应奎传 [M]. 北京：中华书局，2011：5334.
② （明）方孔炤. 全边略记：第4卷，陕西延绥略 固原在内 [M]//王雄. 明代蒙古汉籍史料汇编（第三辑）. 呼和浩特：内蒙古大学出版社，2006：166.
③ （明）张居正. 看详户部进呈揭帖疏（岁赋出入）[M]//（明）陈子龙. 明经世文编：第325卷，张文忠公集二. 北京：中华书局，1962：3473.
④ （明）冯时可. 俺答后志 [M]//薄音湖、王雄. 明代蒙古汉籍史料汇编（第二辑）. 呼和浩特：内蒙古大学出版社，2006：136.

第四章 "隆庆和议"及明朝边疆社会控制的实现

需索于吏役,以致称贷不已;鬻产继之,鬻产不已;鬻子女继之,鬻子女不已,逃窜流亡继之。"①

互市开设后,蒙古部众以马匹进行交易,大量马匹输入明朝境内,明朝军队马匹充裕。巡按直隶御史孙愈贤称:"款市已十六年,取既款后十五年与未款前十五年较之,通计二镇所省几一千一百二十八万有零,又城堡赖以修,边地赖以垦,盐法疏通,蓄积称富,而生齿亦号蕃庶,款市之利不既彰彰哉。"② 这让明朝逐渐放松了对于民间养马的要求,并逐渐废除了民间养马的制度,民户的养马负担大大减轻了。同时,蒙古良种马、牛等大牲畜的传入,为农耕和运输提供了大量的畜力,对于促进中原地区的农业、畜牧业乃至商业的发展都是不无裨益的。

小 结

在隆庆五年(1571),俺答封贡,明蒙双方进入了和平发展的良好时期。为了这一天的到来,明蒙双方都付出了极其沉重的代价。因此双方对于来之不易的和平局面都倍加珍惜。明朝君臣为此进行了长时间的讨论,并最终同意开市。而且,在开市之前,就进行了通盘考虑,涉及政治、军事、贸易等诸多方面。王崇古关于事先约定,以杜虏衅的思想,便是明朝在处理开市这件事上的集中反映。同一时期的蒙古右翼诸部,也倍加珍惜明朝给予的开设互市的机会。在封贡之日,即召集右翼诸部首领,共同对天叫誓,表示遵守约定,并制定了相关规定约束部众。从这个角度来看,明蒙此次互市的达成,更是双方谈判的结果,而非君臣关系的重新建立(哪怕是表面上的)。这一点是非常重要的。因此,双方的约定,以及相继制定的互市条款,便成为制约双方的契约文本。遇到任何一方出现不遵守约定的情况,另一方便可以以相应方式进行惩处。这个不仅对明蒙双方有效,而且对于各自的内部管理也同样有效。例如,驻牧河套的蒙古诸部希望获取更大的互市利益,多次深入延绥各地,以逼迫明朝提高马价,明朝不仅给予严厉的军事打击,还关闭互市,以示惩戒。最终,河套诸部见军事手段并不能奏效,反而失去了市赏之利,

---

① (明)冯时可. 请变卖种马疏 [M] // (明)陈子龙. 明经世文编:第434卷,冯元成文集. 北京:中华书局,1962:4735—4736.
② 明神宗实录:第185卷,万历十五年四月辛未条 [M]. 3460.

加之"力寡备多，又屡不得志"①，便只能"次第归款，延绥遂少事"②。这也显示了明朝以经济手段羁縻蒙古诸部的意图。

再者，俺答自求贡以来，其核心思想就只有一个——明朝开放与蒙古之间的贸易通道，以换取物资。其交换条件说得也很清楚，即"不再犯边"。每当明廷边将有允其通贡之意时，即要求其约束部众，不准犯边。而蒙古诸部在求贡开市不得的情况下，则大军压境，抢掠一番而去。其间并未表现出任何对于明朝的政治企图。因此，时人也认为俺答仅仅是贪求明朝的财物而已，并无入主中原的"大志"。俺答这一思想的反复陈述不能不引起明朝君臣尤其是边疆主政大臣的注意，尤其是在绝贡时期，俺答的频频南扰仅仅是大掠而去，这一点更加让边臣强化了俺答贪图明朝财物的认识。明廷面对日趋紧迫的财政压力，明朝主政官员也不得不对于俺答的这种请求予以正视。因此，在嘉靖皇帝去世之后，主和派逐渐占据了上风，虽然说明朝通贡开市的出发点不是满足蒙古诸部的贸易需求，但是，这毕竟为蒙古诸部打开了一条贸易渠道。

在开市之后，明朝上下也逐渐对于开市以安蒙古有了新的认识。因为，明朝官员看到了开市所带来的一系列好处。最直观的便是北疆地区从此之后不复有警，社会秩序进入正常轨道，边防压力瞬间减轻。因此，才会出现在开放互市之后，又应蒙古民众之请，相继开放月市、小市等交易市场，最终形成了市场交易近乎日常化的局面。这种自互市到小市，覆盖了蒙古上层及底层民众的各阶层人群，满足了各阶层民众的不同需求，因此，长时间维持了明蒙贸易的有序进行。反过来又促进了明朝边疆和平局面的继续。

同时，和平局面的到来，不仅降低了明朝的边防压力，而且通过互市的开放，增加了明朝的税收，降低了军费开支，有效减轻了明朝的财政压力，这对于财政几乎崩溃的明王朝来说，是有极大益处的。因此，张居正在其推行的改革之中，也极力促进明蒙之间经济往来。在财政好转的情况之下，张居正又清账田地，改革复议制度，降低人民的负担，促进了明朝整个社会生产恢复，明朝对于社会的控制力也逐渐恢复。

但是，明朝并没有放弃一直以来所坚持的政治上的臣服才能给予经济上

---

① （清）夏燮. 明通鉴：第75卷，纪七十五·神宗显皇帝·万历四十四年［M］. 王日根，李一平，李珽，李秉乾，校点. 长沙：岳麓书社，1999：2108.

② （清）夏燮. 明通鉴：第75卷，纪七十五·神宗显皇帝·万历四十四年［M］. 王日根，李一平，李珽，李秉乾，校点. 长沙：岳麓书社，1999：2108.

的利益这一羁縻蒙古的传统思维。正如美国学者亨利·赛瑞斯所言:"并非什么人都可以与明朝进行贸易,只有那些愿意朝贡,因而默认对明朝有某种忠诚或政治上的隶属关系(至少在明朝官员的眼中如此)的外国人,才会被允许进行某种形式的贸易。"① 因此,现在看来,所谓的"俺答封贡"更像是明蒙双方为了开市而进行的一场隆重的仪式。

在俺答封贡完成之后,双方贸易顺利开展,明朝依然将双方的贸易行为作为羁縻蒙古诸部的重要手段而加以控制。这是因为,与蒙古之间无论是战还是守,明朝的根本目的都是维护北部边疆的安全和稳定。明朝从主观上而言,互市一直就是其实现边疆治理中的重要一环,而且一直以来都是作为羁縻之术而应用于周边民族之中的。最为显著的例子,便是与西番之间的茶市贸易,成功地实现了对于西番的羁縻统治。面对当前明蒙关系在互市之中实现的和平局面,明朝君臣上下不免有似曾相识的感觉,因此,明朝不能不对互市在羁縻蒙古诸部中的效果给予必要的重视。万历中期的首辅申时行曾阐述了明朝对于蒙古实行经济羁縻政策的必要性,他说:"今虏方款贡,自宣大至甘肃,不用兵者已二十年。虽犬羊之性不齐,豺狼之欲无厌。然部落有大小,情态有顺逆,以此论主持款贡大概不失矣。不可以一部之作歹而废各部之羁縻,不可以一边之骚扰而致九边之决裂。如其背约,则当致讨;如其输服,则不穷追,此今日制驭之大略也。"②

因此,从这个角度来看,俺答封贡之举又是非常必要的。俺答接受册封,便能够"发挥封贡互市在军事国防上的效能,以之作为制御蒙古各部的工具。在整个封贡体制安排中,顺义王是最为重要的关键一环,初封贡时,明朝为'借其铃束诸部之力'而对俺答汗封王赐印,赋予其主掌朝贡互市的权力,规定宣大和河套三部朝贡均由顺义王统一负责写表奏进;一切赏赐由顺义王关领转发各部首领;各部首领职位的升授也由顺义王在进贡时代为奏请,然后明朝酌情处理;顺义王贡后方许开市"③。这样一来,顺义王便顺理成章地成为统御蒙古右翼各部的首领,实现了明朝以虏治虏的目的。

这其实也是明朝整体封贡互市计划中的一环。前文所述,明蒙双方各项

---

① 亨利·赛瑞斯,达力扎布. 明代的汉蒙贸易[J]. 蒙古学信息,1994(01):6-16.
② (明)申时行. 虏情疏(宣大甘肃虏情)[M]//(明)陈子龙. 明经世文编:第380卷,申文定公文集,北京:中华书局,1962:4124.
③ 于墨颖. 明蒙关系研究——以明蒙双边政策及明朝对蒙古的防御为中心[D]. 呼和浩特:内蒙古大学,2004:76.

规则的制定,也与之前明朝单方面要求蒙古遵守明朝颁布的命令有着显著的不同。在明朝看来,也是明朝实现"以房治房"以安边境的计划中的重要一环。

对于蒙古右翼各部,明朝主要依靠顺义王俺答汗来进行约束。凡有入边抢掠部落或人众,即令俺答汗禁约罚处,如万历九年因丙兔入犯洮州,抢掠番汉人畜,明朝遂令俺答汗进行罚治,此前银定倘不浪入抢独石,也令俺答罚治。① 互市成型后,俺答汗派自己的两个儿子约束蒙古人,诸部无人来犯。俺答也说:"王说初款时说下誓顺中国,今已老,任中国恼,必不反。各部落头脑,我在,谁敢反?今日吃的穿的都是大明万岁赏,忘了恩,天不祐。"②

俺答死后,明朝则主要依靠三娘子来约束蒙古诸部。俺答汗在世时,三娘子便依靠自己的"聪慧善谋"牢牢掌握了土默特部的实权,长时期内,她"兵权在手,上佐房王,下抚诸部,令无不行,禁无不止"③。俺答汗死后,三娘子仍然掌握着土默特部的实权,因此成为蒙古右翼的实力派人物。明人称:"第初封也,俺答情牵于爱孙,故我得因那吉以成之;再封、三封也,黄、扯二酋皆政归于阏氏(指三娘子——笔者注),故我得因忠顺以成之,皆顺而易也。自扯酋物故以来,卜酋以世次宜王,而匪得忠顺,则势不能王。"④ 可见三娘子在明蒙关系中的重要地位。由于三娘子始终坚定不移地执行俺答时期与明朝和平交往的政策,维护蒙明之间的和平安定局面,所以她谨守贡市条款,对有违反明蒙友好之约者一概严惩不贷,因此明朝认为"得三娘子主市可以宁边"⑤。她还往来奔走于长城南北,与明朝督抚官员密切交往,增进了了解,加深了友谊,进一步巩固和加强了明蒙关系。明朝对此十分清楚,称"款贡以来四十年于兹,房酋恭顺弥坚,无敢败盟者,以忠顺为

---

① 明神宗实录:第113卷,万历九年六月甲寅条[M].2158;明神宗实录:第117卷,万历九年十月辛丑条[M].2202.
② (明)郑洛.抚夷纪略[M]//薄音湖、王雄.明代蒙古汉籍史料汇编(第二辑).呼和浩特:内蒙古大学出版社,2006:169-170.
③ (明)涂宗濬.料理驭房疏(北房封贡)[M]//(明)陈子龙.明经世文编:第450卷,涂司马北房封贡始末疏二,北京:中华书局,1962:4952.
④ (明)涂宗濬.请嗣封爵以顺夷疏[M]//(明)陈子龙.明经世文编:第449卷,涂司马北房封贡始末疏一.北京:中华书局,1962:4938.
⑤ (清)查继佐.罪惟录:第28卷,闺懿列传·三娘子[M].杭州:浙江古籍出版社,1986:2599.

之摄维也"①。

  明朝所制定的抚赏规则，其本质上也是实现"以虏治虏"计划中的一部分。在隆庆五年马市结束后，明朝要求蒙古派遣人马参与互市的管理，"以旨谕虏王，每口置酋长二名分地干撇疏捕，谓之守口夷"②。并在各边形成了定制。在互市结束后，均会给予蒙古首领和士兵一定的赏赐，以示感谢，从而增强双方的感情。但是其本质目的则是"优以市长名目，令其约束本市酋夷"③。

  明朝的这些目的都达到了。在明朝的引导之下，蒙古统治者切实执行了这些制度。如，对于蒙古民众危害边地和平的行为，蒙古详列处罚措施，并认真执行。史料记载，蒙古右翼诸部"事朝廷甚谨。部下卒有掠夺边氓者，必罚治之，且稽首谢罪"④。如，万历四年（1576）十二月，"先是打喇明安一枝银定台吉部夷虏去膳房采柴官军十余名，索赏。抚臣以闻。上令责俺答，绝其贡。俺酋初不知也，抚镇以上诏诏之。酋惧，擒前夷治以夷法，罚羊一千头，马二百七匹，驼三只，进边伏关请罪，送还被虏人。督抚请复其市"⑤。

表　危害边地和平的行为及相应处罚措施⑥

危害边地和平的行为	相应的处罚措施	资料来源
杀人命事	每名罚头畜九九八十一匹头只	郑洛：《抚夷纪略》，《明代蒙古汉籍史料汇编》（第二辑），第152页。
打了无干人	罚马一匹	郑洛：《抚夷纪略》，《明代蒙古汉籍史料汇编》（第二辑），第152页。

---

① （明）涂宗濬. 请嗣封爵以顺夷疏［M］//（明）陈子龙. 明经世文编：第449卷，涂司马北虏封贡始末疏一. 北京：中华书局，1962：4941.
② （明）冯时可. 俺答后志［M］//薄音湖，王雄. 明代蒙古汉籍史料汇编（第三辑）. 呼和浩特：内蒙古大学出版社，2006：135.
③ 明神宗实录：第96卷，万历八年二月戊戌条［M］.1936.
④ （清）张廷玉. 明史：第327卷，鞑靼传［M］. 北京：中华书局，2011：8488.
⑤ 明神宗实录：第57卷，万历四年十二月癸未条［M］.1321.
⑥ 张小永. 明代河套地区汉蒙关系研究［D］. 西安：陕西师范大学，2015：206.

续表

危害边地和平的行为	相应的处罚措施	资料来源
夺了人衣服等件	罚头畜三九头只匹,牛一九,羊一九,马一九	郑洛:《抚夷纪略》,《明代蒙古汉籍史料汇编》(第二辑),第152页。
夺了镰刀斧子五件以上者	罚牛只,或一二三四件,每件罚羊一只	郑洛:《抚夷纪略》,《明代蒙古汉籍史料汇编》(第二辑),第152页。
差遣公干人役打了者	罚牛羊马五匹头只	郑洛:《抚夷纪略》,《明代蒙古汉籍史料汇编》(第二辑),第152页。
夺了帽子手帕诸小件等物	每件罚羊一只	郑洛:《抚夷纪略》,《明代蒙古汉籍史料汇编》(第二辑),第152页。
偷了牛羊马骡者	罚牛羊马九匹头只	郑洛:《抚夷纪略》,《明代蒙古汉籍史料汇编》(第二辑),第152页。
宴筵偷盗家活等件者	罚羊一只	郑洛:《抚夷纪略》,《明代蒙古汉籍史料汇编》(第二辑),第152页。
走去人口,如守口夷人踏见踪迹,即速与查,守口夷人若放进堡内,有本王书到,即送见军门抚院讲说,若有阻挡者	罚守口官段二疋、水獭一张,梭布六疋,即将人口回与本主	郑洛:《抚夷纪略》,《明代蒙古汉籍史料汇编》(第二辑),第152页。
走去人口失主不同守口夷人知道,私已进口偷赶牛马捉人者	罚马一匹,若原无人口,依偷盗论	郑洛:《抚夷纪略》,《明代蒙古汉籍史料汇编》(第二辑),第152页。
各台吉若有偷抢进边生事作歹	领人马多少,每人罚马一匹,有台吉进口,罚骆驼一只	郑洛:《抚夷纪略》,《明代蒙古汉籍史料汇编》(第二辑),第152页。

<<< 第四章 "隆庆和议"及明朝边疆社会控制的实现

  正是因为这些规定得到了蒙古诸部的切实遵守奉行,故在俺答无论是在带领军队攻打瓦剌期间,还是西迎番僧之时,留守的部落仍能在边地保持和平态势,对此,郑洛也感叹道:"王去后,边境视王在益妥。"①

  市易规则的制定和"以虏治虏"战略的实施,固然保证了明蒙之间互市的顺利进行,但是明朝方面也不是毫无改变,最主要的便是将前代朝贡体制中的政治因素和经济因素进行了分离,其中的"朝"演变成为贡使赴京朝贡,不再有贸易的内容,其政治意义更加浓厚,而"贡"则被单设出来,成为设在边疆地区的互市。② 具体而言,就是原来以明朝中央政府的名义实施的经济职能被转移到了以边疆官吏、军人等为主体的人身上,并且随着时间的推移,官方主导的互市交易量逐渐下降,民间的贸易市场逐渐扩大并占据主导,不过在这个过程中,明廷对于蒙古各部在贸易中出现的各种违约现象,仍然督促蒙方严格管理,并进行处罚,且在敕文中明确提到,如果不履约,则停止朝贡和互市。从这个角度看,虽然朝贡的政治含义还是非常明确的,但是经济方面承担的主体发生了转变,尤其到明代后期,经济方面承担的主体又转移到了商人身上,这进一步促进了明代朝贡体系在该时期政治职能和经济职能的分离。这一微小的改变,意义非同小可,其有效解决了明蒙之间的经济矛盾。这一方式,被代明而起的清王朝所继承,只是中央政府不再直接参与与蒙古各部的商贸活动,仅仅通过制定相关政策并保证切实执行来对明蒙交易活动进行干预,进而实现了对蒙古诸部各方面的控制。

---

① (明)郑洛.抚夷纪略[M]//薄音湖、王雄等.明代蒙古汉籍史料汇编(第二辑).呼和浩特:内蒙古大学出版社,2006:152.
② 于墨颖.明蒙关系研究——以明蒙双边政策及明朝对蒙古的防御为中心[D].呼和浩特:内蒙古大学,2004:73.

结　语

　　在影响民族关系的众多因素中，经济关系是最基本的关系，往往起着决定性的作用，决定着其他一切社会关系。经典作家告诉我们"应该从经济关系及其发展中来解决政治及其历史，而不是相反"①。研究明清时期明蒙之间的经济交流，对于理解和处理明蒙民族关系，乃至边疆民族与中央政府之间的关系都有着重要意义。明清时期，明蒙关系的不断调试，归根结底是经济关系在背后的推动。历览明代近三百年的时间，虽然明蒙关系的发展都受到国家政策的影响，但是，这些政策并不能撼动经济因素在明蒙关系中的核心地位。这从本质上来讲，是由于草原地区经济结构单一、物产匮乏，所产不足以供给生活所需，因此，促使草原民族天生就具有与其他民族尤其是农业民族进行贸易的渴望。因为只有通过贸易这一条途径，才能获得其生活所需，以维持其基本的生存。

　　由于自然条件的限制，牲畜成为蒙古部众的主要财富，史载，蒙古诸部"以牧养为生，诸畜皆其所甚重"②，"问富强者，数牲畜多寡以对"③。因此，蒙古人爱惜牲畜"视南人之爱惜田禾尤甚"④，故蒙古人之间"见则先问家畜安否，而后及于家人"⑤。蒙古部众的"衣食住行，无一不取给于牲畜"⑥。但

---

① 马克思恩格斯选集：第4卷［M］．北京：人民出版社，1995：192.
② （明）萧大亨．北虏风俗（附北虏世系）［M］//薄音湖，王雄编辑．明代蒙古汉籍史料汇编（第二辑）．呼和浩特：内蒙古大学出版社，2006：247.
③ 西域图志校注：第39卷，风俗［M］．钟兴麟，王豪，韩慧，校注．乌鲁木齐：新疆人民出版社，2002：512.
④ （明）萧大亨．北虏风俗（附北虏世系）［M］//薄音湖，王雄编辑．明代蒙古汉籍史料汇编（第二辑）．呼和浩特：内蒙古大学出版社，2006：246.
⑤ 丁世良、赵放．中国地方志民俗资料汇编·华北卷（《蒙古志》礼仪民俗）［M］．北京：书目文献出版社，1989：725.
⑥ 杜荣坤，白翠琴．西蒙古史研究［M］．桂林：广西师范大学出版社，2008：80.

是畜牧业的产出，又不足以满足其所有的生产生活所需，仅能维持其最基本的生活。其他大部分物资则需要就近获得，无疑，与位于其南部的中原地区进行贸易，则是成本最低的获取生产生活必需品的方式。宣大总督王崇古对此曾言："北虏散处漠北，人不耕织，地无它产，今幸贪汉物，锅釜针线之具，缯絮米蘗之用，咸仰给汉。"①

在元朝时期，大漠南北，均处于一个政权之下，在统一的国家政权之内，经济活动的互补，不会受到任何外界因素的干扰，明蒙之间的矛盾也就被畅通的贸易活动所化解。但是，1368年，在明王朝建立之后，明廷挥师北伐，在明军猛烈军事打击之下，元顺帝妥欢帖木儿带领蒙古贵族统治集团悉数退回蒙古草原。明蒙之间的政治对立，割裂了双方之间的经济联系。因此，在明代初年，尤其是明洪武年间，我们几乎见不到有关明蒙之间经济往来的记载，明蒙贸易活动更是无从谈起。

朱元璋去世之后，其四子朱棣通过发动"靖难之役"夺得帝位，逐渐转变了对蒙古的政治招抚、军事征讨政策，改以政治经济招抚为主、军事打击为辅的策略。随着北元政权的分裂，这一策略逐渐奏效。明朝与瓦剌、鞑靼、兀良哈三卫之间，分别建立起了政治意义浓厚的朝贡关系。在这一关系中，明朝通过封赏换取了对于蒙古诸部的羁縻统治，而蒙古诸部则通过至少是表面上的臣服，换取了与明朝之间开展贸易、获取物资的渠道。无论如何，明蒙之间的贸易终于找到了一条开通的渠道。明朝借此对蒙古诸部分而治之，扶此抑彼，扶弱抑强，并逐渐介入蒙古内部争端，为明朝带来了短暂的北部边疆的和平与安定。而蒙古诸部为了壮大自己，打击对手，获取明朝的政治、经济、军事支持，先后与明朝建立朝贡关系。明成祖利用经济手段实现对于蒙古诸部的羁縻统治在此时基本得到实现。

然而，我们不能忽视其中一个重要的问题，明朝与蒙古诸部之间朝贡关系的建立，是以明朝强大的军事力量和强大的国力作为后盾的。这就预示着朝贡关系在维持明蒙之间的政治军事平衡方面有着较多的不可控因素。最直接的表现就是，一旦明朝国力下降，明朝的统治者不能执行这种以经济为前哨、以军事为后盾的对蒙政策，那么政治的天平就会失衡。而这种失衡便直接危及了明蒙关系的正常发展。

---

① （明）瞿九思. 万历武功录：第8卷，中三边二·俺答列传下［M］//薄音湖，王雄编辑. 明代蒙古汉籍史料汇编（第一辑）. 呼和浩特：内蒙古大学出版社，2007：87.

果不其然，在明成祖之后，他的继任者们仅仅看到了朝贡关系中经济羁縻所带来的边疆稳定，而没有看到蕴藏在之后的军事力量和强大国力的支撑。在处理对蒙关系上，逐渐走上了以厚赏换取北部边疆苟安的道路。但是这一道路是要以明朝尤其是中央政府强大的财力作为支撑的。由于仁宣战略收缩，正统时期又坐视蒙古瓦剌部做强做大，原本以明朝为主导的朝贡体系，这时期开始演变成以瓦剌为主导近乎强迫的贸易索取。面对越来越庞大的瓦剌朝贡使团，明朝中央财政的压力越来越大，朝贡沿线的地方财政也受到了严重的威胁，而明朝上下几乎毫无对策，仅仅遣使给予劝谕，以盼瓦剌减少朝贡，进而减少在朝贡活动中明朝的付出。但是，这种以厚赏为核心的劝谕不仅没有让瓦剌减少朝贡，反而愈演愈烈。明朝财政无力负担，只能采取降低赏赐和降低物品质量的方法加以应对。这种处理方式的应用，对明蒙关系的发展带来了严重的后果。最为直接的表现，便是"土木之变"的发生。

"土木之变"是明蒙关系的一个转折点。它标志着以朝贡为核心的经济羁縻政策，在处理明蒙关系的时候是行不通的。明朝在兵不能征、贡不能赏的情况下，对蒙关系逐渐走上了消极应对的道路。对于蒙古使团的朝贡，明朝均加以应付，而不再积极经略。明蒙关系的主导权已经悄然转向了蒙古一方。在此之后，无论是瓦剌还是鞑靼，或是之后的蒙古右翼诸部，都牢牢地掌握着明蒙关系发展的主动权，但是影响明蒙关系发展的核心因素——经济权利则一直被明朝所掌握。因此，达力扎布先生一直秉持这样一种观点："我认为蒙古内部矛盾不是实现'隆庆和议'的主要原因。实际上能否实现明蒙之间的互市，主动权始终掌握在明廷手中，而不在俺答汗手里。对俺答汗来讲，通贡互市是他采用了所能采取的一切手段而未能实现的目标，因此不存在俺答态度转变和矛盾促使的问题，这次实现通贡完全是明朝政策转变的结果。"[①] 达力扎布先生的这一观点可谓直戳要害，点明了明蒙关系中的核心问题。

但是，当时的明人并没有意识到这一点。经过了景泰、天顺两朝继续对蒙厚赏以维持明蒙关系，明蒙关系逐渐走入了僵局。其中的一个重要因素就是蒙古一方不断扩大的贸易需求和明朝开放的狭小的贸易渠道之间的矛盾。随着时间的推移，整个蒙古地区都展现出了强烈的与明朝进行物资交易的渴望，但是明朝并没有看到这一点，仍然以"祖制"维系着双方之间的朝贡关

---

① 达力扎布. 明代漠南蒙古历史研究［M］. 呼和浩特：内蒙古文化出版社，1998：225.

系。面对狭小的获取物资的渠道，首先打开僵局的便是蒙古的普通民众。由于他们无法参与到朝贡活动中，更无法获得朝贡活动中的任何物资，而明朝又没有开通蒙古普通民众获取明朝物资的任何渠道，蒙古普通民众只能通过抢掠来获取。虽然抢掠在各种获取物资的渠道中是成本最高的，但是面对明朝的经济封锁，反而成为蒙古民众获取生活物资的唯一渠道。这也就解释了为何自景泰年间开始，蒙古民众对明地进行小规模劫掠的次数越来越多，南下的频率越来越高。而同时期，却几乎看不到有关蒙古贵族组织的大规模对明军事抢掠。

然而这一切，随着达延汗再次统一蒙古诸部而改变。明蒙之间官方的朝贡关系在弘治末期，蒙古方面主动断绝，这就意味着蒙古贵族主动放弃了通过官方活动获取明朝物资的渠道，转而与民众一起加入对明朝的军事掠夺之中来了。这为明朝的北部边防带来了沉重的压力。仔细分析达延汗主动关闭官方贸易渠道的原因，其实还是基于经济因素的考量。虽然在该时期达延汗一直在争取与明朝建立平等政治对话关系，但是经济因素仍然是影响达延汗对明政策的核心因素。官方贸易渠道的全面关闭，人为割断了本来互相补充的两个经济体之间的联系，经济活动以双方之间的边界为隔离走入了各自的内循环之中。这种内循环，对于明朝而言，是无所谓的，甚至在一定程度上还减轻了中央政府的财政负担，但是对于蒙古诸部而言，则带来了灾难性的后果，严重威胁到了蒙古部众的生产生活。这不仅是由于贸易渠道关闭使其失去了获取物资的来源，更是由于加剧了蒙古社会的不稳定性。相比于农耕社会而言，游牧民族的经济基础非常脆弱，韩儒林先生曾写道："在漠北历史上，蒙古地区遇到一次特大风雪，所有羊马，可以一夕全部死亡。一次大的风雪，往往会造成众多牲口的死亡。正是因此，有时还会导致整个部落的远距离转徙，甚至会导致一个强盛游牧政权的瓦解和崩溃。"① 因此，为了获取稳定的生活物资，南下抢掠成为他们的唯一渠道。这也是在弘治之后一直到隆庆年间蒙古部众南下抢掠次数越来越多，频次越来越高，规模越来越大的原因。尤其是明嘉靖年间，实行"绝贡"政策，不仅关闭官方贸易渠道，而且严禁民间的任何贸易，双方几乎断绝经济往来。明朝不仅没有为自己换来边疆的稳定，反而遭到了蒙古地区有组织、大规模的军事化抢掠。而且对经济行为禁止越严格，蒙古对明地的抢掠越疯狂。在这种情况下，类似"庚戌

---

① 韩儒林. 元朝史（下册）[M]. 北京：人民出版社，1986：186.

之变"这类事件的发生便不可避免了。

从本质上来看,无论是"土木之变"的发生还是"庚戌之变"的出现,都是明蒙之间经济矛盾的产物。一方面是寻求和扩大贸易的需求,另一方面则是寻求以经济手段实现羁縻控制的欲望。双方一致处于这种政治需求和经济需求的不对等当中。这种不对等,导致了双方之间战争不断。但是,蒙古方面对于明朝的这种政治需求似乎自瓦剌时期就已经了解,除了个别时期之外,蒙古并未展现出对于明朝政权的任何企图,反而一直将求贡放在明蒙关系的前列,在达延汗之后,俺答汗成为蒙古右翼事实上首领的时候,这一点展示得更直接、更明显。他对于明朝提出通贡请求的时候,往往是带有附加条件的,这种附加条件不是给予自己,而是给予明朝的,那就是通贡保障明朝边疆安全。也就是说,俺答汗以维护明朝所希冀的北疆地区的安全和稳定换取明朝的开放互市。可以说,明蒙关系的核心问题在此时已经展露无遗了。

接下来的事情,就是看明朝的态度和反应了。可能由于受到"土木之变"和蒙古经常南掠的影响,以嘉靖皇帝为代表的一部分明朝统治阶层,对于俺答汗的求贡之举采取了拒绝的态度,并且严厉封锁边疆。直到嘉靖皇帝去世,隆庆皇帝即位,长期主政边疆的大臣王崇古以及高拱、张居正等中央大臣面对财政日竭的情况下,借助把汉那吉事件,力主促成了俺答封贡,双方自此步入了和平互市时期,双边关系也进入了一个新的时期。

明代末年,出现了明、后金(清)、蒙古三方势力的局面,明、后金(清)都在极力争取蒙古加入自己的阵营,后金(清)对于蒙古诸部的争取,除了政治联姻之外,其所采取的方式几乎是俺答封贡制后,明朝处理与蒙古右翼之间关系的翻版。政治上的朝贡臣属、经济上的羁縻成为其主要手段。最终将蒙古诸部完全置于其统治之下,并成为其得力助手,最终统一天下,再次将草原经济与农耕经济置于一个统一的政权之下,为草原经济与农耕经济的互补提供了一个稳定的政治环境。

通过梳理14—16世纪明蒙关系的发展脉络,可以清晰地发现,草原经济和农耕经济之间的互补是天然形成的,是任何外界因素都无法割裂的。正如费克光所言:"经济上的需要将游牧的蒙古人和农业的汉人结合在一个帝国禁令不能完全割断的贸易体系中。"[①] 达力扎布也指出:"中原与北方游牧民族关系史上最关键的问题,即单一的游牧经济与内地农业、手工业综合经济之

[①] 王苗苗. 明蒙互市贸易述论 [D]. 北京:中央民族大学,2011:1.

间的分工交换关系，是推动北方民族南迁或南进的杠杆，北方游牧民族与中原的这种经济交流是历史发展的巨大推动力，也是北方游牧民族自古以来始终与中原保持紧密的政治经济联系，最终形成统一的多民族国家的经济基础。"① 因此，在国家治理中，要顺应经济发展的内在规律，不断促进边疆地区与中原地区的经济交往，加深二者之间的联系，实现二者之间的深度融合，因为，"想要在一个封闭的社会里维持和平，其难度与维持一个个人的封闭的和平相当。这不是伦理，也不是道德，只是历史交给我们的现实。"② 只有加强各民族之间经济交流，促进各民族在经济活动中互通有无，形成各取所需的局面，才能为促进"各民族之间互相支援，共同发展的经济互利关系奠定牢固的基础"③。由此可见，经济因素在加强中华民族多元一体格局的形成过程，促进中原与边疆一体化的过程中是尤为重要的。④ 因此，打破各民族之间的壁垒，消除各民族之间的隔阂，增加民族之间的经济交流，充分发挥经济这双"无形的手"在国家社会经济生活中的作用，对于维护国家稳定、实现民族团结、完善国家治理、增强社会控制的实现是大有裨益的。

---

① 达力扎布. 明代漠南蒙古历史研究 [M]. 呼和浩特：内蒙古文化出版社，1998：193.
② （日）宫崎市定. 菩萨蛮记——西亚北非游记 [M]. 焦堃，译. 张学锋，校译. 上海：上海古籍出版社，2018：202.
③ 卢明辉. 清代蒙古地区与中原地区的经济贸易关系 [J]. 内蒙古社会科学，1982 (05)：21-29+33.
④ 赵会清. 明蒙的通贡与互市政策形成的原因初探 [J]. 沧桑，2007 (01)：20-21.

参考文献

1. 古籍类

（明）明实录[M].台北："中央研究院"历史语言研究所校印本，1962.

（清）张廷玉.明史[M].北京：中华书局，1974.

（明）张瀚.松窗梦语[M].北京：中华书局，1985.

（明）朱国祯.涌幢小品[M].上海：上海古籍出版社，2012.

（明）申时行.明会典[M].北京：中华书局，1989.

（明）陈子龙.明经世文编[M].北京：中华书局，1962.

（清）谷应泰.明史纪事本末[M].北京：中华书局，1977.

2. 中外文论文

A

阿萨拉图.明代蒙古地区和中原间的贸易关系[J].中国民族，1964 (Z1).

B

白翠琴.明代大同马市与明蒙关系刍议[M]//中国蒙古史学会论文选集 (1981).呼和浩特：内蒙古人民出版社，1981.

薄音湖.北元与明代蒙古[J].内蒙古大学学报，1994 (1).

薄音湖.评十五世纪也先的统一及其与明朝的关系[J].内蒙古社会科学，1985 (2).

C

曹永年.明代蒙古史编纂学札记[J].内蒙古大学学报，1988 (3).

G

高树林.明朝隆庆年间与蒙古右翼的封贡互市[J].河北大学学报，1982 (1).

H

哈正利. 明代明蒙民族贸易浅析 [J]. 中南民族学院学报（哲学社会科学版），1996（5）.

胡凡. 论明世宗对蒙"绝贡"政策与嘉靖年间的农牧文化冲突 [J]. 中国边疆史地研究，2005（4）.

胡凡. 论明穆宗时期实现"俺答封贡"的历史条件 [J]. 中国边疆史地研究，2001（1）.

J

金星. 隆庆、万历年间明朝与蒙古右翼边境贸易 [J]. 内蒙古社会科学，2011（5）.

L

李漪云. 从马市中几类商品看明中后期江南与塞北的经济联系及其作用 [J]. 内蒙古师大学报，1984（4）.

林延清. 明代辽东马市性质的演变 [J]. 南开史学，1981（2）.

吕美泉. 明朝马市研究 [J]. 求是学刊，1999（5）.

Q

祁美琴，李立璞. 明后期清前期长城沿线民族贸易市场的生长及其变化 [J]. 西域研究，2008（3）.

W

万明. 明代外交模式及其特征考论——兼论外交特征形成与北方游牧民族的关系 [J]. 中国史研究，2010（4）.

X

许永峰. 明朝中前期北直山西长城沿线的明蒙贸易——兼论明蒙民族贸易的民间化趋势 [J]. 山西档案，2016（1）.

Y

杨绍猷. 明代蒙古地区经济文化的变化 [J]. 内蒙古社会科学，1993（1）.

杨艳秋. 论洪熙、宣德时期的蒙古政策 [J]. 中州学刊，1997（1）.

于默颖，薄音湖. 永乐年间瓦剌三王与和宁王的册封 [J]. 内蒙古社会科学，2001（3）.

余同元. 明后期长城沿线的民族贸易市场 [J]. 历史研究，1995（5）.

余同元. 明代马市市场考 [J]. 民族研究，1998（1）.

余同元. 论中国历史上农牧民族的二元一体化［J］. 烟台大学学报（哲学社会科学版），1999（3）.

余同元. 明代长城文化带的形成与演变［J］. 烟台大学学报（哲学社会科学版），1990（3）.

Z

张萍. 明代陕北明蒙边界区军事城镇的商业化［J］. 民族研究，2003（6）.

赵会清. 明蒙的通贡与互市政策形成的原因初探［J］. 沧桑，2007（1）.

赵世瑜. 时代交替视野下的明代"北虏"问题［J］. 清华大学学报（哲学社会科学版），2012（1）.

3. 中外著作

札奇斯钦. 北亚游牧民族与中亚农业民族间的和平战争与贸易之关系［M］. 台北：正中书局，1972.

达力扎布. 明代漠南蒙古历史研究［M］. 呼和浩特：内蒙古文化出版社，1997.

曹永年. 蒙古民族通史（第三卷）［M］. 呼和浩特：内蒙古大学出版社，2002.

李云泉. 朝贡制度史论——中国古代对外关系体制研究［M］. 北京：新华出版社，2004.

白翠琴. 瓦剌史［M］. 桂林：广西师范大学出版社，2006.

杜荣坤，白翠琴. 西蒙古史研究［M］. 桂林：广西师范大学出版社，2008.

刘景纯. 明代九边史地研究［M］. 北京：中华书局，2014.

（俄）阿·科尔萨克. 俄中商贸关系史［M］. 米镇波，译. 阎国栋，审校. 北京：社会科学文献出版社，2010.

（俄）米·约·斯拉德科夫斯基. 俄国各民族与中国贸易经济关系史［M］. 宿丰林，译. 徐昌翰，审校. 北京：社会科学文献出版社，2008.

（俄）波兹德聂耶夫. 蒙古及蒙古人［M］. 刘汉明，等译. 呼和浩特：内蒙古人民出版社，1989.

（俄）符拉基米尔佐夫. 蒙古社会制度史［M］. 北京：中国社会科学出

版社，1980.

（美）亨利·赛瑞斯. 明蒙关系Ⅲ——贸易关系：马市（1400—1600）[M]. 王苗苗，译. 北京：中央民族大学出版社，2011.

（美）拉铁摩尔. 中国的亚洲内陆边疆[M]. 唐晓峰，译. 南京：江苏人民出版社，2005.

（美）巴菲尔德. 危险的边疆：游牧帝国与中国[M]. 袁剑，译. 南京：江苏人民出版社，2011.

（美）彭慕兰，史蒂文·托皮克. 贸易打造的世界——1400年至今的社会、文化与世界经济[M]. 黄中宪，吴莉苇，译. 上海：上海人民出版社，2018.

（英）约·弗·巴德利. 俄国·蒙古·中国[M]. 吴持哲，吴有刚，译. 北京：商务印书馆，1981.

（日）滨下武志. 近代中国的国际契机——朝贡贸易体系与近代亚洲经济圈[M]. 朱荫贵，欧阳菲，译. 虞和平，校. 北京：中国社会科学出版社，1999.

4. 硕博论文

于默颖. 明蒙关系研究——以明蒙关系及明朝对蒙古的防御为中心[D]. 呼和浩特：内蒙古大学，2004.

唐丰娇. 洪武至宣德时期明朝对蒙古的经略[D]. 北京：中央民族大学，2010.

金星. 明朝与蒙古的贸易研究[D]. 呼和浩特：内蒙古大学，2012.

张小永. 明代河套地区汉蒙关系研究[D]. 西安：陕西师范大学，2015.

姑茹玛. 明蒙通使探析[D]. 呼和浩特：内蒙古大学，2005.

王苗苗. 明蒙互市贸易述论[D]. 北京：中央民族大学，2011.

后　记

　　本文所研究的内容，其实也是一个老生常谈的问题。史学界关于明蒙关系的研究成果，可以说早已汗牛充栋。但是，在开展教学和研究工作的过程中，我逐渐发现探讨明蒙之间的贸易关系与明代的边疆社会控制二者之间的关系的专题研究仍然较少，这让我对开展此项研究有了一定的信心。在研究过程中，我逐渐意识到，从世界历史的发展进程上来看，明代所处的14—16世纪，是一个大变局的时代，在商业利益刺激之下，东西方均出现了以追求商业利益为中心的商业大发展，这一变化直接影响了今后的世界商业格局和世界新秩序的形成。无论此时欧亚腹地草原地区还是明朝治下的中原地区，普遍的商业大发展是其主要特征，因此，有必要将明代时期明蒙贸易的发生发展与明廷的北疆社会控制放到全球贸易大发展、世界贸易网络格局形成的大背景之下进行重新审视。

　　通过研究发现，明蒙之间贸易关系的演变和边疆社会治理之间的互动关系可以分为四个阶段，即明蒙贸易的建立和边疆控制的初步实现、明蒙朝贡贸易的失控及"土木之变"的发生、明代中期明蒙朝贡关系的逆转及明朝北疆社会治理的完全失控、"隆庆和议"及明朝边疆社会控制的实现。本文便是围绕以上四个方面展开的论述，并初步探讨了游牧经济与农业经济之间的天然互补关系在边疆治理、社会控制乃至在近代民族国家疆域变动中的作用。

　　当然，本研究的开展仍然是初步性的、尝试性的。存在天然互补关系的游牧经济和农业经济在促进边疆社会的长治久安、加强民族间交往交流交融、维护国家边疆安全、铸牢中华民族共同体意识等方面都有着重要的意义。因此，更加深入的研究还有待继续。

　　加之，笔者学识有限，书中不免有错讹之处，还望诸位读者不吝赐教，以便我能够在今后的研究中逐步改进。